擺脫自我的枷鎖，尋找生命的菩提

在物欲橫流的社會中，
保持住自己一塵不染的赤子之心

「凡所有相，皆是虛妄。」
「一切有為法，如夢幻泡影，如露亦如電，應作如是觀。」
世間萬象皆是虛幻，一切無常，死不帶走。
汲取佛的智慧、參透其中的禪機，不論貧富貴賤、行住坐臥，都將安然無愧。

傅世菱，于仲達——著

崧燁文化

目錄

目錄

第四章　道：一粒沙塵、一方世界、一朵野花、一個天堂

目錄

前言

人的生命從赤裸裸地誕生到孑然而去，如許短暫、轉瞬即逝。靈魂何所居？

晉代大詩人陶潛（陶淵明）在詩中寫道：「結廬在人境，而無車馬喧。問君何能爾，心遠地自偏。」在滾滾紅塵、嘈雜人海中能留下一片「安心」的淨土，哪怕只有一瞬間的「心安」；在寧靜祥和的輝光中，有一刻物我俱忘、天人合一的感覺，那是何等的愜意啊！

晨鐘暮鼓敲醒迷路之人，青山綠水洗滌俗世心靈。沒有精神的人生是荒蕪的、沉寂的。唐人李商隱在〈錦瑟〉中寫道：「此情可待成追憶，只是當時已惘然。」人生恍惚迷離、如夢似幻，如果稍不留意，就會唯餘一片空白和沉寂悵惘的心情。

一粒塵埃，多麼渺小；一個世界，多麼廣大。俗人看不見塵埃，只看到世界，一如求佛之人，誤認為佛在星空。

六祖慧能大師說：「菩提本無樹，明鏡亦非臺。本來無一物，何處惹塵埃。」在微塵中顯大千，在有限中見永恆，一花一天國，一沙一世界，洞盡宇宙之奧妙。沒有頓悟的人生無法清涼。心為菩提，只是生活為心蒙上塵埃。

前言

汲取佛的智慧、參透其中的禪機，你的心就會變得平和而清淨，凡事也看得開、放得下，嗔怒之火自然也不再熾熱。再更進一步，若你能以苦為樂，化嗔怒為快樂，你就是自己的佛。覺悟了人心從浮動處獲得純善的本性，那麼隨著靜坐凝思，一切雜念都會隨著天際自然的消失。覺悟了，任何地方都是真正的妙境，任何事物都有真正的玄機。這就是「心砥菩提亦空明，靜坐凝思天地空」。

世事如落花，心境自空明。榮辱不驚，看庭前花開花落；去留無意，望天空雲卷雲舒。藏一份悠閒，守一窗燈光，放飛淡淡的心情，讓清澈的思緒淨化歲月的浮華。心似白雲，意如流水，擁有一種無拘無束的胸懷，心無牽掛，開闊空明，讓一襲雲水胸襟超然於環境之外，瀟灑自在。

達摩祖師說：「不謀其前，不慮其後，無戀當今。」行也安然，坐也安然；窮也安然，富也安然，這才是真正的超脫。如果內心淡定，就會俯仰無愧。

天下熙熙，人生如旅。行、住、坐、臥，皆是道場。當如蘇軾的〈定風波〉所言：「莫聽穿林打葉聲，何妨吟嘯且徐行。竹杖芒鞋輕勝馬，誰怕？一蓑煙雨任平生。」如清茶經過春雨的清幽、夏陽的熾熱、秋風的清涼、冬霜的凜冽。在薪燃火熾、浮沉不已之時，愈加散發自己的醇香。無論處貴處賤，順遇或者逆境，都能保持本真，釋放生命的滋味。

沐浴煦風和暢，聆聽耳畔鳥語清脆，頓悟天地之悠然，感懷人世間此樂，挪步山巔，俯攬萬物，千山萬峪而盡入視野。天下唯大，物我兩忘而神思八極，一生之樂，一生之憂，一憂一樂，皆在心中。

化紅塵為淨土，也要我們每個人從自己做起，在我們的心裡建起一座寺院。讓我們疲憊的心靈得到一點寧靜，在喧囂中回歸純淨，回歸本位和自然。

第一章 身

簡樸、空靈、明朗、自在

一、身體的病應該叫痛，心裡的病才叫做苦

每個人都知道生病不好，長期生病會導致身體痛苦。但是，身體再苦也苦不過執迷不悟的心苦。心理健康的人對事物的看法很樂觀，心理有疾病的人對事物的看法卻是悲觀的、消極的。佛學認為，一切人生理上的病，多半是由心理而來，所謂心不正，心不淨，人身就多病。

當我們的自我中心太強、自私心太重時，就會不斷地向外追求，同時又不斷地排斥外在環境中的一切，所以會帶來許多痛苦。我們應該用佛法的智慧來告訴自己，自我中心是五蘊皆空的，不必那麼執著、那麼痛苦。如果我們常用這個方法來自我訓練，就會發現，要在生活中「照見五蘊皆空」，並沒有想像中那麼難。當我們漸漸放棄自我中心的煩惱，就能隨時隨地感受到豁然開朗、清涼自在的快樂。

人生本苦，而人生之苦都是由於心的迷失所引起。《般若波羅蜜多心經》有「無我」的空慧，所謂「照見五蘊皆空，度一切苦厄」。當「我」能空、「法」也能空，我、法皆空的時候，百病還能不盡皆消除嗎？

一個自認為正直善良的年輕人，生活處處不如意，他時常為此煩惱。一日，便去請教一位修行很高的師父。

「為什麼我總是感覺不快樂呢？是因為我擁有的財富、名譽和地位不夠多嗎？」

師父十分柔和地說：「不、不……你聽我說，真正的快樂，不是依附於外在的事物上，如同池塘是由內向外滿溢的，你的快樂也應該是由內在思想和情感中泉湧而出的。如果你希望獲得永恆的快樂，就必須培養你的思想，以有趣的點子和思考方式裝滿你的心。因為，用一個空虛的心靈尋找快樂，所找到的，也只是快樂的替代品。」

年輕人聽了，還是懷疑。

「為什麼像我這樣善良的人經常會感到痛苦，而那些惡人卻活得很好？為什麼父母把我生出來遭受各種痛苦？」

師父很慈悲地看著他說：「難道邪惡的人就不會感到痛苦嗎？如果你的內心有痛苦，就說明你的內心一定有和這個痛苦相對應的惡存在。如果你的內心沒有任何惡，那麼你的心是根本不會感到痛苦的。」

年輕人辯解著說：「我哪是一個惡人呢？我天性善良！」

師父說：「內心無惡則無苦，你既然內心有痛苦，就說明你的內心有惡存在。請你將你的痛苦略說一二，讓我來告訴你，你內心存在哪些惡！」

他說：「我的痛苦很多！我有時感到自己的薪水很低，住房也不夠寬敞，經常有『生存危機感』，因此心裡常常感到不痛快，並希望能夠盡快改變這種現狀。還有，社會上一些根本沒有什麼學歷的人，居然也能腰纏萬貫，令我感到不服氣。像我這樣一個高學歷的知識分子，每月就這麼一點收入，實在是太不公平了！我的家人有時還不聽我的勸告，我感到不舒服……」

就這樣，他向師父訴說了一大堆自己的煩惱和痛苦。師父點點頭，不停地微笑，而且笑臉更加慈祥，並和顏悅色地說：「你目前的收入足夠養活你自己和你的全家，你們全家也有房屋住，根本不會流落街頭，只是面積小了一點而已，你完全可以不必為這些感到痛苦的。可是，因為你內心對金錢和住房有貪求心，所以就有苦。這種貪求心就是噁心，如果你已經將內心的這種貪求噁心去除了，你就根本不會因為這些而痛苦。」

「社會上一些根本沒有學歷的人發財了，你感到不服氣，這是嫉妒心，嫉妒心也是一種噁心；你認為自己有了高學歷，就應該有好的收入，這是傲慢心，傲慢心也是噁心；認為有高學歷就應當有高收入，這是愚痴心，因為高學歷根本不是富裕的原因，愚痴心也是一種噁心！」

「你的家人不聽你的勸告，你感到不舒服，這是沒有包容心；雖然是你的家人，他們卻有自己的思想和觀點，為什麼非要強求他們的思想和觀點與你自己一致呢？不包容就會心量狹隘，心量狹隘也是一種噁心！」

師父繼續微笑著說：「貪求心也好，嫉妒心也好，傲慢心也好，愚痴心也好，心量狹隘也好，這些都是噁心。因為你的內心存在著這些惡，所以你就有和這些惡相對應的痛苦存在。如果你能將內心的這些惡徹底去除，那麼你的那些痛苦也會煙消雲散。」

「要用知足的心態看待你的收入和住房！況且你根本不會餓死和凍死，而那些富人雖然也有錢，其實也只是沒有餓死和凍死。你應當看到，人是否快樂，不是取決於外在的財富，而是取決於自己的生活態度。」

「社會上沒有學歷的人發了財，你應當為他們高興才對，要希望他們能夠具有更多的財富、擁有更多的安樂。別人得到，要像自己得到一樣開心；別人失去，要像自己失去一樣難過，這樣的人才能稱得上是一個善人。而你現在的心是一被別人的財富和安樂超過就不高興，這是嫉妒心，嫉妒心是一種很惡的心，必須要去除！要用隨喜心代替嫉妒心！」

「認為自己在某個方面超過別人，就自以為了不起，這是傲慢心。人一旦有了傲慢心就會對自己的不足視若無睹，因此根本不可能看到自己內心的種種惡，從而改過遷善。還有，傲慢者常常會有失落感，漸漸演變成自卑感。一個人只有從自己內心深處培養起虛懷若谷的胸懷，心甘情願地永遠將自己放在謙卑的位置，內心才會感到充實和安樂。」

「虛空能夠包容一切，所以廣大無邊、虛融自在；大地能夠承載一切，所以生機勃勃、氣象萬千。一個人生活在世界上，不要隨隨便便就對別人的行為、言語看不慣，即便是自己的親屬，也不要生起強求心，要隨緣自在！永遠用善良的心幫助別人，不要貪圖或強求什麼。如果一個人的心胸能夠像虛空一樣包容萬物，這個人怎麼會有痛苦呢？」

師父說完這些話，繼續用溫柔的眼光注視著他。他久久無言，忽然頓悟了。

這則故事告訴我們：相比人生理的痛苦和心理的痛苦，人的不覺悟才是真正的痛苦。帶給我們痛苦與傷害的到底是什麼？我想不是人們所遭遇的苦難與疾病本身，而是這一切投射在我們心底的影像，也就是，我們是如何看待自己所面對的遭遇。《楞嚴經》中說，一般人感到痛苦，有兩種原因：一是我們不知道什麼是我們的真心，二是把攀緣心及妄心當成真心。什麼是真心呢？心為病之源，心馳神往於外物，勞形累心，致使心力交瘁，所謂百病由心生。佛說「健康之道，是讓心回家」，如果你的心清淨了，什麼都不執著，什麼都放得下，那你不論處在什麼地方都是清淨自在、無憂無慮的，否則你見可樂境起貪心，見不樂境生嗔心。這也放不下，那也丟不開，那你怎能得清閒自在，怎能得無憂無慮？和世俗人又有什麼兩樣？

人身體上的病，通常較難醫治，像癌症、嚴重的慢性病都屬此類病。但是，更難醫治的是心理上的病。身體大部分的疾病由心病引起，何謂心病？貪嗔痴就是心病。根據相關醫學研究，當貪嗔痴發生時，我們的體內就會發生化學反應。《大智度論》說，人的心病有八萬四千種，都是由貪嗔痴等根本原因造成。西藏著名的《四部醫典》認為，一切身心疾病的根源是對於「我」的執著，一些慢性病多半起因於心理因素，而頭部象徵一個人的思想，如果因心緒紛亂沒有自信，常會引起心臟病。佛家說「貪嗔痴」是三毒，即是造成生理問題的三大毒素。

聖嚴法師認為，想要去除執著的毛病，必須要用「無我」的空慧，當我、法皆空的時候，百病就能盡皆消除。可是，絕大多數人都像下面這個小和尚一樣，還沒有覺悟。因為我們的心中有結，心結難以打開；因為我們的心中有根，恨意難以消除；因為我們的心中有貪，貪欲無法制止；因為我們的心中有門，心門不易開啟，所以心中的毛病千奇百怪。治身可以請醫師治療；有了心病，就只得靠自己來醫治，否則只有靠佛法了。

小和尚飽讀經書，說禪論道真可謂頭頭是道，其他僧人都說不過他，他也為此十分得意。

他每天重複著掃地、挑水和做飯，時間久了，他抱怨日子太苦了。

老禪師知道，他這樣參修，其實並不能獲得佛法的真諦。

一、身體的病應該叫痛，心裡的病才叫做苦

有一天，老禪師問小和尚：「你認為世間什麼最苦？」

小和尚搖頭晃腦地說：「當然是身體的痛苦最苦了。」

老禪師說：「否也。」

小和尚問：「師父怎麼這麼說？」

老禪師說：「心裡的痛苦，難道不苦嗎？」

小和尚說：「我明白了，心裡的痛苦最苦。」

老禪師說：「大錯！穿了這套僧服讀了佛經至今還不覺悟，這才叫最苦。」

小和尚終於明白，自己不過是個穿了僧服的凡夫而已，只會賣弄書本知識。他此後決心認真修行。

佛學中的「苦」有很多類型，例如「生老病死苦」，除了生老病死之外，還有希望得到某種東西卻得不到的「求不得苦」，以及由人際關係所帶來的「愛別離苦」與「怨憎會苦」——無法與親愛的人相聚在一起，卻捨不得分離；放不下與冤家的仇隙，卻偏偏時常與冤家相遇。除此之外，像憂愁、恐懼、嫉妒、憎恨、懷疑等負面情緒，都會讓我們感受到人生是苦的。

身病源於心病，故治身病就要先治心病。具體到心裡的病有很多，比如七情是人接受外界刺激而做出的本能反應，是指人的喜、怒、憂、思、悲、恐、驚。人在欲望得到滿足時必然感到愉快；在被人損害時難免要拍案而起，一洩為快；在失去親人或因某事而絕望時，也必然感

到悲傷、痛苦。聖嚴法師指出，人的心理越健康，身體的病也會越少，對於身體病痛的感受也會減少。所以，佛救世、救人的心比救人的身體問題更重要。

二〇〇八年十二月三十一日，聖嚴法師被發現患泌尿道癌症不治，住院三天後在返回法鼓山途中往生，享壽八十歲。

生前，法師拒絕換腎，認為來日無多的自己「用一腎等於浪費一個，非常不慈悲，還不如留給需要用的人」。他主張將「臭皮囊」燒乾淨，連棺材都不需要，更不需讓人瞻仰，而「開放兩天悼念」是對凡人世俗之心的「通融」。

聖嚴交代弟子將自己的往生辦成法事，一切極簡。聖嚴法師說自己隨時準備死亡，但希望「在死前還能持續貢獻小小的力量」、「我身體有病，心中沒病，所以病得很健康」。

聖嚴法師不愧是得道高僧，對世間病苦早已經置身事外，他的心理一直很健康。他說，苦與樂只是主觀的感受，只要我們主觀的觀念不要判斷、計較，就不會覺得苦了。痛苦實際上是一種內心的感受與狀態，如果你的心態是痛苦的，那麼無論處在任何情況下都是痛苦的。有些人以為上天堂之後就沒有煩惱和痛苦了，其實，如果你心中的煩惱很多，即使上了天堂也等於在地獄；反之，如果你心中一點煩惱也沒有，就算你在地獄裡，也等於在天堂。

心理疾病中，最常見的憂鬱症，最具「現代病」特色。心理疾病在國家現代化程度高、競爭激烈的城市人中，比例偏高。實在講，心病比身病還要嚴重。

要用慈悲的觀念調和自身的矛盾、憐憫他人的愚蠢、原諒他人的錯誤和關懷他人的苦難，這樣一來就會解決心病。佛法教人首先去除自己的妄想、分別、執著，用真心來看待和處理世間的一切問題。在現實生活中都展現出良好的調節煩惱、處理矛盾的自制能力，教人保持良好的情感，在面對困難和挫折時，也教人保持良好的心態。

二、世界上最難的事情就是消融了自己

凡是自我中心很牢固的人，根本不知道何謂「無我」，這樣一來，「自我消融」就很不容易，因為自我是與生俱來、根深蒂固的，怎麼消融得了呢？自我肯定的同時，一定也要自我消融。

雅典德爾菲神廟前的石碑上鐫刻著阿波羅的神諭：「人啊，你要認識你自己」！人是宇宙的奧祕，認識人是最難的。迄今為止，「人」，仍然是個謎。天下最難的事情或許就是認識自己。

有僧人問京兆興善寺的惟寬禪師：「道在什麼地方？」

惟寬禪師回答：「道就在你的眼前！」

僧人不解：「那我為什麼看不到？」

禪師回答：「因為你有自我的緣故，所以看不到。」

僧人接著問：「我無法破除自我之心所以看不見，那師父您能看見嗎？」

禪師平靜地回答：「因為你的緣故，也使我起心動念，所以我也看不到了！」

僧人不死心，繼續問：「那如果沒有您，也沒有我，還能看見道嗎？」

禪師反問：「既然已經無你無我，還要看見什麼呢？」

「我」這個字，不知難住了多少求道之人。要想達到禪的最高境界，首先要破除「我」的執著。聖嚴法師認為，人生應當要不斷地落實於現在，努力於現在。有了成就，而能不執著成就，便是自我消融。自我消融就等於佛說的「無我」，這裡的「無我」並不等於否定了自我的價值，而是一定先要「有我」，然後才能「無我」。

南隱是日本明治時代的一位禪師。

有一天，有位大學教授特地來向他問禪，他只以茶相待。

他將茶水注入這位來賓的杯子，直到杯滿，而後又繼續注入。

這位教授眼睜睜地望著茶水不停地溢出杯外，直到再也忍不住了，他終於說道：「已經漫出來了，不要再倒了！」

「你就像這個杯子一樣，」南隱答道，「裡面裝滿了你自己的看法和想法。你不先把你自己的杯子空掉，叫我如何對你說禪？」

其實，這個故事告訴我們一個道理：放下自己很難，消融自己更難。世人總是自己為自己套上一層又一層的枷鎖，加上一道又一道的束縛，從而使心靈多了許多鉛墜，堵塞了無限遐想的空間，無法自由自在地展翅翱翔。

有些人頭腦裡裝滿了各種理論，常常動不動就是「我」、「我」、「我」的，很少說「你」和「你的」。有的人常常不經意間表現出自我、驕傲、自負的態度，動輒以自我為中心。人，切莫自以為是，地球離開了誰都會轉。古往今來，恃才放肆的人都沒有好下場。一個對佛教有真正信仰的人，必定能認識到假象和虛幻，認識到自我執著所帶來的無窮煩惱和痛苦。

有一個人在社會上不得志，於是他就找到一個老禪師。

老禪師沉思良久，靜靜舀起一瓢水，問：「這水是什麼形狀？」

這人看後，納悶道：「水哪有什麼形狀？」

禪師不答，只是把水倒入杯子中，這人恍然大悟地說：「我知道了，水的形狀像杯子。」

禪師沒有回答，又把杯子中的水倒入旁邊的花瓶，這人又說：「我又知道了，水的形狀像花瓶。」

禪師搖頭，輕輕提起花瓶，把水倒入一個盛滿沙土的盆子。清清的水便一下溶入沙土，不見了。這人陷入了沉思。

禪師俯身抓起一把沙土，嘆道：「看，水就這麼消逝了，這也是一生！」

這個人對禪師的話咀嚼良久，高興地說：「我知道了，您是透過水告訴我，社會處處像一個個規則的容器，人應該像水一樣，盛進什麼容器就是什麼形狀。而且，人還極可能在一個規則的容器中消逝，就像這水一樣，消逝得無影無蹤，而且一切無法改變！」

這人說完，就緊盯著禪師的眼睛，他急於得到禪師的肯定。

「是這樣。」禪師拈鬚，轉而又說，「又不是這樣！」說完，禪師出門，這人隨後。在屋簷下，禪師蹲下身，用手在青石板的臺階上摸了一會兒，然後頓住。這人把手指伸向剛才禪師手指所觸之地，他感到有一個凹處。他迷惑，他不知道這本來平整的石階上的「小窩」藏著什麼玄機。

禪師說：「一到雨天，雨水就會從屋簷落下。看，這個凹處就是水落下長期打擊造成的結果。」

此人大悟：「我明白了，人可能被裝入規則的容器，但又像這小小的水滴，改變著堅硬的青石板，直到破壞容器。」

禪師說：「對，這個窩會變成一個洞！」

這個人答：「那麼，我找到答案了！」

禪師不語，用微笑和沉默與這個人對話。這人離開了禪師，重新回到了社會，他用行動與禪師對話。這世間又多了一個充滿活力的人。

故事中，禪師對那個人的啟發，歸根結柢就是要讓他明白：社會是有規則的，或者說是以固定形態出現的，但人卻是可以隨時改變形態以適應社會的，說得更簡單一點，就是要善於改變自己。

二、世界上最難的事情就是消融了自己

具有自我中心型或幼稚型人格的人，永遠不知道自我檢討，永遠都意識不到或者不會承認自己的錯誤，凡事都把問題推到他人身上或者找一個與自己不相關的藉口推脫，凡事都只會考慮自己的需求和感受。

人最大的困難是認識自己，最容易的也是認識自己。很多時候，我們認不清自己，是因為我們把自己放在一個錯誤的位置，使自己產生一種錯覺。所以，不怕前路坎坷，只怕從一開始就走錯了方向。心中僅裝著自己的看法與想法的人，永遠聽不見別人的聲音。若每個人都想別人做自己的聽眾或信徒，這是極度的自戀。知人者智，自知者明，認識自己，降伏自己，改變自己，才能改變別人。

做任何事情都要把自己考慮進去，深入反思自己，一切從自己的實際情況出發，如果忘記了自身的限制，則必將是好高騖遠，如水中月、鏡中花，事與願違。沒有自己一切都是空。自我觀照，反求諸己；自我更新，不斷淨化；自我實踐，不向外求；自我離相，不計內外。人本是人，不必刻意去做人；世本是世，無需精心去處世。人生三種境界：看山是山，看水是水——人之初；看山不是山，看水不是水——人到中年；看山還是山，看水還是水——回歸自然。

要想靜心，需要擺脫日常的瑣事和煩惱，沉寂下來，認真思索人生的真諦，用禪者的智慧去洞察人的生存，用哲學的方法去思考人的發展。有不少人總認為，改變自我就是取消自我，這是錯誤的想法。改變自我就是消融自我，就是把自我融入一個群體，這樣才能長久。

佛祖釋迦牟尼問弟子們說：「一滴水怎樣才能不乾涸？」

弟子們都回答不出。

釋迦牟尼說：「把它放到江、河、湖、海裡去。」

一次，我在某大學聽一位國學大師的講座，針對人的自我中心主義，她毫不掩飾自己的批評：

「在我們生之前，天有多長？地有多久？有人類多久？人類從何處來？天之上，地之下，空間到底有多久？誰生了天地？連祖先從哪裡來都不知道，怎敢稱自己是『萬物的靈長』？天的恩澤，地的供養，天地是長久的，人類仰仗它們生活。人永遠不滿足自己的長壽，人永遠對現實要求太高，人不知道的東西太多了，對於宇宙完全無知，整天在那裡高談『平等』，請問：你為人類做了什麼？我們第一個應該感激的是大自然。人類整天在破壞天地，不知回報，不知珍惜天地給予的一切，甚至糟蹋，要知道，沒有天地，就沒有生活的地方。我們最應該感激的，是天、地、君、親、師。天地把你養大，你要知道報恩。肩不能挑擔、五穀不分，所謂『知識分子』以何報答？我們需要常常反省自己，為了這個世界、人類、社會，自己到底做了什麼？不要一開口就說『我要……』，是我欠世界，不是世界欠我，還得太少，取得太多！討債的人，心情最惡劣。凡是人，凡是生物，都是很自私的。當大家都覺得應該的時候，人生就會十分痛苦。人之所以痛苦，就是不知道感激。」

是啊，人在天地之間十分渺小，有什麼值得驕傲與自我的理由呢？這個世界上，最容易做的事情就是自以為是地改變社會和改變他人，但最難改變的其實是自己。要將《壇經》中的哲理牢記於心，掃除分別心、執著心、是非心、凡聖心。雁過長空，不留痕跡。竹影掃階塵不動，月華照水無痕。

最重要的一點，就是讓自己慢慢從「自我成長」過渡到「自我消融」。而方法其實很簡單，就是少一點自私心，多一點慈悲心；少一點煩惱心，多一點智慧心。當有負面情緒出現時，就要用觀念和方法來調整、疏導、化解，這個過程就是在「自我消融」。

自我的世界不外是內心的反射，但這「我」只是個「觀念」而已。人煩惱的主要原因是不認識自我，若能認識「我」的真相，則很多的問題便能化解。觀察這世上，世間人有如蝸牛，都是躲在「我」的甲殼內生存，為我而繼續活著。人在這甲殼下感到壓力與負擔，想放下又脫不了，即使用功修行，這「我」還是如影隨形，無可奈何。

聖嚴法師說，消融自己，是一種精神境界，也是力量的源泉，是一種超然，一種物我兩忘。一個人活在世上，還是應該多一點自知之明，了解自己，克制自己，戰勝自己，這樣你的內心才能歸於平靜，無為無欲，順其自然，與「道」翱翔，成為有「道」之人。老子說，能夠認識和了解別人的人只能算有智慧，能夠認識和了解自己的人才算高明。

三、人之所以受苦，是因為執著於自我

《莊子．齊物論》：「大知閒閒，小知間間；大言炎炎，小言詹詹。」意思是說，有大智慧的人，總會表現出豁達大度之態；而有小才的人，總愛因小是小非而斤斤計較。合乎大道的言論，其勢如燎原烈火，恢弘盛大。那些耍小聰明的言論，瑣瑣碎碎、廢話連篇。

人生，無休止的被私欲占據著，有數不清的是是非非，一切圍繞著一個「我」。一個人最大的障礙、最大的敵人，不是別人而是他自己。這個「自己」，指的不只是個人心中的觀念和習性，還包括自我意識。人之所以會有煩惱痛苦，皆因有「我」，「我」是煩惱的根源，我愛、我要、我歡喜，凡事只想到我的需求，就容易與人對立、衝突，因此「我」多則苦多，「我」少則苦少。

要征服自我，要先解構自我。痛苦可以從根斷除，因為如果沒有自我，就沒有痛苦。

從前，有個人總是非常苦惱，聽說佛陀能滅除一切苦難後，就背上行囊去找佛陀。

佛陀聽完他的訴說後，對他說：「真正能夠解脫你的，只能是你自己。」

「可是，心中充滿了苦惱和困惑的正是我自己啊！」那人不解地說。

「你想一想，你心裡的苦惱和困惑是誰放進去的？」佛陀帶著慈悲的微笑問道。

這個人沉吟半晌，沒有說話。

佛陀繼續開示：「是誰放進去的，就讓誰拿出來吧！」

三、人之所以受苦，是因為執著於自我

站在溫暖而燦爛的陽光下，苦惱的人終於明白：自己的苦惱不過是自己的一種執著，要得到解脫最終也只能靠自己。

如果一個人的自我意識太強，那就會有太多的我擋在他和周遭的人與事之間，而使他的目光變得短淺，只看到「我」，卻看不到其他東西。這些擋在自己和周遭人與事間的「我」，其實都是由識心或妄心產生的「忘我」，也是我們必須先加以排除的「我」。

為什麼我們會執假為真呢？因為我們生生世世在無明大海中生死輪迴，緊緊抱著一個「我」，所以產生種種的「我見」、「我所」、「我有」，而不能超脫。佛是破執，離執、去執、無執，由此而「外離諸相，內心不亂」。不向外尋原因，搬弄孰是孰非，反向內求，反省自己。

佛家說人是由四大五蘊組合而成，既然如此，哪一部分叫做「我」呢？如果說受、想、行、識是我，思想能單獨成為「我」嗎？五蘊裡找不到一個「我」，所以「我」是沒有自性的。佛陀認為萬物無常，剎那生滅，不存在可以名之為「我」的固定不變的實體。

在亞洲，有一種捉猴子的陷阱。

人們把椰子挖空，然後用繩子綁在樹上或固定在地上。椰子上留了一個小洞，洞裡放了一點食物，洞口大小恰好只能讓猴子空著手伸進去，而無法握著拳頭伸出來。於是當猴子聞香而來，將牠的手伸進去抓食物時，理所當然地，緊握的拳頭便縮不出洞口。當獵人來時，猴子驚慌失措，更是逃不掉。

沒有任何人捉住猴子不放，牠是被自己的執著所俘虜，牠只需將手放開就能縮回來。

生活中許多人就像這隻猴子一樣，時刻在努力建立一個堅固的自我，以掌握對自己心靈的自主權，並經由外在的行為來檢驗自我堅固的程度。心中的欲念使我們放不下，內心的欲望與執著，使我們一直受縛，我們唯一要做的，只是將我們的雙手張開，放下無謂的執著，就能逍遙自在了。

現代社會的人，往往個性張揚、率意而為，一得勢就盛氣凌人、傲慢無禮，這些都是自以為是的表現。張揚自己人生才能燦爛，但過於張揚就變成了張狂，變成了幼稚，有可能讓你跌入萬丈深淵。心理學家說：「我們一定要了解別人的立場，人與人之間會衝突、不愉快、會爭執，是因為我們沒有站在對方的立場。」立場不同，看法就不同，作風也不同。

「我執」，就是對「我」的執著，而不明白這一切都是緣起的、幻化的、無常的。「我執」本能地把自我當做認識一切事物、處理一切問題的根本視角。在我們的起心動念中，總是離不開一個「我」，一切的煩惱、生死皆因「我」而起，這些都根源於第七識——末那識的執著。人類幾乎所有的行為，都打上了「我執」的烙印。

「我執」，說到底是深深地盤踞在人們動物性中，一種對「自我」的盲目肯定，和這種肯定中所包含的向周圍空間無限擴張（注意：是擴張，而不是包容）的欲望。「我執」，小乘佛學認為這是痛苦的根源。佛教中指對一切有形和無形事物的執著，指人類執著於自我的缺點，包括自大、自滿、自卑、貪婪……或者自我意識太強而缺乏集體意識和奉獻精神，或者太關注自己而忽略別人等等。由於自我太強大了，所以你不可能真正地愛他人。消除「我執」是佛教徒的一個修練目標，認為沒有我執就可以將潛在的智慧顯現出來，成為有大智慧的人，即為「佛」。著名作家林語堂說：「明智的放棄勝過盲目的執著。」

有學者說，人生兩大悲劇：一是萬念俱灰，二是躊躇滿志。現代的人好像特別脆弱，報紙上天天報導眾多名人得憂鬱症，這些人一定是從一個極端走向另一個極端。正因為躊躇滿志，才堅信自己是完美的，是無所不能的，如果受到一點挫折，就會變得極度自卑，甚至失去繼續生活的勇氣。

你最執著的東西對你的傷害最大。你對哪件事、哪個人、哪句話執著心最強，它對你的傷害就最大，人就是這麼被傷害的。佛學中有個「中道」理論，即「不執空」而對事物作絕對的否定，也即「不執有」對事物作絕對的肯定。如果掌握了「中道」理論，你就不會從一個極端走向另一個極端。

煩惱中最難放下的是「我」，最難轉的是「我的感覺」。一般人的「我」很剛強、很傲慢，往往認為自己是世界的中心、可以主宰世間，認為我是優秀的，我好就是好，永遠都不會變，因此才產生「自我」對立與「人我」對立的苦惱。其實，五蘊本空，「我」不是真我。放下那些不屬於我們的東西，命中自有定數，若一味偏執，痛苦的只會是自己。

有個盲人，經過一條乾涸的小溪時，不慎失足從橋上掉了下去，所幸他兩手及時抓住橋旁邊的橫木，當時他就急喊「救命」。佛祖正好從那兒經過，就告訴他：「不要怕，儘管放手，橋下是沒有水的，而且你的腳離地面只有一點點的距離。」盲人不相信，仍然抓著橫木大聲哭喊，佛祖只好無奈地走開。

過了很長時間，佛祖從此地返回，見那個盲人仍然是雙手抓著橫木，滿頭大汗。佛祖不忍心看他如此受累，再次告訴他：「放手吧，下面真的沒有水，在你腳下幾公分就是地面了。」這時那個盲人連說話的力氣都沒有了，他搖搖頭，依然固執地不放手。又過了很久，直到力氣用盡，失手跌下橋。

這才知道佛祖沒有騙他，橋下的確沒有水。自己白白在橋欄上堅持了那麼久，受了那麼多苦。

生活中不乏執著之人，他們固執己見、執著陋習，就像那過橋的盲人一樣，總認為自己是正確的，不肯在別人的意見中獲得認知。這樣的人不到黃河心不死，不見棺材不掉淚。執著是一種美德，但是，過度的執著會把一個人帶入深淵，無法自拔。只有學會變通才能發揮所長，從而絕處逢生，走向成功。

世間芸芸眾生，如上述盲人一樣，有一個共同的特點，那就是一切都是為了一個「我」，最放不下的也是這個「我」。於是所有人拼盡一生，去賺取這個「我」所需要的物質享受和精神享受，最終衍生出無窮無盡的痛苦。人總是趨向於保護自我、相信我、供養我的，殊不知，世人所執著的我並不是那個真我，而是一個自性的幻影。如果一個人能夠放棄「我執」，就會減少很多煩惱，在人生的道路上也能輕裝上陣，從而獲得幸福快樂。

一個哲人曾經說：「世事如棋局，不執著才是高手，人生似瓦盆，打破了方見真空。」莊子認為，人人都為我，都去爭取自己的利益，人們耽溺其中而不能自拔，不同的「我」之間必然會產生矛盾。人們之所以處於這樣一種悲慘狀態，用今天的話來說，就是由於人們過度以自我為中心。太過執著，一定會變得太計較得失、太在意結局，從而把自己逼向人生的死角。當你了解到自己無法做到，或者是這件事情最終的結果根本就不成立時，你一定要放下你偏激、固執的行為，用變通的思維適時地放下。

世上的人，往往被很多煩惱所纏繞，被「身見、我執」所惑亂，在無常無我中妄執有我。這裡所喪失的「我」是指偏執的我，違反了天道的我。這個「我」是一切衝突甚至罪惡的根源。有了「我」，就有了你、我之分，有了你、我之分，爭執就產生了。認識自己，降伏自己，改變自己，才能改變別人。今日的盲目執著，會造成明日的悔。

佛經講「煩惱即苦提」，因此，遇事多往正面看，能夠看得開、看得透，能對一切吉凶抱著超然灑脫的態度，就不會自尋煩惱。用佛法的智慧來告訴自己，自我中心是五蘊皆空的，不必那麼執著、那麼痛苦。

雲居禪師參訪洞山良價禪師，問道：「老師，請問您每天都吃點什麼呢？」

洞山禪師想也不想地回答說：「我終日吃飯，從來沒有吃著一粒米。終日喝茶，從來也沒有喝到一滴水。」

雲居禪師聽了，恭恭敬敬地說：「老師，您可是每天都真正吃到米、真正喝到水了。」

參禪學佛的人，每天自然也要吃飯、喝茶、睡覺。對於每天所經手的事情，其實都應視作過眼雲煙，不必再去執著，不必再去計較。人必須打破「我執」，從自我中心中解放出來。

達摩說：「法無有我，離我垢故。」就是說，清醒的智慧不是存在於自我中心，而是在於自由的心靈。

四、當守住「不動心」時，清淨的本性就自然呈現

「不動心」就是不執著，心不隨外部環境遊弋。為什麼要不執著呢？《金剛經》提出了一個看法，那就是世間的一切現象，都是虛妄的。《金剛經》最後的偈：「一切有為法，如夢幻泡影，如露亦如電，應作如是觀。」用了夢、幻、泡、影、露、電等六個比喻，來形容這種虛妄性。

去留無意，任天空雲卷雲舒；寵辱不驚，看窗外花開花落。遇事想得開、看得透，放得下，不以物喜，不以己悲，淡泊名利，讓自己放鬆、釋然、坦然，讓自己的靈魂和人格得到完善和超越。

有一天，魔鬼想到了一個辦法，他變成一個沒有嘴巴的怪物出現在老和尚面前，想要恐嚇老和尚。

老和尚一看，說道：「哦！這是什麼東西？怎麼沒有嘴巴呢？」說著，便用慈和地口吻道：「其實，沒有嘴巴也好，既然沒有嘴巴，就不會亂吃東西、亂說話了。」

魔鬼一看嚇不倒老和尚，又變成一個沒有眼睛的怪物站在老和尚面前，老和尚一看，說道：「啊！怎麼又沒有眼睛呢？其實沒有眼睛也不要緊，以後就不會亂看了。」

魔鬼看那老和尚還是不怕，於是，又變成一個沒有手的怪物。老和尚看了，仍然平靜地說：「沒有手也很好，沒有手以後就不會去打牌、不會亂打人了。」

任魔鬼這樣那樣地變來變去，老和尚都無動於衷，最後魔鬼乾脆變成一個只有上半身、沒有腿的怪物。

老和尚看了，又說道：「咦！怎麼沒有腿呢？沒有腿也好，沒有腿就不會亂跑，以後也不隨便去喝酒了。」

無論魔鬼如何變化，老和尚看了都不為所動。人的身體好比一座村莊，五根是門戶，而心則是村莊的盜賊，常胡思亂想使我們身敗名裂。王陽明先生曾說：「擒山中之賊易，捉心中之賊難。」馴服心中的盜賊，才能行善積德。自己的敵人在自己的心中，心外的敵人容易對付，心中的敵人不容易降服，所以，《金剛經》要我們「降伏其心」。能夠「降伏其心」，才能降伏自己的敵人，也就是我們自己！一個人除了修身以外，還要修心，人的心好像盜賊一般，難以捉摸，難以掌握。

禪宗六祖慧能大師過去所講的「本來無一物」，就是心是清淨的、空寂的，心裡頭確確實實沒有東西。《華嚴經》上講：「唯心所現，唯識所變」，這是把宇宙的真相一語道破！所以心要空，空就靈了，靈就是智慧。只要心清淨，智慧就是你自己本有的，不是從外頭而來。

這裡的「不動心」，就是清淨的佛心。佛說：人人都有佛性，只是被俗世蒙蔽而已。世間人克服欲望靠安心修行，修行能夠讓人不斷反省，識破種種障，還原本寂心。

聖嚴法師認為，當人專注的向內心觀照時，會發現心是專注而不會流動的，如果可以用專注來做任何事，不去想過去、也不憂慮未來，專注地活在當下，心就會平安。法師也指出，要心安住的另一個方法，就是遇到問題時「面對它、接受它、處理它、放下它」，把逆境當做自我成長的力量，至少心不會覺得苦。可是，在充滿激烈競爭的現代社會中，我們每天為房子、鈔票、車子奔波，總是患得患失，無暇關照自己的內心，當這一切都得到時，哪裡還有清淨的佛心呢？

一個網友，科技大學畢業，在臺北工作，年收入一百五十萬，這個數目讓我非常羨慕。前不久，他在網路上碰到我，跟我訴苦說「壓力很大，很不快樂」。問他原因，他也說不出什麼，只說這不是他想要的生活。那什麼是他所要的生活呢？他自己也不知道。

我叔叔的一個孩子，家在鄉下，憑藉自己的努力考上一所不錯的大學，畢業後又在一家航空公司工作，屬於高級白領階層，是許多人羨慕的對象，但他卻常常對家裡說：「在外面工作，壓力實在太大，我都快承受不住了」。還有一個同鄉人，他在一家出版社工作，年收入五十萬左右，在我看來已經不錯了，他卻常常對我說：「壓力很大，每天只要一坐到辦公桌前就一直忙到下班，百分之八十五機率還要加班，這樣下去遲早會過勞死。」許多人都像上述二人一樣，身體早已經透支，還在追逐。

看透時事、粗茶淡飯、與世無爭，寧靜致遠、清心寡慾，這些說說容易，做起來難。人，來到這個世界上來，首先要面對的問題就是生存。要生存，就必然遇到競爭；有競爭，就必然有壓力。所以，只要你選擇活著，就注定要承受生存所帶來的各式各樣的壓力，如升學、就業、升遷等，不勝枚舉，不一而足。

我大學畢業後在小鎮工作上班，業餘寫寫文章，大家都覺得我逍遙自在，有週休二日，但收入有點拮据。更重要的是我覺得自己視野很狹窄，因此夢想著去臺北發展。最近幾年來，我在臺北，薪水提高了，可是工作節奏十分緊湊，平時連娛樂的時間都沒有。我的壓力也無時不在，無處不在。經濟和精神的雙重壓力，重重地落在我的雙肩上，除了勇敢地挑起擔子，我別無選擇。基本的生存條件：教育、房子和醫療，足夠臺灣老百姓奮鬥一生。這樣說並不代表讓人不去積極奮鬥，勇於正視壓力，學會承受壓力，才能在日趨激烈乃至殘酷的生存競爭中，永遠立於不敗之地，這是自然正確的，可是，一定要抽出時間，多讓自己的心靈放假。要說壓力，到處都有，關鍵在於你的心態。心一旦清除了所有的束縛，便從此是自由的了。如果實在沒有辦法改變環境，就極力加以利用；或者，改變自己對世界的看法。

消極方面包括心情容易煩躁，說話無所顧忌，容易憂鬱、失眠，容易受刺激，不願意花精力注意做事的方法，不願意考慮別人的情緒，因此會影響人際關係。

聖嚴法師說：「人之所以內心不安的原因，歸結起來不外是嫉妒心、擔心、嗔恨心、憤怒心、貪心，以及種種矛盾衝突。這衝突包括自己與自己、自己與他人之間，以及現實和想像或期待之間的落差。凡夫轉境不轉心，聖人轉心不轉境。所以，掃地除塵，能夠使黯然的心變得亮堂；把事情理清楚，才能告別煩亂；把一些無謂的痛苦扔掉，快樂就有了更多更大的空間。」

天堂或是地獄，都將取決於自己的心境。《心經》云：「心無罣礙，無罣礙故，無有恐怖。」真正意義的獨處，並非離群索居，孑然一身。而是在內心的世界裡，對過去無悔，對未來無憂，整顆心明明白白活在當下，不和貪、嗔、痴為伍，不和財、色、名、食、睡結黨，不和煩惱同行，不和妄想共處，是為獨處的智慧。

「安心自有處，求人無有人。」人身既為大幻，根本就是虛無不實的，那麼當然也就無人可求了。「安心自有處」，安心，即心期待安住於某一點，確定不動謂之安心。這裡的安心，便是指空淨的境界。

求人既不可得，也就用不著再想求人的事情了。所以，一顆心也便安定不動，不再產生求人的妄念，以無心為最高境界，以不變隨緣的態度去從容地面對一切。而如果要想提升生活的境界，就要先提升認知的境界。

桂琛禪師去參訪玄沙禪師。

玄沙問：「三界唯心，你是怎麼體會的？」

桂琛指著椅子問：「你叫這個是什麼？」

玄沙回答：「椅子。」

桂琛說：「那你還沒有領會三界唯心的真義。」

玄沙於是改口說：「我叫它竹木，那你叫它什麼？」

桂琛說：「我也叫它竹木。」

我們對事物的認知，最初僅止於表象或名相，譬如說那是「椅子」或「床鋪」，這是第一境界。但椅子和床鋪即使外觀、功能有別，卻都是竹木所造，能看出事物表象背後的共通本質，是認知的第二個境界。如果我們再繼續追問下去，竹木之前又是什麼？如此一來，我們就不會老停留在對椅子的執著了。

人的心中有善惡兩面。「心魔」就是人心裡的惡魔，也可以理解為精神上的缺陷。仇恨心、貪念、妄念、執念、怨念等都屬於心魔。心魔可以一直存在，可以突然產生，可以隱匿，可以成長，可以吞噬人，也可以歷練人。不動心是一種喜悅安詳、從容快樂的禪悅心態，這樣的心態對於我們來說，可以減緩壓力，樹立自信，激發潛能，包容世界。

《心經》道：「不增不減。」每個人的本來面目、本來真實個體，是不會被塵埃遮蓋的，不會因為惡念、惡習而變髒，也不會因為灑多了香水而增香。這個人人都有的「如來藏」，一旦獲得，就如蓮花綻放、成正等正覺。每一個眾生本性都是清靜的。所有的眾生都有能力自我解脫。你面臨問題，不需費力去爭執，只要沉靜下來，什麼都不說，什麼都不做，什麼都不計較，心境自然平靜。所謂萬物靜觀皆自得，我們只要把心沉靜下來，你的困擾自然就消失不見。

五、以平常心看待一切，時常做點心靈環保

從平常事中解脫出來，隨心任運，瀟灑自如，可以成為一個完全自由的生命。所謂平常心，不過是我們在日常生活中處理周圍事情的一種心態，那就是無造作、無是非、無取捨、無斷常、無凡聖的心境。穿衣吃飯、行住坐臥，言談舉止、起心動念，一切應機接物都是道。

有個小和尚，每天早上負責清掃寺廟院子裡的落葉。

清晨起床掃落葉實在是一件苦差事，尤其在秋冬之際。每次起風時，樹葉總會隨風飛舞落下，每天早上都需要花費許多時間才能清掃完樹葉，這讓小和尚頭痛不已。他一直想要找個好辦法讓自己輕鬆一點。

後來有個和尚跟他說：「你在明天打掃之前先用力搖樹，把能搖落的葉子統統搖下來，後天就可以不用掃落葉了。」

小和尚覺得這是個好辦法，於是隔天他起了個大早，使勁地猛搖樹，這樣他就可以把今天跟明天的落葉一次掃乾淨了。一整天小和尚都非常開心。

第二天，小和尚到院子一看，他不禁傻眼了——院子裡如往日一樣落葉滿地。老和尚得知此事後，對小和尚說：「傻孩子，無論你今天怎麼用力，明天的落葉還是會飄下來。」

小和尚忽然醒悟，世上有很多事是無法提前的，唯有認真地活在當下，以平常心對待生活，才是真正應該具有的生活態度。保持平常心，並隨心任運，人就與道合一，與清淨的生命本源合一，也就擺脫了煩惱束縛，滌除了無明汙染，證成無上菩提。

平常心是「無為、無爭、不貪、知足」等觀念的匯合，它是一種處世態度。順其自然，不怨恨、不躁進、不過度、不強求。隨，不是隨便，是把握機緣，不悲觀、不刻板、不慌亂、不忘形。

南泉所謂「平常心是道」，是將人拉回到真實生活中的真理。道就在平常心中，人依賴於平常心的悟道而重新回到生命的真實，回到永恆的存在中。像百丈懷海的「佛只是人」，像黃檗希運的「無心是道」，像臨濟義玄的「平常無事」，都是馬祖「平常心是道」的延續完善。

聖嚴法師認為，常人總是向心外的環境追求和抗爭，然而卻很少有人意識到，自己只存活在自己的心外，而不是心內；能夠生活在自己心內的人極少。因為生活所需多半來自身外，就誤以為所有的煩惱和困擾也都來自外界，所以不停地向心外的環境追求和抗爭。

心動了，就有了好壞的分別。今天你說他好，明天他就會變得不好，其實他只是本性難移，枉費了你許多歡喜悲傷。

真正的快樂不是泉源於外界，而是來源於我們的自身和內心。在生活中，很多人都太在意自己的感覺了，把自己搞得敏感兮兮。生活是由許多瑣碎的人、事、物所組成，「萬物靜觀皆自得」，能用心生活在當下，時時體會不同的人、事、物之間的更替與交會，便會有不同的收穫。

有僧人問：「什麼是平常心？」

景岑禪師答：「想喝就喝，想吃就吃。」

僧人說：「我不懂，這是什麼意思？」

禪師說：「熱了就乘涼，冷了就烤火。」

什麼是平常心？平常心就是熱了乘涼，冷了烤火，隨心所欲、為所欲為。更簡單地說，就是想做什麼就做什麼。道理雖然簡單，但要做一個有平常心的人，卻很難。難就難在丟捨不下凡人的架子、面子、虛榮、虛貴，擺脫不了世俗條條框框的束縛。丟下了，就能做一個輕輕鬆鬆的平常人了，有平常心的人是很幸福的。

人類最大的煩惱不是做人，而是想「我能夠變成什麼樣的人。」踏進社會後，人與人之間的比較更多了。成為醫生的，想做最好的醫生；成為商人的，要賺比別人更多的錢。連本來養性怡情做學問的，都心裡緊張焦躁：「為什麼某某比我出名？」、「為什麼某某的書銷量比我好？」……人到底還想變成什麼呢？

活得累，小部分來自於生存，大部分來自於攀比，想想這又何必呢？與其在別人的天空下自尋煩惱，倒不如在自己的天空下守候心靈。真正領悟和學會了這一點，生活中會減少許多無謂的煩惱。佛祖說：「不幸往往源於自己，煩惱往往源於比較，痛苦往往源於不知足。」心無雜念才是真正的平常心，可是，並非人人都有這樣的定力。

慧明禪師是一個內心淡定、禪功深厚的禪師，許多人都不知道原因。

有和尚問：「禪師，你可有什麼與眾不同的地方？」

慧明禪師答：「有。」

「是什麼呢？」

慧明禪師答：「我感覺餓的時候就吃飯，感覺疲倦的時候就睡覺。」

「這算什麼與眾不同的地方，每個人都是這樣的，有什麼區別呢？」

慧明禪師答：「當然是不一樣的！」

「為什麼不一樣呢？」

慧明禪師答：「他們吃飯總是想著別的事情，不專心吃飯；他們睡覺時總是做夢，睡不安穩。而我吃飯就是吃飯，什麼也不想；我睡覺的時候從來不做夢，所以睡得安穩。這就是我與眾不同的地方。」

慧明禪師繼續說道：「世人很難做到一心一用，他們在利害得失中穿梭，囿於浮華的寵辱，產生了『種種思量』和『千般妄想』。他們在生命的表層停留不前，這是他們生命中最大的障礙，他們因此而迷失了自己，喪失了『平常心』。要知道，只有將心靈融入世界，用心去感受生命，才能找到生命的真諦。」

心好一切都好，心美一切都美，心快樂一切都快樂，心幸福一切都幸福！當你擁有了一顆願意發現美好、快樂和幸福的心時，你就擁有了一雙從紛亂的世界中找到幸福的佛眼，你就會是一個幸福的人，你的幸福就能像花朵一樣綻放！

「如果你簡單，這個世界就對你簡單。」簡單生活才能有幸福生活，人要知足常樂，寬容大度，什麼事情都不能想繁雜，若心靈的負荷重了，就會怨天尤人。當我們在得與失之間徘徊的時候，只要以一種平常心的心境去思考得失、去衡量利弊，心裡便不會再產生那麼多的苦惱與惆悵了。

聖嚴法師認為，以佛法的立場講心靈環保，必須雙管齊下：一是淨化人心，少欲知足；二是淨化社會，關懷他人。少欲知足，便會珍惜天然資源，養成惜福的習慣，等於推動環保；關懷他人，便不會因一己之利而造成整體環境的破壞。解決痛苦的方法就是，不妨先將執著的心放下，並且放下、放下、再放下，如此堅持下去，痛苦的力度就會減輕；反之，就無法解脫。

佛教有這樣一種說法，「持平常心處於世，永立於不敗之地。順其自然，即可得靜，寧靜而致遠。」平常心的世界是無限的，應有盡有。平常心即是八風不動的境界，這種超脫物外、超越自我的境界正是對平常心最好的解釋。這不是消極遁世，相反所要表現的卻是一種積極的心態：以平常心觀不平常事，則事事平常，無時不樂，無時有憂。

持平常心處理人際關係，就會減少很多麻煩。處理好人際關係需要掌握好下面幾點：

⑴善解人意

在日常生活中，察言觀色，揣摩人心，必須做到「善解人意」，能夠「想對方之所想，急對方之所急」。比如，別人說了上半句話，你要準確無誤地說出後半句話。此外，你還要善於替對方著想，甚至連對方想不到的地方也能想到，讓人有「心有靈犀一點通」的感覺。

（2）良性互動

察言觀色，需要在雙方之間形成某種互動，從而讓對方流露出自己的偏好、意見。這樣一來，你才能更全面地「認識」接觸的對象。

（3）痛陳利害

規勸別人要有技巧，不要說教與灌輸，適得其反。顯然，把利害關係說清、講透，才能引導對方做出正確選擇。

（4）模糊哲學符合變化的世界趨勢

對某件事情態度「模稜兩可」，其實是一種特有的模糊哲學。生活中充滿了變數，對人和事的掌握，需要以變化的思維來考慮，而非採取僵化、機械的方法，這符合模糊哲學的辯證理論。華人處理各種關係也秉承了模糊哲學的智慧，在不確定中建立自己的判斷、邏輯，其實是最符合現實的。

（5）太清楚了，就失去了彈性

俗話說：「水至清則無魚，人至察則無徒。」意思是，湖水太清澈了，就沒有魚兒可以棲身了，因為那會變得非常不安全；對人體察得太清楚，就不容易和對方建立信任關係了。

人與人之間，對待各種事情，都要保持一定的距離和神祕感，這樣才可以為對方留下騰挪的餘地，否則讓彼此關係緊張，做人做事都會失去人情味和彈性，容易把關係搞砸。

透過上面的分析可以得出結論，華人在為人處世過程中，堅持含混的溝通方式，在模糊中掌握人和事的遠近、輕重，並由此形成了善於包容一切的行為習慣。因此，和人打交道，一定要學會委婉表達，善於給對方留面子，有些東西不能言明，凡事留有餘地。

平常心首先要的是一種心境，不僅是對待周圍的環境要做到「不以物喜，不以己悲」，更要對周圍的人和事做到「寵辱不驚，去留無意」，這樣才能讓我們的生活有一份平靜和諧。其次，平常心也是一種境界。

「平常心」雖是簡單的三個字，但在生活中，卻是人人都難超越的一道坎。因為我們並不懂得何為真正的平常心，也不懂得怎樣來保持自己的平常心，更不懂得怎樣來利用平常心。

唐朝百丈懷海禪師宣導一日不作一日不食的農禪生活，曾經也遇到許多的困難，因為佛教一向以戒為規範的生活，而百丈禪師改進制度，以農禪為生活了，甚至有人批評他為外道。

因他所住持的叢林在百丈山的絕頂，故又號百丈禪師。他每日除了領眾修行外，必親執勞役，勤苦工作，認真堅持自食其力的生活，對於平常的瑣碎事務，尤不肯假手他人。

漸漸地，百丈禪師年紀老了，但他每日仍隨眾上山擔柴、下田種地，因為農禪生活，就是自耕自食的生活。

弟子們不忍心讓年邁的師父做這種粗重的工作，因此，大眾懇請他不要隨眾出坡（勞動服務），但百丈禪師仍以堅決的口吻說道：「我無德勞人，人生在世，若不親自勞動，豈不成廢人？」

弟子們阻止不了禪師服務的決心，只好將禪師所用的扁擔、鋤頭等工具藏起來，不讓他做工。

聖嚴法師認為，禪者可以發現內心世界的廣大無限。只要深入去開發內心世界，讓自身置於禪境，就能達成目標。而開發內心世界的方法，是放下自私的立場，便可以發現心量之在，包容無限，開悟之後即能體會到超越一切的無限。

真正的平常心就是享受生活中的平凡和簡單。只要能把心態放平穩，不被外界的動亂干擾，就是擁有一顆真正的平常心。《法句經》中有這樣一句名言：「要如大磐石般，不被八風吹動，即使遭到非難或讚美，也不能動搖自己的心志。」意思就是要我們堅定不移，泰然自若。

有限的生命歷程中，我們要學會善待生命，尋找屬於自己的生活，走好每一步。靜靜地思考生活，細細地品味生活，淡然豁達中享受生活，讓我們的生命活得精緻而有意義。

六、善用生命的低潮，不斷充實和豐富自己

聖嚴法師有一句名言：「面對它、接受它、處理它、放下它。」這句話，在人心浮躁不安的當下，在人生處於困境的時候，默默為人起著心理鎮靜劑的作用。法師認為，逆境當前未必不好，順境當前也未必真好，端看我們如何面對、如何運用而定。

低潮是考驗你的心性、覺悟能力和承受力的。你承受的有多大，給你的福報就有多大。睿智的人會抓住這一點歷練自己的心智，做到不以物喜不以己悲。

從某種意義上來說，生活的本身就是一種承受。除了承受幸福與快樂之外，還要承受痛苦和平淡。做到了承受，我們就會變得堅強而自信。

一個屢屢失意的年輕人慕名尋到老僧釋圓，沮喪地說：「像我這樣的人，活著也是苟且，有什麼用呢？」釋圓聽後什麼也不說，只是吩咐小和尚：「施主遠道而來，燒一壺溫水送過來。」少頃，小和尚送來了一壺溫水。釋圓老僧抓了一把茶葉放進杯子裡，然後用溫水沏了，放在年輕人面前說：「施主，請用茶。」

年輕人呷了兩口，搖搖頭說：「這是什麼茶？一點茶香也沒有呀。」釋圓笑笑說：「這是名茶鐵觀音啊，怎麼會沒有茶香？」

釋圓又吩咐小和尚說：「再去燒一壺沸水送過來。」沸水送來後，釋圓起身，又取一個杯子，撮了把茶葉放進去，稍稍朝杯子裡注了一點沸水。

年輕人俯首去看，只見那些茶葉在杯子裡上下沉浮，一絲細微的清香裊裊溢出來。年輕人禁不住想去端那杯子，釋圓忙微微一笑說：「施主稍候。」說著便提起水壺朝杯子裡又注了一縷沸水。

年輕人再俯首看杯子，見那些茶葉沉浮得更雜亂了，同時，一縷更醇更醉人的茶香在禪房裡輕輕瀰漫。釋圓如是地注了五次水，那一杯茶水沁得滿屋生香。

釋圓笑著問：「施主可知，同是鐵觀音，卻為什麼茶味迥異嗎？」年輕人思忖著說：「一杯用溫水沖沏，一杯用沸水沖沏。」

釋圓笑笑說：「用水不同，則茶葉的沉浮就不同。用溫水沏的茶，茶葉輕輕地浮在水之上，沒有沉浮，怎麼會散逸它的清香呢？而用沸水沖沏的茶，沖沏了一次又一次，茶葉沉沉浮浮，就釋出了它春雨的清幽、夏陽的熾烈、秋風的醇厚、冬霜的凜冽。」

是的，浮生若茶。我們何嘗不是一撮生命的清茶？而命運又何嘗不是一壺溫水或熾熱的沸水呢？茶葉因為沸水才釋放了深蘊的清香；而生命，也只有經歷一次次的挫折和坎坷，才能留下我們一脈脈人生的幽香！

人生有悲歡離合，有高潮起落，也有順境逆境。面對順境，我們要心存感激，遭逢逆境，我們要學會善用。必須相信，目前我們所擁有的，不論順境、逆境，都是命運和自然對我們最好的安排。以「人非我不非」的心態在煩惱的火焰中鍛鍊自己的意志，在逆境中磨鍊自己的道心，消除自己的業障，增長自己的智慧，昇華自己的人格，這樣才能處逆境而不退心。如此，我們才能在順境中感恩，微笑著面對生命。

人生，沒有永遠的傷痛，再深的痛，在切之時，傷口總會痊癒。人生，沒有過不去的坎，你不可以坐在坎邊等它消失，你只能想辦法穿過它。把生命看成是學習，把挫折看成是成長，把一切的泥濘坎坷，都當做是看不見的手，它推動著你展翅翱翔。

雨後，一隻蜘蛛艱難地向牆上已經支離破碎的網爬去。由於牆壁潮溼，牠爬到一定的高度，就會掉下來，牠一次次地向上爬，一次次地又掉下來……

第一個人看到了，他嘆了一口氣，自言自語：「我的一生不正如這隻蜘蛛嗎？忙忙碌碌而無所得。」於是，他日漸消沉。

第二個人看到了，他說：「這隻蜘蛛真愚蠢，為什麼不從旁邊乾燥的地方繞一下爬上去？我以後可不能像牠那樣愚蠢。」於是，他變得聰明起來。

第三個人看到了，他立刻被蜘蛛屢敗屢戰的精神感動了。於是，他變得堅強起來。

人活著，無非名和利，不過一碗飯！在沒有條件選擇那碗飯的情況下，你不妨委曲求全，靜待時機，想一想「不過一碗飯」、「不過一念間」的道理。佛祖說：「狂妄的人有救，自卑的人沒有救。」面對失敗、挫折、被嘲笑、被忽視、受委屈、被欺騙、生離死別、感情傷害、財物損失，最好的方式就是接受與面對。若是不懂得如何接納與面對，把問題和痛苦情緒隱藏起來，很容易造成心理上的扭曲。在覺知中你會體驗到一個內心寧靜、柔和的空間，把傷痛丟進去，讓記憶重現，寧靜與柔和會融化任何的驚恐、憤恨、自憐，赫然發現一切都已過去、如幻如夢，唯有當下是真的。排除心理障礙、撫平心靈傷痛，身心獲得平衡、敏銳而有活力，這就是身心康復之道。

許多時候，我們不是跌倒在自己的缺陷上，而是跌倒在自己的優勢上，因為缺陷常常給予我們提醒，而優勢卻常常使我們忘乎所以。聖嚴法師經常勸勉大家，處理棘手的問題時，應該坦然地面對它、接受它、處理它、放下它。也就是說，遇到任何困難、艱辛、不平的情況，都不逃避，因為逃避不能解決問題，只有用智慧把責任承擔起來，才能真正從困擾的問題中獲得解脫。如何面對煩惱的問題？即是告訴自己：任何事物、現象的發生，都有它一定的原因。我們不須追究原因，也無暇追究原因，唯有面對它、改善它，才是最直接、最要緊的。

生命的低潮讓我們沉重，而沉重卻提升我們讓我們思考；試想一下，如果我們完全沒有了重擔，生命將會是怎樣的？正如米蘭．昆德拉在《生命中不能承受之輕》中所說的，我們常常痛感生活的艱辛與沉重，無數次目睹了生命在種種重壓下的扭曲與變形，「平凡」一時間成了人們最真切的渴望。但是，我們卻在不經意間遺漏了另外一種恐懼——沒有期待、無需付出的平靜，其實是在消耗生命的活力與精神。

每一個人的一生不可能事事如意，經不起逆境與困難，就會被打敗，傷痕累累。這時，若希望事實可以改變，按照自己的思路發展，就不如換個心態、換個角度面對，慢慢地會成為一個堅強的人，不然，這樣的人生比樂觀者的人生活得痛苦。

接受不能改變的事情，是踏上人生旅途最重要的一步，環境本身並不能使我們快樂或不快樂，在必要的時候，我們應該能忍受災難和悲劇，甚至戰勝它們。我們的內在力量是如此的堅強，只要我們願意利用，它就能幫助我們克服一切困難。總之，不要為自身所不能及的事情而憂慮。對不可避免、不可改變的事，勇敢地去承受，為自己創造一個多姿多彩的明天，讓自己幸福地過完這寶貴的一生。

人對生死、得失、榮辱、富貴、貧賤等不要看得過重，要克制、忍耐人性中的缺點，豁達地對待這些問題。懂得笑看得失、淡觀榮辱的人，才是智者。

某位學者曾在講演中提到她一次特殊的「留學經歷」，我們來看看她是如何度過生命的低潮時期：

一九八九年到一九九一年，我從中文系研究生畢業之後，帶著戶口下放到一個鄉村鍛鍊。

當時，我正值風花雪月的年齡，心理反差很大，從六歲上小學到二十四歲研究所畢業，十八年沒有離開過校園，陡然去到一個陌生的地方，確實沒有心理準備。住在孤單的四間小房裡，在印刷廠中工作，男人是倒紙毛子，女人擦地下的油墨。白天的日子很苦，期間經歷了很多坎坷，也經歷了很多心靈上壓抑甚至迷惑的時候。夜裡沒有電，我和其他同學在黑暗中用老式磚頭的答錄機放搖滾音樂。然而，這種生活讓我終身受益，改變了我的生活座標系，轉換了價值體系和學習方法。那一段歲月給了我什麼呢？我個人認為，對我來說有三個階段，第一是迅速地接受它；第二，改變它，跟它一起調試出一種價值；第三，在價值之外建立快樂的生活方式。

所以，鄉村的經歷告訴我，到任何一個地方用最快的時間告訴自己，這就是我當下的生活，就是我的座標，來建立價值。為此，在艱苦的環境裡，非但沒有頹唐，反倒獲得了一份悠然。大家想一想，以我這樣一個讀著風花雪月長大的女孩子，如果沒有這樣一段「留學」歲月，我怎麼能有今天這種解讀方式和這樣一種骨子裡喚醒的草根情懷？我為什麼會選擇這樣的方式去講國學呢？是的，人間的一切冷暖炎涼是靠我們自己親身歷練。什麼是體驗？體驗是一份以心體之、以血驗之的經歷，這樣越過了生命的低潮之後，人會出現一個大的格局。

人忙忙碌碌地生活在這個世上，每一天都承受著巨大的生存壓力。

聖嚴法師的一生走得比一般人辛苦。小時候，同年齡的孩子們可以上學，他卻沒有這樣的機會。之後，他就讀佛學院，沒多久爆發國共戰爭，寺院遭受破壞，許多同學還俗去做工，而他為了日後能夠繼續出家，只好選擇暫時離開寺廟去從軍。他再度出家後，終於有了進修的機會，他到日本留學，期間沒有經濟支援，日子依舊苦悶。取得學位後他到了美國，卻逢時運不濟，他只好在美國街頭流浪，這也算是人生過程中的又一個低潮。法師就在低潮之中，運用那些低潮時期，不斷地學習，大量地閱讀，以見識、學問、心性的成長來充實自己。他已經習慣了面對逆境，如此一來，縱然有點挫折感，卻不會覺得是倒楣。

人如果有了精神的力量，就會變得很強大。人生在世，不可能一帆風順，種種失敗、無奈都需要我們勇敢地面對，豁達地處理。如此，你是選擇一味地埋怨生活，從此消沉沮喪、萎靡不振，還是對生活充滿感激，跌倒了再爬起來？英國作家薩克萊說：「生活就是一面鏡子，你笑，它也笑；你哭，它也哭。」

一個人的失敗，往往不是由於缺少選擇，而是由於缺乏對生命低潮的正視。成功者都是具有強烈自主意志的人，而選擇是具有自主意志最明顯的標誌之一。存在主義者甚至還進一步強調：「不選擇也是一種選擇。」然而，選擇的基點在哪裡？難道不是在作出決策前，對問題有真正的認識嗎？

要對問題有真正的認識，首先就必須對問題進行正視。在社會生活中，每個人都扮演一定的角色，承擔一定的責任。一個軟弱的人往往用逃避作為自己應對的舉措，結果使自己喪失了自我超越、改變命運、突破困境的機會。

二〇〇〇年底，網際網路業進入了低潮，某位企業家也遇到了前所未有的困難。他帶領他的團隊將戰線拉回國內，並把總部遷回老家。

面對前所未有的低潮，他沒有退卻，而是正視苦難，迎難而上。「我們堅信網路一定會火起來，只要我們活著就有希望。」近乎偏執的執著精神讓整個團隊幹勁十足。

在一次談話節目中，企業家說：「我們那時候做的主要工作第一是『整風』，統一對網際網路的看法，加強信心。第二是成立培訓班『百年大計』，主要培養幹部隊伍。第三是『大生產，就是不能靠別人，要靠自己創造財富。」

正是這種敢於正視困難的勇氣和決心，幫助他度過了網際網路的寒冬。

沒有任何東西是不勞而獲的，選擇不逃避可能會使我們有所付出；選擇逃避可能會得到一時的安逸，但從長遠來看卻使我們失去更多。面對種種困境，我們要培養自己勇敢面對、不逃避的心態。其實，只要正視，你會發現使你害怕的事並不那麼可怕。所謂「人有三分怕虎，虎有七分怕人」，只要敢正視，人在面臨機會時，就不會覺得機會那樣渺茫或「嚇人」。

無論是生活還是工作，都可能會遇見困難要你來直面。你無須逃避，要冷靜地設法解決難題，這正是為什麼需要你的原因。遇到困難是不能逃避的，是責無旁貸的，要把它視為自己的使命。人總是在不肯面對事實、不願意去承擔擺在眼前的責任時，才會潰敗下來。

有一句話叫做：「在生活的耳光中長大。」因為人的力量有限，而困難卻層出不窮，戰勝了舊的，新的更大的困難又會冒出來。但是，挫折並不是永遠不可戰勝，相反，如果你戰勝了眼前的挫折，你會因禍得福，得到提升與進步。幾乎任何一個進步都是挫折與創傷所帶來的。當你受到創傷，你才能意識到自己的缺憾和不足在何處，才能知道從哪裡進行提高，也才能夠進步。

第二章 心

專注、持戒、慈悲、靜寂

一、與其追逐自由，不如守護心靈

現代人都害怕約束，都在追求所謂的自由，但身體的自由無人能做到，所謂「身不由己」就是告訴人們這個道理。那為什麼有的人依然覺得自己是自由的？這是因為他們的心靈是自由的。心靈的自由帶動身體的自由，身隨心動，身隨心靜。

外在的自由，並不能掩飾人們心靈的空虛，為了填充這種慌亂和空虛，人們往往以加倍的速度、拚命的忙碌、財富的累積來掩飾。由此，生命便進入一個巨大的兩難，要麼被速度累垮，要麼被焦慮擊垮。事實上，如果我們向外尋找自由，也許永遠都找不到。自由其實不在別處，就在我們身上，自由就是我們自己。

每個人都在經歷著兩種自由，在表面的自由之下，還有一種更深刻、更真實的內心，從根本上支撐著我們，這就是心靈的自由。試圖以改變外在的世界來追求自由是徒勞無功的。

一隻生活在籠子裡的鳥，安閒自在。風吹不著，雨淋不著，每天主人都會安排好牠的吃喝拉撒，牠只需天天唱歌就行了。

可有一日，鳥突發奇想，牠想上天堂看看，於是牠就去請求上帝。

上帝問鳥：「你現在的日子不愁吃不愁喝，不好嗎？」

鳥回答：「可那籠子太小了，我不自由。」

於是上帝就把鳥安置在天堂住下了。

一年後，上帝突然想起那隻鳥，便去看牠。

他問鳥：「啊！我的孩子，你過得還好嗎？」

鳥答道：「感謝上帝，我活得很好！」

「那麼，你能談談在天堂裡生活的感受嗎？」上帝真誠地問。

鳥長嘆一聲說：「唉，這裡什麼都好，就是這籠子太大，怎麼飛也飛不到邊。」

人人崇尚自由，然而，自由也是有度的。任何自由都與自律緊緊相關。無限的自由不僅使人享受不到自由，還會讓你失去心靈的平衡。一隻飛舞的風箏，總要被一根連接著地上的線緊緊拉著，這樣它就不能隨心所欲地控制飛行方向；而一旦線斷了，它就得到了選擇行程的自由，可是它卻摔在了地上，失去飛翔的自由。就像上面這隻鳥兒，脫離了絕對的約束，牠已經無法承受這種失去重力的自由了。黎巴嫩文壇驕子紀伯倫有句名言：「自由是枷鎖中最粗的一條。」所有自由都與一定的準則相聯繫，當有的人在追求某種自由時，常會顧此失彼。於是，許多人拋棄了自律，選擇了自由，甚至為了自由不惜一切代價，結果陷入了更大的不自由。

古往今來，人類對於自由的要求都是非常強烈和深刻的，因此才會發出「不自由毋寧死」的血性呼聲。可是，如果捫心自問一下：我們理解什麼是自由嗎？未必都能回答上來。現在天天在講自由，一個人在還沒自立、還不知道自由的限度之前，談何自由呢？即便給你自由，你又能把握住嗎？我對今天很多所謂的自由主義者都很反感，連自我都沒有，你談什麼自由呢？一句話，人活著總要有點擔當，總得擔當點什麼。換言之，自由不是坐在那裡憑空想出來的，自由是在承擔的過程中去尋找到的。一種負重和努力承擔的人生才能找到自己的意義，自由不是想出來，而是活出來的。

每個人都希望擺脫現實世界和精神世界的種種束縛，做自己身心的主人，實現人生目標，卻常常苦於不得其門而入。佛學認為，要想自由，必須要懂得規矩，即有一個原則，那就是「戒、定、慧」三大門徑。從這三大門徑，就可以進入解脫境界。持戒既利人又利己，能得到人們的擁護和讚賞，所以內心自在，精神愉悅，靈魂解脫。自我克制是一種高貴的品質，一切美德的根本展現便是人的自我克制。如果一個人僅由本能和激情來支配，那麼他極易喪失道德上的行動和良心的自由，他就會淪為強烈個人欲望的奴隸。孔子一生也提倡克制，即所謂「克己復禮」，就是說對自己的行為要嚴格限制，克制不良的情緒。

李叔同從貴胄公子再到弘一法師，棄絕繁華，割捨妻子，從此，青燈伴佛眠，不問身外事，心無掛礙，來去自由，表面看來他自由得像閒雲野鶴一樣，可是，自由並不意味著沒有絲毫約束。遁入空門後，他恪遵戒律，清苦自守，說法傳經，普渡芸芸眾生。當許多人身處物欲的漩渦，他卻數十年如一日，離群索居於寺廟，過得是清風明月般的簡樸生活。

弘一法師對生命有深透的感悟，他認為，總有一天，人不得不放下所有一切。他說，自由不在於擁有多少必需的東西，而在於能捨棄多少不必要的事物，並從中獲得多少自由。尋求幸福的方法就在自己心中，而不在身外之物。擁有清澈透明的心，彼此相通，才能尋獲內在的平和安定；這是通往幸福與自由的捷徑。是否自由，其實只是一種內在感覺。弘一法師終其後半生來精研佛學，將失傳七百餘年、佛教中戒律最嚴的南山律宗拾起，被崇奉為律宗第十一世祖，與虛雲、太虛、印光大師並譽為「民國四大高僧」。

弘一法師選擇的是戒律最嚴的律宗。他的守戒，讓人瞠目。以不殺生為例，他對生命的重視達到了精微的程度。據豐子愷回憶，弘一法師在修行期間，一律穿粗布衣衫、一日兩餐，不吃菜心、冬筍、香菇，因為這些蔬菜價格比其他的貴。夏丏尊曾贈送一副進口白金水晶眼鏡，他轉送泉州開元寺，變賣折大洋五百購買米糧，供僧人齋飯。

每一個生命當然要肯定自己的生存、利益、價值、個性自由、人格尊嚴，然而，人類社會是一個由不同社會關係組成的重重網路。當你肯定自己的生存、利益、價值、個性自由、人格尊嚴時，也要肯定別人的生存、利益、價值、個性自由、人格尊嚴，必須承認或容忍別人的生存空間和利益追求。如果這些追求彼此矛盾，就必須設法調節。如果我們只是一味肯定自我，就會陷入難以自拔的泥潭。

一個學僧問杭州龍華寺的真覺靈照法師：「菩提樹下度眾生」，菩提樹是什麼樣子呢？

靈照法師說：「和苦楝樹的樣子差不多。」

僧人又問：「為什麼像苦楝樹？」

靈照法師嘆了口氣：「菩提樹是什麼樣子，和你的修行有關係嗎？執著於名相，良馬無須鞭打，看見鞭影就會奮蹄前行。你本不是良馬，看到鞭影也無動於衷！」

佛祖在菩提樹下靜坐九年，頓悟成佛。但他的成佛不是靠菩提樹的神奇，而是靠修練之功。坐在任何一棵樹下，他也能成佛。

在生活中，我們過於強調外部環境的影響力，但成就要靠內求，動力源於內心。如果像這個學僧一樣，將注意力都集中在外面，要等鞭子打到自己身上才肯動一下，怎麼能獲得解脫呢？

所謂的解脫，其實並不玄妙，就是心靈的自由。我們每個人在這個世間都有很多的煩惱，特別是在今天這個躁動的時代，城市和鄉村都瀰漫著躁動的氣息，這來自於我們內心的情緒和煩惱，當負面情緒和煩惱一多，就變成了我們心靈的垃圾。蒙昧眾生為無明驅使，將通往自由的路寄託在外部力量上。這時候就需要清理和掃除，不然通路堵塞，心地蒙塵，靈魂的清泉就不能通過，我們就會痛苦不堪。大多數情況之下，我們總是夢想著能隨心所欲，但事實上，卻很少有勇氣和信心來真正爭取心靈的自由。的確，我們沒有人不想像佛陀一樣獲得心靈上的自由，可以普渡眾生，去做自己喜歡做的事情。但是，至少我們可以在繁忙的奔波中停下來，靜一靜，想一想，反思自己的生活，傾聽內心的召喚，調整步伐，調整你的人生。

從耶穌、釋迦牟尼到蘇格拉底、柏拉圖，從孔子、老子到聖雄甘地，雖然他們的學說、主張各有不同，但是，他們的思想都表現出一種追求，那就是人類心靈的自由。凡是用心、奴役心、麻醉心、欺騙心，都不可能獲得心的解脫和自由。

現代人總是過於注重表面的自由和權利，張口就是「我想，我要……」，而忽視內在的自由。因此，生活變得越來越淺薄，人性變得越來越僵硬、遲鈍而麻木不仁。

市場競爭就是大魚吃小魚，沒實力的人必被擠垮，物競天、適者生存，這是世間最簡單的真理。既然世界如此不公平，想要絕對的平等如何可能？當然，我並不是說鼓勵接受社會的「叢林法則」，不去爭取自己的權利，而是提醒一個這樣的道理，外在的自由和權利也不是無限的。盧梭說：「人生而自由，卻無所不在枷鎖之中。」做什麼事情，都會有無數的羈絆、無數的約束，現實生活的、無形潛在的。人人生而平等——這是謊言，機會對於每一個人來說是一樣的——這是閉著眼睛說瞎話。

某位文化學者說：「一個人的視力本有兩種功能：一個是向外去，無限寬廣地拓展世界；另一個是向內來，無限深刻地去發現內心。」莊子深知外在自由的有限，轉而守護內心的自由。莊子說：「外化而內不化。」從字面上理解，就是說外表會隨著事物有所變化，而內心有所堅持，則堅守不變。一個人在社會上生存，必然會被社會上的各種規則、各種法度所制約，在這時，一個人需要遵守這些外在的東西，這就做到了莊子所說的外化。

同時，一個人之所以是一個獨特的個體，必然有他與眾不同的地方，這時一個人需要見識自己的獨特性，堅守自己的內心稟賦，這就是莊子所謂的內不化。如果一個人能夠在這個社會之中做到「外化而內不化」，就能體驗到生命操之在我的快感了，也就能體驗到真正的人生大自由。因此，一個人應該學會順應外界的變化，接受各式各樣的新知識，同時又保持一顆純淨的心靈。在順應外界和保持真我生命上各有各的快樂。

棄官修佛以前，善靜和尚還沒有到三十歲。他來到樂普山投奔了元安禪師，禪師令善靜管理寺院的菜園，在勞動的過程中修行。

有一天，寺內一個和尚認為自己修行完滿，可以下山雲遊了，於是就到元安禪師那裡向他辭行。當然，下山是要等到禪師的批准的。

元安禪師聽了僧人的請求，笑著對他說：「四面都是山，你往何處去？」

那和尚無法想出其中蘊含的禪理，只好轉身回去，卻無意走進了寺院的菜園子。

善靜和尚正在鋤草，看見他滿臉疑慮的樣子就驚訝地問：「師兄為何苦惱？」

那和尚就重複了元安禪師對他所說的話。

善靜和尚馬上想到「四面的山」就是暗指「重重困難和險境」。

元安禪師實際上是想考考那和尚。可惜，那和尚參透不了師傅的話語，於是善靜笑著對那和尚說：「竹密豈妨流水過，山高怎阻野雲飛。」意思是：只要有決心，有毅力，任何高山都無法阻擋。

那和尚於是就來到元安禪師那裡，對禪師說：「竹密豈妨流水過，山高怎阻野雲飛。」

那和尚以為師父一定會喜笑顏開地誇獎他，然後准他下山，誰知元安禪師聽後，先是一怔，繼而眉頭一皺，兩眼直視他說：「這肯定不是你的想法！是誰幫助你的？」

那和尚見師傅已經察覺，於是只好把善靜和尚的名字說了出來。

安禪師對他說：「管理菜園的僧人善靜和尚，將來一定有一番作為！多學著點吧，他都沒有提出下山，你還要下山嗎？」

一、與其追逐自由，不如守護心靈

一句話：「竹密豈妨流水過，山高怎阻野雲飛。」這是指善靜和尚人雖在菜園，可是他已經飛過了高山的阻擋，擁有了像野雲一樣自由自在的心態。有些人，比如那和尚一味想著下山想著自由，實際上心靈並不自由，恰如被拘囿在菜園裡一樣。

心靈是每個生命獨自的宇宙，不知從哪一天起，我們被虛幻的世界全面控制和擺布，心中四面都豎起一座又一座的高山，壓得我們喘不過氣來，也擋住了我們本來清明的視野。怎樣才能飛越這疊嶂層巒呢？只要我們的心是自由自在的，沒有什麼能捆縛住我們，關鍵是你我的心靈有沒有那樣吹拂野雲的風。

俗話說：「沒有規矩，無以成方圓」。的確，世間的萬事萬物都必受到一定的約束，沒有一個事物是絕對自由。弘一法師是一個懂得守護內心自由的大師，這麼一個胸懷寬廣的人，生活極為認真，他的守戒，幾乎到了讓人瞠目的地步。法師在〈青年佛徒應注意的四項〉中說：「我們不說修到菩薩或佛的地位，就是想來生再做人，最低的限度，也要能持五戒。可惜現在受戒的人雖多，只是掛個名而已，切切實實能持戒的卻很少。」

生活中的很多人都崇尚自由，反對約束，但世界上有絕對的自由嗎？正如歌德所說：「一個人只要宣稱自己是自由的，就會同時感到他是受限制的。如果你敢於宣稱自己是受限制的，你就會感到自己是自由的。」被約束的自由是常態，世上並沒有無約束的自由，只有不同約束條件下的自由。如果人不持守道德戒律，就會逐漸放縱自己，好像藤草滋長蔓延，以至於不可收拾。欲望多了，藤草也就爬滿了自己的心靈，精神便被壓榨了出去，痛苦與煩惱會與日俱增。無限度地要求滿足自己的欲望，自然會違背社會的公德，做出越來越多的惡劣行為。

二、最毒的藥是情，最易變的是人心

情最麻煩的是「執」，活在這麼多的情執裡，被情所困、被情所迷、因情而執著，因種種的情，而做了情的奴隸，斷情談何容易。每一份出軌的感情，都極累心，傷的最深的，還是自己。太多的人只會最愛自己，最後失去了愛人的能力。

斷情執，斷的不是情，是妄念。《楞嚴經》上佛講，情多的人往下墮落，想多的人往上超升。《地藏菩薩本願經》上說：「以導執情。」情執是苦惱的原因，放下情執，你才能得到自在。

人類所有的痛苦皆來自於執著。六根對六塵，生心是不清淨心，原因就在於裡面有情執。情就是七情，喜怒哀樂愛惡欲。執是執著，生情執，才是凡夫。如果以智慧來指導慈悲、運用慈悲，就可使凡夫的情感從有我的愛而漸漸進入無我的慈悲。

根據報導，二〇一〇年六月初，某理工職業學院大二女學生小夢（化名）因為與男友小強（化名）感情不和，提出分手。六月十六日中午，不堪分手之痛的小強在眾目睽睽之下將利刃揮向小夢頸部。小夢被割斷氣管、聲帶神經，經過搶救總算保住了性命，但身心均受到重創。由於聲帶神經受損，今後能否開口說話還是一個未知數。

七月二十日中午，躺在病床上的小夢脖子上布滿累累傷痕，看起來觸目驚心，後背也有一道約十公分長的刀疤。由於聲帶神經系統受到損害，無法開口說話的小夢用筆代為表達。

據小夢筆述，她與小強認識已經有一年半時間了，開始做朋友也就是幾個月時間。因為感情不和，六月初她提出了分手。六月十一日，無法接受現實的小強曾用一把刀向她背部捅了兩下，隨後又在自己胳膊上自殘，在大家勸阻下才罷手。小夢說，事情發生後，她報告了老師，後來學校告知了小強家長，她以為事情就此畫上句號，沒想到，六月十六日發生了她做夢都無法想像的可怕事件。

上述事件原因一個「情」字，小強情因感情挫折對生活和前途失去信心，由失戀發展到失德、失態、失志，無法用寬闊的胸襟、冷靜理智的態度對待和解決戀愛中的問題和困難，於是，「情」變成仇恨。

世間的一切眾生，都被情感這種力量所牽引，也用情感的方法處理各種問題。所以世間一切眾生，都因為在情感之河中隨波逐流，而成為不能解脫的人。如果困於感情問題，身心就會被束縛住。從佛法的觀點來看感情問題，在心性的立場上，要淨化我們的心靈來解除煩惱的束縛，從而超越對眾生的感情。

愛有很多等級和層次，最低的層次是自私的愛，那是充滿了占有與貪婪的愛，例如我愛吃、我愛看、我愛聽、我……但這些真的是愛嗎？這些愛都是在追隨自己的貪欲或本能，只是為了滿足個人的欲望。《聖經》上說，人的心最詭詐。感情一旦真心付出卻無法得到他愛，就會憤慨、不滿、失望、猜疑等，種種負面情緒由是而生。在這種情況下，相愛變成了彼此相互要求、索取的手段，終致造成苦惱——所求不得。當失望、猜疑的情緒生起後，我們便會開始覺得自己不被關心、重視，一股強烈的對「自我」的執持不放，使得這種「感覺」一再加強，也就會自怨自艾、自憐自嘆起來。

沉溺在七情六欲中的人為束縛和執著所纏綁，長期受苦痛的折磨。因為有情慾就有貪愛，有愛就有不愛——分別，有分別就無法做到平等，無法以博愛的胸懷去對待每一個眾生。因有七情六欲從而有自私，便不顧一切為達目的不擇手段去追求，甚至犧牲生命也在所不惜。等一個人好累、愛一個人好苦、想一個人好痛、恨一個人好難。世間的空幻和短暫不值得留戀，靈魂才是永恆的，色即是空，空即是色。情執是苦惱的原因，放下情執，你才能得到自在。熟悉金庸小說的人都知道，他筆下的許多女子，如李莫愁、木婉清、程靈素、儀琳等，無論善惡、美醜，覺得她們的命運，總被一種致命的感情決定著。她心中的仇恨之火，讓一顆原本善良純真的心，變得殘忍且毒辣。女人的生命需要愛情，一生只為愛而活著，而愛到了極致，往往就變成了殘忍或暴烈。愛的定義到底是什麼？對此，《聖經》中有很好的詮釋：「愛是長久忍耐又有恩慈，愛是不嫉妒，愛是不自誇，不張狂，不做害羞的事，不求自己的益處，不輕易發怒，不計算人的惡，不喜歡不義，只喜歡真理；凡事包容，凡事相信，凡事盼望，凡事忍耐，凡是要忍耐；愛是永不止息。」

李叔同很早就覺悟到了「情執」的痛苦和束縛，他索性在三十九歲這年出家，之後其日妻無法接受。

她痛苦異常，並找到李叔同在上海的老朋友楊白民先生。她向楊白民表示：日本的和尚是允許有妻室的，為什麼李叔同要送她回日本呢？最後她提出，說什麼也要到杭州去見一見李叔同，並要求楊白民立即帶她到杭州去。

楊白民無奈，只好帶著李叔同的日妻來到杭州，安頓下來後，他隻身先到虎跑寺去通報。李叔同見日妻已經來了，也就不好迴避，於是同意會面。會面的地點在杭州西湖邊上的某家旅館裡。

交談過程中，李叔同送給日妻一塊手錶，以此作為離別的紀念，並安慰說：「妳有技術，回日本去不會失業。」

會面結束後，李叔同就僱了一葉輕舟，離岸而去，連頭也沒有再回一下。日妻見丈夫決心堅定，知道再無挽回的可能，便望著漸漸遠去的小船失聲痛哭。此後她就回日本去了。

無俗情，才能有真情，才能做真人。既然塵緣已了，何苦還要苦苦留戀？李叔同斷絕情與愛，是徹底從凡夫的七情六欲中掙脫出來。佛經上常講：「轉煩惱成菩提」。情愛是煩惱，佛教給我們，要把煩惱轉變為般若智慧。佛家不講愛情，佛講慈悲。佛法為什麼不說愛，要說慈悲？因為愛裡面有感情，慈悲這個愛裡面沒有感情，它是純粹的理智。愛情與慈悲在事相上沒有兩樣，但在起心動念上不一樣，一個心迷，一個心覺。世間人把愛慾看得很重，認為這是正當的，這些都是迷惑顛倒。果然能把愛情看破、放下了。

也許因為我也是個多情之人，我理解感情傷人的痛。很久以前，我常常思考「什麼是感情」、「愛的內涵是什麼」、「為什麼菩薩的含義是覺悟有情」這類問題。日積月累，我漸漸明白佛菩薩都是世界上最多情的人，所謂「無緣大慈，同體大悲」。

凡人有欲望是正常的，但應該是有限度的。欲望並不可怕，可怕的是貪欲。情慾是一種強烈的渴求，渴求性愛本身沒有錯，可是，如果情慾使我們的心思、意念和行為超越了一定的界限——若我們看人、看性或看愛的態度都受情慾所影響，這就有問題了。讓我們把欲望壓縮到最小最小，把無我放大到最大最大，在無限的空靈中回歸自我。讓我們放棄貪欲，尋找清淨，享受無欲之妙，明心見性，菩提得渡，離苦得樂。

我常在國內某個著名論壇看網友寫的情感經歷，比如綠帽、出軌、傷心、欺騙、傷害、處女膜重不重要……主題大都圍繞「情」字展開，自己愛了，對方怎麼怎麼了，於是當事人痛苦了，迷茫了，悔恨了……絕大多數人，終其一點，都被「愛」所牽制。

因為不能滿足自己的私情和占有欲而傷人，這是真正的愛情嗎？愛情是追到手的嗎？不是。實際上，太多的人哪裡有太多放不開的「感情」呢？也許只是心理上的依賴而已。既然這樣，我們為什麼要為這份據說「純潔」和「真摯」的感情痛心呢？許多的人，把戀愛、婚姻，一次牽手、一次觸摸、一次性交當做籌碼，當做條件，當做交易……這樣的人，他們的人生，難道不是悲劇嗎？傷痛是很難癒合的，最多也只能用白灰重新粉刷一遍，而那道裂紋，卻一直會隱藏在你的心裡。總結起來只有一句話：人應該學會釋懷。

記得《紅樓夢》中為晴雯所寫的〈芙蓉女兒誄〉中的那一句「紅綃帳裡，公子情深，黃土壟中，女兒命薄！」紅綃帳裡，公子多情；黃土壟中，女兒薄命。或許這是多情最真實的一個寫照吧。世間有許多的人，風情萬種，處處留情，可是「情到深處情轉薄」，濃情狂歡過後，心倦了，情淡了，於是不顧他人挽留央求的目光，決然而去，追尋下一段的感情寄寓。這樣的多情，從某種意義上，只能說是一種無情，或是濫情。

惠子問莊子：「人就應該沒有感情才好麼？」

莊子說：「是啊！不過這要看怎麼理解了！」

惠子說：「沒有感情還能叫人麼？」

有時候，情到了極致，便顯得無情。莊子說：「你所說的『感情』，不是我所說的感情。我所說的『沒有感情』指的是不要因個人的好惡而涉及是非得失，弄得自己不得安寧。」

那麼莊子為什麼要說人應該「無情」呢？原來同一個「情」字，莊子和我們有不同的理解。什麼是「無情」？無情不是沒有情，而是無俗情，世俗的七情說來是沒有意義的。我們是從世俗的層面看「情」，而莊子是從「道」的層面看「情」。莊子所說的「無情」，並非我們平常所說的冷酷無情。他指的是一種超脫，超脫好惡、得失，甚至生死。因為「無情」，莊子才會無喜無悲、無哀無怨，這樣的「無情」雖然讓人超脫，可不是凡人所能做到的。

人總是生活在有情的世界中，「問世間情為何物，只教人生死相許」。我們多半會讚賞多情、痴情，覺得那是生命的豐溢，而同時鄙薄寡情之人，認定那是冷血心腸，是對生命的一種褻瀆。只是多情、無情是否真的如此絕對呢？

愛情也許是最美好的，可也是虛幻的！《金剛經》：「一切有為法，如夢幻泡影，如露亦如電，應作如是觀。」許多人即使花去畢生的時間，得到心碎的結局，卻依然在憧憬。看過電影的人都知道，《鐵達尼號》沉沒了；《魂斷藍橋》隕落了；《亂世佳人》在飄搖；《第六感生死戀》也已經離逝了！遙遠的總是最美，因為遙不可及，充滿想像，卻難以了解。真正的最美，在於人心所營造的幻境。人生在世間時時刻刻像處於荊棘叢林之中一樣，處處暗藏危險或者誘惑。只有不動妄心、不存妄想，心如止水，才能使自己的行動無偏頗，從而有效地規避風險，抵制誘惑，否則就會痛苦繞身。充滿誘惑的塵世間，愛情是否真的那麼牢固呢？也許也只有體會真愛的人，面對著五色，才可以做到幡動、風動、心不動吧！

一般人的愛慾，主要是五欲中的食慾、色慾，表現在對異性的追求、家庭的迷戀，對所愛事物的執取不捨等；這種貪欲是一強大的潛在心力，它是絕大多數生命痛苦的主要根源。正是這種大小不一的貪欲，引導眾生往復輪迴於此婆娑世界，迫使眾生執著於生命的一切形式。人生何必那麼多情呢？情太多，就會被情所累。不多情就沒有傷害；就不會後悔；就沒有所謂的失落，每天都是新的開始，每天都有新鮮事。

三、以佛陀的心為心，以眾生的命為命

佛心是什麼樣子？就是清淨、平等和慈悲心。我們能在人事、物質環境裡面去練習清淨心、平等心，就是真正學佛。一個覺悟的人對待一切眾生，他用的是平等心，他用的是大慈悲心，為什麼？真心是清淨心、是平等心、是慈悲心。慈悲一定是從清淨平等裡面生的，這個慈悲是真的，是大慈大悲。

像佛陀一樣，不要有「分別心」。「分別心」，即心對境起作用時，取其相而思維量度所引起。亦即對現前之事物產生是非、善惡、人我、大小、好壞、美醜等種種之差別觀感。回到混沌的狀態，也就是《道德經》上所說的「道，可道，非常道；名，可名，非常名；萬物之母；故常無欲也，以觀其妙。常有欲也，以觀其所微。此兩者同出，異名同謂。玄之又玄；眾妙之門。」我們並不應該局限於這個世界表面的區分，黑與白、正與邪、美與惡的區分都是表象的，我們更應該從生命的本身去理解，打破這種有形的局限。

在每個人的內心深處都埋藏著一顆本來的心，只是你以前沒有察覺，這顆心就是慈悲的佛陀的心，只要你擺脫事俗中的執著與貪戀，你就會發現它，你的生活也會坦蕩安然。如果我們體悟生命的意義，懷著一顆平靜、圓融的心去面對生活中的一切人和事，你會發現，世界帶給你的並不是痛苦和無常的不安，宇宙中的萬事萬物都是那樣和藹可親。

用我們自身完善的人格去影響周圍的人，去感化周圍的環境，讓你身邊的人和事因為你而得到改善，這樣我們的生活才會和諧，佛法也就更貼近了我們的人生。

佛陀的弟子周利盤陀伽，生性愚鈍。他背誦經文，連一句都記不住，深感自卑苦惱。

有一天，佛陀看到他掩面哭泣，上前問他：「周利盤陀伽，你為什麼哭呢？」他啜泣著說：「因為哥哥教我一句經文，我三個月都背不出來。他說有我這種笨弟弟，他覺得很難為情，他打我耳光，要把我趕出僧團。」

佛陀對他說：「周利盤陀伽，你不要再傷心了，你記不牢經文，沒有關係，我來教你。」於是，佛陀拿著一把掃帚，為他示範掃地，教他每天掃地的時候，念著「拂塵掃垢」。周利盤陀伽每天勤快的掃地，剛開始記了拂塵就忘記掃垢，念了掃垢就把拂塵忘了，總是念不全那四個字。雖然他是這麼地笨拙，佛陀仍舊一遍一遍教他念著「拂塵掃垢」。

半年後，周利盤陀伽終於記得「拂塵掃垢」四個字。久而久之，他的心因為專注於掃地，慢慢地引發了定慧之力，從心外的塵垢警醒到心內的汙濁。

一年後，周利盤陀伽為自己掃出一片光明的心地，明白「拂塵掃垢」的甚深法義，由一個愚笨拙劣的人變成聰明敏捷的人。僧團裡的大眾也從他身上領會到佛陀的慈悲，只要不輕視自己、不妄自菲薄，貫注身心，一定會在修練中不斷提高，正所謂「佛光普照」。

只是我們如果忘記要「拂塵除垢」，任憑心內布滿貪欲、憤怒、愚痴、邪念、嫉妒等塵垢，就會使自己心靈的廟堂，蛛網密結，棟梁頹廢，久久不見裊裊一縷清香。

世人都很小我，常常會把自己和別人引入歧途，因為那種聰明不是智慧，而是使你更容易被外面的各種東西引誘，反而迷失了真我。凡是明心見性的人，一定是一片慈悲。見性的人了解真相，真正明瞭天地與我同根、萬物與我一體。

佛陀的心清澈無礙，他明瞭世間的一切道理和事實真相，所以他以慈悲心度化眾生，不捨棄一個眾生。佛的修行者，就是要學佛、學菩薩，以一顆清澈無礙的心去護念一切眾生、尊敬一切眾生、幫助一切眾生，了解這些事實真相後，即使受到再大的災難，也毫無怨尤。知道一切自作自受，只有在當下轉變，以無障礙的心待人接物，將真誠、清淨、平等、慈悲落實在生活上。

佛的心像荷一樣靜素清純，人的本性也像泉源一樣清澈明淨，但後因俗事的汙染，蒙蔽了本性，看不清真實的面貌。所以，只有在日常生活中去修練，做到進退自如，才能返回本性，保持清淨心不被汙染。清淨、平等、清澈無礙的心，是我們的本源。所以，一旦發現不清淨、不平等就需靜心修練，這是智慧的選擇。

但是，在這個嚴重汙染的時代，我們的心不可能不受到汙染。環境誘惑的力量太大了，比過去不知增加了多少倍。人心浮躁、人情淡薄，人與人之間的失信和背叛，讓我們看到了太多的虛偽、欺侮和詐騙。在這樣處處險惡的縫隙裡生存，自然難得清靜，不免生出自私怨恨來，為了名利起爭執、去爭奪。很多人有一個毛病：喜歡輕聽輕信。一些心懷叵測的小人就是利用人的這個弱點，不擇手段地去搬弄是非、製造各種誤會，他們卻坐山觀虎鬥、隔岸觀火。人一旦受到這些干擾，就很難再保持內心的平靜，而陷入更多的愁苦之中，所以，佛陀教導眾生要看破，學著解脫出來，做個局外人。

對於我們普通的眾生，這是一種積極的人生態度。這並不用我們像真正的出家人那樣跳出紅塵、逃避現實，而可以像梁實秋說的那樣：「在現實的泥洞偶然昂起頭喘幾口氣。」它是我們對生活有了明確認識後的正確選擇。既然在這個社會上生活，就不免內心被煩惱汙染。在這樣的時候，我們只有暫時讓自己解脫出來、做個局外人、勇敢地面對現實，去克服消除那些煩惱，讓自己放鬆、釋然、坦然，「去留無意，任天空雲卷雲舒；寵辱不驚，看窗外花開花落」，這樣遇事想得開、看得透，放得下，不以物喜，不以己悲，淡泊名利，自然能夠克服現實中的那些障礙，讓自己的靈魂和人格得到完善和超越。

這並非遙不可及，生活中的每個人都可以做到，能夠超越與否，只在於心，即使環境再困苦，世界再黑暗，只要內心坦然，不執著、不爭執，將一切看輕看淡，就可以見到久違的光明。一個能夠自我解脫，把自己放到局外的人，內心會永遠清澈無礙，生活也會永遠快樂幸福。

一位在山中修行的禪師，有一天夜裡，趁著皎潔的月光，他在林間的小路上散完步後回到自己住的茅屋時，正碰上個小偷光顧，他怕驚動小偷，一直站門口等候他……

小偷找不到值錢的東西，返身離去時遇見了禪師，正感到驚慌的時候，禪師說：「你走老遠的山路來探望我，總不能讓你空手而回呀！」說著脫下了身上的外衣，說道：「夜裡涼，你帶著這件衣服走吧。」

說完，禪師就把衣服披在小偷身上，小偷不知所措，低著頭溜走了。

禪師看著小偷的背影，感慨地說：「可憐的人呀，但願我能送一輪明月給你！」

第二天，溫暖的陽光融融的灑照著茅屋，禪師推開門，便看到昨晚披在小偷身上的那件外衣被整齊地疊放在門口。禪師非常高興，喃喃地說道：「我終於送了他一輪明月……」

一般來說，我們對於傷害過自己的人或仇敵很難生起慈悲，這正是我們要努力克服的。作為一個真正的修行者，任何眾生都是我們慈悲的對象，如果沒有眾生，我們就無法修行了。自他相換的修行是對治我執、激發慈悲的良藥，對一切眾生心懷感激是十分重要的。世上的一切事物沒有一樣可以單獨存在，動植物如果沒有陽光、空氣、水就無法生存。在我們生活的社會中，萬物也都彼此相互依存，整個宇宙就是一個共生結構。我也由許多「非我」的元素所成就，所謂「此有故彼有，此滅故彼滅」。如能以相生相依的眼光來看待這個社會、對待不幸的人們，我們將更深刻地體會到他們的痛苦與我們的責任，因為我們在他們身上看到自己，在自己裡面也看到他們。隨時隨地，我們都應盡量把自己放在受苦者的立場上，設身處地、將心比心地為別人著想：如果我是對方，我希望別人如何對待我？

一九一二年秋，李叔同赴杭州，在浙江兩級師範教音樂、美術兩門課。他的教育精神是十分嚴肅、認真的。經常對學生說一些有關做人與藝術的準則；認為要做一個文藝家，必須先做一個好人。他的弟子豐子愷更以「溫而厲」來形容他認真的教學態度：「李先生從不罵人，從不責備人，態度謙恭」。

弘一法師有一顆圓融的心，達到了一種圓融無礙的境界。他把慈悲和愛的對象由自己轉向他人，乃至一切有情眾生，就是通常所說的自他相換，這是激發慈悲心極為重要的方法。

人的心性冷硬，像鋼鐵一樣。要慢慢以調伏野馬和猴子的心，讓它柔軟起來，以柔軟的心觀世界就會悲憫起來。學佛，其實就是承擔。打開退縮、畏懼、自私的心結，勇敢面對世界，承擔自己應該得到的苦樂，風雨晴明，含笑入懷，繁華落盡，智慧自生。

因為人心不平，所以這個世界不平，因為人心汙濁，所以這個世界汙濁。因為，我本人對人生許多問題尚充滿困惑。《聖經》上說：「耶和華靠近傷心的人，拯救靈性痛悔的人。」我從沒有放棄自我的拯救。活在這個世界上，活在這個社會中，我也有這樣或者那樣的不舒服。不過，我承認自己需要調整，也願意積極解決，並且也在積極解決。學佛就是要運用自己良善、積極的心態，根治自己。困境是由煩惱造成的，激勵我們轉化內心，發起慈愛、悲心、忍辱、智慧和其他的善心。

禪宗有一段故事：

達摩祖師的墓地位於河南省，有一位學僧發誓要守墓、照顧墓園。有一天，遠方來了一位禪師，來到達摩祖師的墓前。

這位守墓的學僧來迎接他，且恭敬地問禪師說：「禪師，您要先禮佛？還是先禮祖？」

這位禪師說：「我既不禮佛，也不禮祖。」

這位學僧聽了內心不太高興，態度也隨即改變，用不客氣的口吻說：「佛與祖師，與你結了什麼怨仇？」

禪師心平氣和地反問他說：「佛與祖師到底給了你什麼恩惠？讓你替佛與祖師如此說話！」

這位學僧聽了愣了一下，覺得這位禪師的話很有禪機！所以心念一轉，又恢復了恭敬的心，並問禪師說：「請教禪師，我到底應該如何自處？」

禪師說：「佛與眾生平等，看待一切眾生要泯滅仇與怨，不可有恩怨的心態。如果能這樣，心才會平靜。」

生命是否有意義，取決於我們的心態。能否成佛，也取決於我們自己。可是，許多人覺悟不到這個道理。心的清淨面就是心的本質，它自始至終都是清淨無染、平等和圓滿的。心的妙用面就是心的表象，又可以分為兩種，一是妄心，二是菩提心。妄心就是那種時時刻刻想來想去的心，是一顆有染汙的心；菩提心是心中無任何相狀的心，是一顆清淨無染的心。

釋迦牟尼佛的心，是一顆大的心。大的心悲心憐憫，能拔眾生苦。慈心悲心，源出一心，心心相印，慈悲同心。在這物欲橫流的社會裡，人的欲望是層出不窮且無止境的，所以，現代人有時心情煩躁，情緒失常；有時驚喜狂歡，放蕩不羈；有時絞盡腦汁，極度恐慌。因無法忍受種種流言非議而惶惶不安於現狀，因厭世憤俗而使心靈癱瘓，自絕於世的事例太多、太多。

佛陀說：「人以慈悲為懷。」如果說世上什麼力量是最大的，那非慈悲莫屬；因為慈悲可以賦予我們巨大的勇氣和信心，帶給我們真正的快樂，慈悲的力量不可思議。

慈悲有著溫暖和開朗的特質，不論我們和別人的關係如何，當他的人生如意順遂時，我們為他感到滿意快樂。這會讓我們脫離嫉妒和羨慕的痛苦，不用沉浸在別人比我們更快樂、更成功的漩渦中；不用因這一切而情緒起伏，更怡然自樂。而當我們看到別人正遭受痛苦及一些於心不忍的現象時，也會自然從內心深處產生悲憫的情緒，希望他們能盡快解脫這些痛苦，希望他們能獲得幸福、快樂。人，應該有這種慈悲之心，我們難以想像，人如果喪失了這種本性，自私自利，甚至為了自己的利益而去做傷害別人的事情時，世界會是什麼樣子。

在今天競爭激烈的社會中，我們每個人都行色匆匆，為了工作奔波繁忙，彼此變得很疏遠、冷漠，長期之下忘記了慈悲，忘記了人與人之間的愛和關心。我們很多人都喜歡慈悲這兩個字，但是內心卻被其他別的東西阻塞了。比如：欲望、嫉妒、自私、尖刻。我們被有史以來的無明和煩惱習氣纏縛，對世間所發生的種種苦難和不幸，比如天災人禍、疾病饑荒等感覺麻木了，甚至有時會想，痛苦是別人的事，和自己沒有關係。正是由於這種麻木，我們許久都沒有感到慈悲之心的重要。所以，我們應該捫心自問，如果這些情況發生在我們的身上會是什麼樣子，如果我們面對死亡的來臨呢？我們應該真切地從內心體驗這一切，讓眾生的苦難喚醒我們的慈悲和內在的良知。

要發起真正的慈悲心並沒有那麼容易，因為它與我們的執著習氣互相牴觸。但是，這並不是沒有可能。因為，我們每個人的內心深處都有慈悲的種子，只是它沉睡的時間太久了。因此，如果我們想提升生命的品質，完善自己的人格，想從各種煩惱和痛苦中解脫出來，就必須盡最大努力，透過各種方法，發起大慈大悲之心，這是我們靈魂的唯一出路，也是我們良知的覺醒和使命。

所謂慈悲心，說簡單一點，就是可以無條件的給予眾生快樂，不忍心眾生受苦，並強烈的希望眾生從痛苦中解脫出來。慈悲心和我們常說的愛心、同情心和憐憫心有頗為相似之處，但又不盡相同，因為在廣度和深度上它更純潔、更崇高，是人世間最美好、最高尚的情感。慈悲是真正的平等，就像太陽面對眾生散發無限的光芒，是一種徹底的利他之心，沒有絲毫自私和我執的成分，是一種「道」，是人心的最終到達。

對於普通的眾生，外在的錢財也許重要，但在我們擁有錢財的同時，也別忘了開啟內心的慈悲之源。因為，它是人生取之不盡、用之不竭的寶藏，能讓生命昇華，化干戈為玉帛，能轉化貪婪、自私的暴戾之氣，而讓社會充滿溫馨和祥和。我們每個人都擁有這樣一顆慈悲心，一定要隨時提醒自己，別讓它睡著了。

會等待的人才會生活。其實我們大多數人都願意等待，但是，外界的干擾往往使我們不再能忍受等待；也有些人修得一定的定力，可以任憑環境的變化獨自等待下去，其結果也是令人豔羨的，正所謂傻人有傻福。

並非所有的等待都有美好的目的。我們沒有辦法為一個無意義的目的去等待，這種等待的終極意義也許在等待本身，但需要我們覺察，去三思而後行。

心只有一個，所有眾生的心都是這顆大心的有機組成部分。成佛人的心的狀態是和凡夫不同的。凡夫的心始終在想來想去，我把它稱為妄心，而成佛的人的心是一種清淨無染又無邊無際的心，我們把它叫做菩提心。如何才能得一顆菩提心？用《金剛經》中的話就是「過去心不可得，現在心不可得，未來心不可得」，意思就是不想過去的事，不想現在的事，不想未來的事，什麼都不去想，清淨無染的菩提心就會呈現出來。菩提心就是那顆最大的心的形態，無邊無際而又清淨無染。

悲憫、博愛、同情是一個人是否成為人的基本標誌，是區別人與其他物種最重要的標準。人不能只披著人皮而失去應有的品格。只有生存的智慧，而沒有半點悲憫之心，別說做菩薩，就是做個人都不合格吧？弘一法師在《護生畫集》配詩〈誘殺〉中說：「水邊垂釣，閒情逸致。是以物命，而為兒戲。刺骨穿腸，手心何忍。願發仁慈，常起悲憫。」

四、悲欣交集：寂、寂、寂

如果物質、精神、靈魂是人生的三層樓。作家豐子愷認為：「弘一大師，是一層一層走上去的。」晚年的弘一大師淡忘人世種種煩惱怨愁、悽惶寂寞，心境自然愉悅、安詳，心態自然慈悲、柔和，身體自然健康。功深力極，本來無生之自性自然顯露，沉浸在優美恬靜的精神境界之中。

一九四二年九月，這是弘一大師生命中最後的一個月。

他告訴妙蓮法師：「你在為我助念時，看到我眼裡流淚，這不是留戀人間，或掛念親人，而是在回憶我一生的憾事。」

十月十日下午，弘一大師用顫抖的雙唇說：「妙蓮，研些墨，我想寫幾個字……」妙蓮把墨備妥，輕輕地將大師扶下床。

大師用盡了最後一點力氣，莊嚴地寫下了四個大字：「悲欣交集。」這是弘一法師一生最後的遺墨。

寫完這些字後，大師再不做別的事情，只管念佛。

十月十三日晚七時四十五分，大師呼吸急促，八點整，妙蓮法師貼近大師慈祥的臉龐，知道大師已往生西方。

弘一大師沒有痛苦，平靜而安詳地斜臥在泉州不二祠溫陵養老院晚晴室的板床上，他的眼角沁出晶瑩的淚花。

法師彌留之際，他寫下了「悲欣交集」四字，他的書法用筆圓潤，結體瘦長，削繁就簡，章法疏闊，毫無縱橫奇崛之氣和劍拔弩張之勢，沒有一點煙火之氣，給人一種寧靜、淡泊、清寒、悲涼和空靈的美學享受。

弘一法師自云：「朽人之字所示者，平淡、恬靜、沖逸之致也。」這四個字內涵豐富，透露著圓融、灑脫、從容、超脫、悲憫，令人起敬。

弘一法師的絕筆「悲欣交集」中的「悲」是什麼？「欣」又是什麼？與婆娑世界離別是「悲」，往生西方是「欣」，山川草木，宮室樓臺，尊榮富貴，乃至親朋骨肉，在佛教徒看來，如曇花一現，皆為幻象，如夢境，夢中離別，亦有悲情，實乃虛空之悲，而欣則是真欣！涅槃人寂，往生西方，成就正覺，豈非最可欣之事？當代詩人黑陶談及這四字時，著眼於那緩、慢、用、心的筆觸，略微枯澀的墨痕：「這四個字已經完全超越了形式，它是弘一的生命，它所凝結的，是一個神往生命全部的祕密資訊。」

「悲欣交集」四個字真切的反映了大師在他彌留之際的心態與生態：他一面在欣慶著自己即將往生極樂，一面又在悲憫著芸芸眾生仍在遭遇無窮的苦難。這四個字完整地表達了他告別人世前的心境：悲的是世間苦人多，仍未脫七情六欲的紅火坑；欣的是自己的靈魂如蛻，即將告別婆娑世界，遠赴西方淨土。他在致夏丏尊、劉質平和性願法師的遺書中都附錄了兩首偈句：

君子之交，其淡如水。
執象而求，咫尺千里。
問余何適，廓爾妄言。
華枝春滿，天晴月圓。

第一首是警勸他們勿要執迷於人生表象，如此想獲取正覺正悟，無異於南轅北轍；第二首是對自己靈魂得到美好歸境頗感欣慰。大智者的告別儀式的確較為不同，弘一法師大慈大悲的臨終關懷（反過來，是死者關懷生者）給人留下了至為深切的感動。

著名作家張愛玲說：「不要認為我是個高傲的人，我從來不是的——至少，在弘一法師寺院圍牆的外面，我是如此的謙卑。」梁實秋、林語堂也認為，李叔同的演講稿與處世格言「一字千金，值得所有人慢慢閱讀，慢慢體味，用一生的時間靜靜領悟。」

與弘一法師不同，到底凡夫的「悲」和「欣」是怎麼產生的呢？就是由「珍視自己」的「我執」所產生的，苦也會依著我們種種的疾病而產生。這一切都是幻想，所謂的幻想，即是不真實的，這是因為我們的迷惑所產生的。知道所有一切皆幻，自然的悲心就會升起。

神光祖師年輕的時候，聽說嵩山有個天竺來的和尚德行很高，就去親近他。這個和尚就是達摩祖師。神光來到嵩山，盡心盡力地服侍祖師。但日子一天天過去了，從來沒有聽到祖師跟他講過一句佛法。

在一個下大雪的日子，神光決定肅立雪中，以此明志。如果祖師不開示佛法，就凍死算了。這樣過了一天，雪已經下到神光的膝蓋了，人也凍得奄奄一息。

祖師起來看到神光這樣，奇怪地問：「你今天怎麼了？站在那裡做什麼？」

神光趕忙回答：「請師父慈悲，教我無上心法吧。」

達摩祖師說：「無上心法不是缺少智慧和德行的人能夠學得了的。要學無上心法，必須德行好、智慧高，像你這樣在雪地裡站上一天，就想學無上心法嗎？」

神光聽後，拿來一把刀，一下把左手砍掉。祖師一看，說：「為法捐軀，勇氣可嘉。」

於是祖師終於肯收神光為徒，並為他改名叫做慧可。

慧可說：「師父，我還有事要麻煩您。」

祖師說：「什麼事呀？」

慧可說：「我的心總是無法安寧，請師父幫我把心安一安吧。」

祖師說：「好吧，把你的心拿來。」

慧可一愣，自己剛才煩躁不寧的心哪裡去了？只好回答：「我的心找不到了。」

祖師笑了笑，說：「那麼，我已經替你把心安頓好了。」

慧可太執著，這一切都是幻象，迷失自信。佛陀說：「身心柔軟，萬事能容。」慈悲是一切德行的根源，慈悲是無量智慧，慈悲是大愛。能感知一切眾生的痛苦，能善待一切眾生，並有想幫一切眾生擺脫痛苦的心，就是慈悲心。

弘一法師曾說：「逆境順境看襟度，臨喜臨怒看涵養。」應事接物，常覺得心中有從容閒暇時，才見涵養。以虛養心，以德養身，以仁義養天下萬物，以道養天下萬世。要學佛、學菩薩，以一顆清澈無礙的心去護念一切眾生、尊敬一切眾生、幫助一切眾生，了解這些事實真相，即使是受到再大的災難，也毫無怨言。知道一切自作自受，只有在當下轉變，以無障礙的心待人接物，將真誠、清淨、平等、慈悲落實在生活上。

一個滿懷失望的年輕人，千里迢迢來到寺院，對住持說：「我一心一意要學畫畫，至今還未找到能令我心滿意足的老師。」

住持笑笑問：「你走南闖北了十幾年，真的沒找到滿意的老師嗎？」

年輕人深深嘆口氣說：「許多人都是徒有虛名，見過他們的畫作，有的畫作甚至不如我。」

住持聽了淡淡一笑說：「老僧雖然不懂畫畫，但也頗愛收集名家精品。既然施主的畫技不比那些名家遜色，就煩請施主為老僧留下一幅墨寶。」

說著，便吩咐一個小沙彌取來文房四寶。住持說：「老僧最大的嗜好，就是愛品茗飲茶，尤其喜愛那些造型流暢的古樸茶具。施主可否為我畫一個茶杯和一隻茶壺？」

年輕人自信地回答：「這非常容易。」過了不久，他畫出一個傾斜的水壺和一個典雅的茶杯。那水壺的壺嘴正徐徐吐出一脈水來，注入那茶杯中。

年輕人問住持：「這幅畫您滿意嗎？」住持微微一笑，搖了搖頭，並說：「你畫得確實很好，只是把茶壺和茶杯放錯位置了。應該是茶杯在上，茶壺在下。」

年輕人聽了，笑道：「大師何以如此糊塗，哪有茶杯往茶壺注水，是茶壺在上，而茶杯在下吧？」

住持聽了，又微微一笑說：「原來你懂得這個道理，但你雖渴望自己的杯子裡能注入那些畫畫高手的香茗，卻總把自己的杯子放得比那些茶壺還要高，香茗怎麼能注入你的杯子呢？澗谷把自己放低，才能得到一脈流水；人只有把自己放低，才能吸納別人的智慧和經驗。」

年輕人思索良久，終於恍然大悟。唯有不卑不亢地面對自己和他人的關係，並虛心接受真理，才能把持人生正確的航道，如此一來，才能事事無礙。

如果只是慈悲地對待一切人、一切的有情生命，甚而擴展到一切的存在，還需要擔心別人會算計、陷害、打擊你嗎？慈悲把我們的生存環境變得溫暖、柔軟，把我們融會到一個沒有私欲的整體性裡。佛陀不僅僅看到一個無限的整體，而且他用一種觀照的方式，沒有做任何判斷，對於一切的眾生，在他眼裡，並沒有高下貴賤之分，都是存在，而凡是存在，都是一體，眾生平等。

佛法在世間會變幻出不同的相貌，但其內在核心是不變的，那就是：出離心、菩提心和空性的智慧。這是區別佛法與世間法、佛法與外道的標準。

一個覺悟了的人，一切問題、一切問號統統消失不見了；一個擁有安詳的人，每一秒鐘都散發著他生命的光輝構成他生命的磁場，進入他生命磁場的人，立刻感覺到安詳。

人如果沒有對生命的敬畏之感，就無法使我們生命中本來的善發揮出來。我們的生活環境，就像瓶子裡的水，我們就是花——唯有不停地淨化我們的身心、變化我們的氣質，並不斷地懺悔、檢討，改進我們的陋習、缺點，才能持續地吸收到大自然的食糧。

李叔同五歲以後，就時常看見出家人到他家來念經拜懺。他的家庭中彌漫著一股信佛的傾向，受西湖佛教氛圍的薰陶。

浙江省立第一師範學校離西湖很近，他經常到附近的寺廟裡遊玩。叢林密集，僧人眾多，鐘聲梵吹時有所聞，這種特有的人文環境，有形無形地強化了他自幼種下的佛化因數，這是環境與周遭帶給他的影響。

西湖的美景無數年，今年我獨去了虎跑寺，體會一下弘一法師圓寂時留下的「悲欣交集」，不覺幾分悲苦之意。

西湖夕影亭上看煙波水面，世事恍若流水，浮生若夢，西湖的笙歌豔舞，如今也已煙消雲散。一生不過一瞬，能留住的又有多少？生命只是一個輪迴的過程，生命的真諦是什麼呢？歲月荏苒，如夢似幻，人生一世，只在呼吸之間。

我相信法師出家，是發菩提心真為生死、自行化他、覺行圓滿，更是一個全新的超越虛幻輪迴、開拓生命真實價值的過程。只有對「無常」體悟越深，才越能深刻的感恩佛法、切入修行、解脫輪迴。人的生活，可以分作三層：一是物質生活，二是精神生活，三是靈魂生活。物質生活就是衣食，精神生活就是學術文藝，靈魂生活就是宗教。李叔同不見了，世上多了參悟生命的弘一法師。

弘一法師是一位具有慧根天賦的高僧，藝術上造詣之深厚非俗眾可以理解。請看法師寫的〈落花〉：

紛，紛，紛，紛，紛，紛……

惟落花委地無言兮，化作泥塵；

寂，寂，寂，寂，寂，寂……

何春光長逝不歸兮，永絕消息。

憶春風之日暝，芳菲菲以爭研；

既乘榮以發秀，倏節易而時遷。

春殘，覽落紅之辭枝兮，傷花事其闌珊；

已矣！春秋其代序以遞嬗兮，俯念遲暮。

榮枯不須臾，盛衰有常數

人生之浮華若朝露兮，泉壤興衰；

朱華易消歇，青春不再來！

凝視一朵花，它的色、形、香……容易讓我們墜入夢中，夢中的芬芳也是如此飄忽。也許，這朵花、這個夢就是我的幻象而已。弘一法師深悟人生無常的道理，法師的字，質樸沖淡、骨力深秀、整齊雍和而無一點人間煙火氣，這完全是他人格個性的流露，不是別人所學得來的。

「寂」，即物我兩忘，枯淡閒寂之意。枯淡閑閒寂之情是禪宗對自然界的本質感受和領悟。它是「不以物喜，不以己悲」的禪境，是寧靜、幽遠、朦朧、恬美的體驗，是大自然本身的和諧。弘一法師的心境已經穿越情緒的無常，建立了這種在寧靜的心態下觀照的內心氛圍，呈現出好的心態，如廣大、細緻、愛心、悠閒、自在。你可以由自己內在種種情緒的體驗，發現心理的本質——無常。下面是觀照的一些要領：

1　保持觀照，這是安全的方式；排斥或反感負面情緒是危險的方式。
2　感知到情緒時，無需克服它，保持觀照即可。
3　試著讓觀照真實而純粹，然後集中觀照身心現象的無常特徵。
4　如實地觀照，在觀照時不要預設。不要以封閉的心態去觀照，以開放之心去接納任何情緒。
5　與你有關的心理情緒只發生在你自己身上，任何時候都無須向外找尋原因。
6　觀照的對象始終是當下，如果不是當下，就已經陷入了沉思，那已經不是實修了。
7　如果情緒出現，觀照它，如果觀照被打擾，或心理狀態不穩，不要憂慮，只要重新再來，耐心是重要的。

8 守住某幾個主要情緒，不要寬泛地觀照一切事物，避免不必要的心理。
9 使用平常心，不要故意製造情緒或想像某些情緒；不要想透過觀照得到喜樂或平靜。

佛法博愛、大悲，是無限的、絕對的、無條件的，需要我們去證悟、去實修。佛法的愛，不只及於全人類，更及於全生物。佛見眾生之本性皆是佛性，因此佛本能地覺得眾生未成佛，是他們自己不夠圓滿。有德行的僧人，常常有「我與諸佛同一體」的境界。

五、用本心做人，不為外物所動

弘一法師曾經手抄《金剛三昧經》上的這四句話，「若失本心，即當懺悔。懺悔之法，是為清涼。」本心，什麼叫本心？

淨空法師曾解釋說：「本心即禪宗講的真如本性，教下講的菩提心，《大乘起信論》講的直心、深心、大悲心；《觀經》講的至誠心、深心、回向發願心；儒家講的誠意、正心，大乘佛法通常講的四弘誓願、六度布施心、持戒心、忍辱心、精進心、禪定心、般若心，這都是大乘菩薩的本心。淨宗所講的清淨心、平等心、覺心是本心。就淨宗觀點，總括來說就是一句阿彌陀佛心。」

其實，世上的事就這麼簡單。用本心做人，處世就輕鬆，不那麼勞累。本心若失，煩惱便紛沓而來。「世上本無事，庸人自擾之。」生活中，很多人常常自尋煩惱，自己替自己套上枷鎖，從而搞得自己疲憊不堪。我們應該學會解除這些束縛，為自己減壓，讓自己活得輕鬆、活得快樂。

日本真觀禪師出家之後，先是研究了六年教義，後又習禪整整七年。然而，原來心中一團漆黑，現在仍是漆黑一團。

至於開悟，那只能是做夢！於是，他漂洋過海，來到了禪的故鄉——中國。十二年間，他芒鞋柴杖，孤身一人在蒼莽遼闊的中華大地上苦苦尋覓，在各個禪宗祖庭叢林虔誠參訪。

終於，皇天不負有心人。多年的參禪，換來時節因緣成熟，他明心見性，大徹大悟了。真觀禪師學成歸國，在京都、奈良一帶弘揚禪法。

大師東歸，全日本的禪僧蜂擁而來，以各式各樣的難題向他請教：「如何體會佛法大意？」、「什麼是達摩祖師西來意？」……

「僧問趙州，狗子是否有佛性？趙州時而答有，時而答無。那麼，請問禪師，你說究竟是有還是無？」

面對千奇百怪的問題，真觀禪師一概以他在中國學到的方式回應：默然無言，閉目不答。因為，只有用心體驗，才能得到禪的受用；而若是將禪當成學問研究，即便你能把《祖師公案》講得天花亂墜，也與禪毫不沾邊。

有一天，一個特殊人物找上門來了：道文法師。早在二十多年前，真觀禪師尚在研究天臺宗教義的時候，道文法師就已經是日本天臺宗著名的大師了。道文法師非常恭虔地說：「老僧已經五十多歲了，自幼研究天臺宗法華教義，但有一個問題始終無法弄明白，請禪師不吝賜教。」

真觀說：「中國智者大師所開創的天臺宗，博大精深，而《法華經》圓融無礙，號稱經中之王。面對天臺法華思想，應該問題很多、很多，而您卻只有一個！不知那個困擾您的問題是什麼？」

「《法華經》說：情與無情，同圓種智。也就是說，無情的花草樹木也能成佛。那麼，花草樹木究竟能不能成佛呢？」道文法師熱切地望著真觀。

「嘿嘿……」真觀禪師像是聽到了什麼好笑的問題，「您呀，幾十年來，日日夜夜牽掛花草樹木是否能成佛，於您自身又有何益？您應該關心的是自己何時成佛？怎樣成佛？您要時時刻刻這樣觀想才對呀！」

道文很驚訝：「我怎麼從來沒有這樣想過？那麼，我怎樣才能成佛呢？」

「您說您只有一個問題，而這已經是第二個問題了！」真觀禪師斷然拒絕。

自己的問題，只有自己才能解決。

道文法師豁然大悟了！

禪宗強調心靈的修練，認為「萬物皆由心生」、「心外無物」。我們總是執著於外界的現象而忽略了自己的內心，而現代社會很多問題的產生卻又偏偏出自於我們的內心。

一九二五年初秋，弘一法師因戰事而滯留寧波七塔寺。一天，他的老友夏丏尊來拜訪。他看到弘一法師吃飯時，只有一道鹹菜。

夏丏尊不忍地問：「難道這鹹菜不會太鹹嗎？」

「鹹有鹹的味道。」弘一法師回答道。

吃完飯後，弘一法師倒了一杯白開水喝。

夏丏尊又問：「沒有茶葉嗎？怎麼喝這平淡的開水？」

弘一法師笑著說：「開水雖淡，淡也有淡的味道。」

世間的人為什麼不能求得心安呢？就在於他們總是有種種思量和千般妄想。如果一個人在面對世事變幻時，能夠始終保持自己的本心，不自尋煩惱，就能獲得一個快樂圓滿的人生。

弘一法師曾說，不為外物所動之謂靜，不為外物所實之謂虛。涵容以待人，恬淡以處世。他一領衲衣，穿了二十餘年，襤褸不堪，尚不肯更換。一頂蚊帳、一張破席，皆破得到處是洞。一個木質面盆，丹漆已剝落，所穿僧服，僅有寥寥數套而已。他堅持佛教戒律中「過午不食」的原則，每天只吃早、午二餐。有人請他吃飯，必在午睡前進行。

用本心做人，與世無爭、心態寧靜，不爭名利、不爭恩怨，獨自堅守著自己的心靈世界。「採菊東籬下，悠然見南山。」詩句出自陶淵明的〈飲酒〉，詩人寫出了自己悠然自得的心境，這種意境曾經讓多少人心動向往。悠閒無法刻意去創造，而要靠心去感受。在那種狀態裡，軀體和靈魂似乎一起消融、擴散、虛化、安詳、舒適，像山間的小溪舒緩地流淌，像天空的白雲悠悠徜徉。

學著做一個悠閒的人，看霧升霞起、花開花落，感受萬物，為自己的生活減一減速，有空望著天際發發呆。一個人做到內心安詳，往往就不會輕易被征服。面對隨時發生的變故，能做到處變不驚，泰然處之。

有一天，宋代大詩人蘇東坡到佛印禪師處與佛印禪師聊天，兩人均盤腿而坐。聊到高興時，蘇東坡問佛印禪師：「你看我現在像什麼？」

佛印禪師說：「我看你像一尊佛。」

蘇東坡笑著對佛印禪師說：「我看你像一堆牛屎。」

佛印禪師笑笑，沒有說什麼。

蘇東坡以為他勝利了，回家後沾沾自喜地和他妹妹蘇小妹談起了這件事。

蘇小妹天資超人，才華出眾，她聽了蘇東坡得意的敘述之後，正色說：「哥哥，你輸了！禪師的心中如佛，所以他看你如佛；而你心中像牛糞，所以你看禪師才像牛糞！」

蘇東坡聽後頓時面紅耳赤。

蘇東坡為什麼會輸給佛印？原因就在於他心中還有一個執著於自我，說自己是佛就高興，說別人是牛糞就沾沾自喜，如果別人說自己是牛糞呢，可能就會眼中冒火了。世人的心中薰染了眾多的妄想、執著和名利欲望，這才越來越不見自己的本來面目。用現代的話說，就是迷失了自我。只有性淨心明，自性永在，才能活出真正的自己，才能活得幸福。

人生在世，如身處荊棘之中，心不動，人不妄動，不動則不傷；如心動則人妄動，傷其身痛其骨，於是體會到世間諸般痛苦。佛和眾生的區別就在於佛的心清靜無礙，而眾生的心被無明遮蔽，本來自性無法顯現。無明是指一個人的心地黑暗，被陰影遮蔽，因為心中有陰影我們就無法了解自己，也因此我們會懷疑自己，去相信別人。

一顆清淨的心，即無垢無染、無貪無嗔、無痴無惱、無怨無憂、無繫無縛的空靈自在、湛寂明澈、圓融無助的純淨妙心。在現實生活中，遇到事情時，如果能保持心靈空寂狀態，冷靜對待，那麼才能如鳥高飛，自由翱翔，不被種種成見和欲望所牽，對生活的各樣遭遇也能接納、包容與承擔，這才是真佛如來。所以說，保持空空如也的心境，才能不被欲望所牽、不做欲望的奴隸，做自己本心的主人。

遇事靜坐靜慮，保持平淡心態。積極光明的心念，其實就是在觀念上的鬆開，不要緊緊抓住一個想法，而是要讓心情在自由、靈活、輕鬆、寬廣的視野上看事情，身體自然容易放鬆，心情也會輕鬆。

宋朝學者蘇東坡，有一天突然在學禪上有所領悟，便寫了一首詩：「稽首天中天，毫光照大千。八風吹不動，端坐紫金蓮。」禪者認為待人處事，要保持不被境界所牽動的態度，要保持不被貪欲蠱惑的定心，要保持不被冒犯所激怒的平靜，這就叫禪定。

冷靜下來就是禪定，能理智地對待所有問題，在處理問題施愛於人便是真慈悲。能保持禪定的人，才不會被別人一時的頂撞所擊垮；能修行禪定的人，自然不會被他人一時的冒犯所觸怒。所以，在競爭激烈的今天，我們只有以禪定的精神，修身養性，待人處事就能冷靜有序，就能達到人際圓融，就能心性安寧，遠離煩惱，實現寧靜的自我。

無雜念，內心不亂才能禪定。禪定者，能放棄外界色相誘惑，超然物外，保持一顆安定的心，找到真實的自我。王陽明說過：「破山中之賊易，破心中之賊難。」如果山中有賊，那就會把社會攪得不得安寧；如果心中有「賊」，就會把心靈攪得不得安寧。人必須要有自主性，所謂自主性，就是隨時隨地都可以將自己的生命之光輝貫注於其中。若能如此，則不論在什麼地方，都可以讓人感受他的人格的力量。

《金剛經》是大乘佛教的代表性經典之一。全書的宗旨，就是要幫助解脫這些捆縛著我們的人世間的煩惱、妄想和過分的欲望，脫離開一切束縛，回到自己的本來面目——或者用精神分析的話說：返回自我。想一想：多少年來，無數個日日夜夜裡，你忙忙碌碌，在追求什麼？你為什麼而歡呼、雀躍，為什麼而喜、怒、哀、樂？你有沒有認識到，你所有的喜怒哀樂、所有的情感波動，因何而起、因何而滅？究竟是什麼東西主宰了你的心靈？你真的值得為那些東西而心動、受那些東西所主宰嗎？

在眾人熙熙攘攘之中，若能保持一顆安靜的心，該是多麼好呀！《菜根譚》中說：「夜深人靜，獨坐觀心，始知妄窮而真獨露，每於此中得大機趣；既覺真現而妄難逃，又於此中得大慚忸。」這句話翻譯過來就是：夜深人靜的時候，獨自靜坐，反省自己的內心，才覺得妄念全消而真心獨自顯露，每當此時領悟了心境澄明的妙趣；可是覺得一時的真心顯現，終究難以驅除心中的妄念，每當此時又覺慚愧不安。

靜夜，獨坐，禪定。人聲、鳥聲如浮蕩的茶沫悠悠沉向了心的杯底。古人常講真性與妄心，真性如空中皎潔的明月，妄心如同遮掩明月的烏雲。我們需要時常靜思，熄滅妄念保持真性。人生最深刻的道理，只有安靜下來後才能體會；心神不寧的人一輩子昏昏沉沉、渾渾噩噩，到死都不會明白。人心若不能寧靜，豈能掌握生命的真諦、對人生獲得清醒的認識？

周頤在《蕙風詞話》中論詞的創造說：

「人靜簾垂，燈昏香直。窗外芙蓉殘葉颯颯作秋聲，與砌蟲相和答。據梧瞑坐，湛懷息機。每一念起，輒設理想排遣之。乃至萬緣俱寂，吾心忽瑩然開明如滿月，肌骨清涼，不知斯世何世也。斯時若有無端衷怨棖觸，千萬不得已即而察之；一切鏡像全失，唯有小窗虛晃、筆床硯匣，一一如在目前——此詞境也。」

洞透人生，亂中取靜，享受到陶淵明式詩意的棲居：「結廬在人境，而無車馬喧。問君何能爾？心遠地自偏。」、「採菊東籬下，悠然見南山；山氣日夕佳，飛鳥相與還。」、「此中有真意，欲辯已忘言。」其中，「心遠地自偏」，是亂中取靜、消解人間嘈雜喧鬧的不二法門，與「心靜自然涼」是同樣道理。「悠然見南山」，是恬淡自然、欣賞山川草木之美的關鍵所在，與「萬物靜觀皆自得」相近無幾。從周圍的菊花、山景、雲氣、夕陽和飛鳥中，你不僅可以感受到自然的靈動，天人的合一，而且可以體驗到無言的禪悅、精神的自由。

詩人採菊時豁達閒適的心境與襟懷，和暮色蒼茫中雍穆悠遠的南山，在猝然相遇的一剎那連成一片，分不出哪裡是詩人，哪裡又是自然的南山。一邊喝茶，一邊冷靜地觀察生活，從這一席茶話中，他們提煉出了人生的真諦。中國文人與哲人的大部分著作，就是這樣產生的。

呈現出充實的、內在的、自由的生命，所謂「萬物靜觀皆自得」，靜觀萬象，萬象如在鏡中，光明瑩潔，這完全可以由王維的詩句來證明：

木末發芙蓉，山中發紅萼。

洞戶寂無人，紛紛開且落。

日本詩人佐藤春夫在題為「季節」的文章中說：「能夠細細地品味自然的人，他的內心世界無限豐富……能夠深切地欣賞和珍惜季節的人，可以說他雖身處紅塵卻心通淨土。當我們看到這些清言的時候，同樣會獲得這樣的感受。」

一個人也必須不斷且精心地維護自己的內心，以保持心靈的純潔與清明。能夠用本心做人，就能自然、清靜、安適、不煩、不生雜念。呼吸便是梵唱，脈搏跳動便是鐘鼓，身體便是廟宇，兩耳即是菩提——無處不是寧靜。

靜不是無所作為，靜是一種精神境界。任憑它外界紛紛擾擾、熙熙攘攘，我獨不卑不亢泰然處之，做我該做的事，這樣的生命何其從容灑脫！能以平靜的心態做事做人，不為外物所動，不為外物所實，不僅能讓我們成就非凡的人生，更能讓我們收穫無盡的快樂和幸福。弘一法師曾說：「給生命一片寧靜的天空，不為外物所動之謂靜，不為外物所實之謂虛。」一九三七年，他在青島弘法時，有一件事頗為人稱道。當時的市長對弘一法師仰慕已久，欲做東宴請，可不料被李叔同以一首詩回絕了：「昨日曾將今日期，短榻危坐靜思維。為僧只會居山谷，國士筵中甚不宜。」儘管事情不大，可從中足以展現李叔同「不為外物所動」，不被功名利祿、聲色犬馬所累的虛靜人生觀。

六、獨處的時候，管住自己的心

佛說：「要知道，一個人的心，可以使人成為佛，也可以使人成為畜生。『心』悟，這人成佛，『心』迷，這人可以成為邪魔。所以，你們必須降服自心，不要使它離開正軌而入歧途。」

「心」悟，這人成佛，「心」迷，這人可以成為邪魔。當發現自己被貪欲引誘的時候，一定要自我降服。要做自己「心」的主人，不要做「心」的奴僕。

一位名叫信重的軍人問白隱禪師：「真有天堂地獄嗎？」

「你是做什麼的？」白隱問他。

「我是一名武士。」他說。

「你是一名武士？」白隱叫道。

「什麼樣的主人會要你做他的保鏢？你雖有一把劍，可它太鈍了，連我的腦袋也砍不下。」

信重聽了憤怒異常，他拔出寶劍，正要刺向白隱的時候，白隱說道：「地獄之門由此打開！」

信重聽了一愣，方知自己錯了，於是收劍向他鞠了一躬。

「天堂之門由此敞開。」白隱說道。

天堂與地獄只存在於人的一心一念中。當人們趨向惡時，地獄之門便打開了；當人們趨向善時，天堂之門則打開了。

人的心靈，像太極圖一樣，一邊是白的，一邊是黑的。所以，人一半是天使，一半是魔鬼，有光明向善的一面，也有黑暗向惡的一面。「心魔即魔，心佛即佛。」具有魔的心靈你就將成為魔，擁有佛的心靈你就會成為佛。生活中是否幸福、快樂、成功，在很大程度上是由你心靈的修練程度決定的。所以，要閉上自己的嘴，看住自己的心，修好自己的法。人世間充滿的種種誘惑，常使意志薄弱者走火入魔，而貪欲則是人類隱於內心中最大且最危險的惡魔。

佛經說：「一念善心起，諸事皆吉祥；一念噁心起，種種災難生。」又云：「一念瞋心起，百萬障門開。」唐朝懷信禪師也在《釋門自鏡錄》中說：「但起一念善心，惡律儀即斷。」心中的一念，是善是惡，都決定了自己煩惱或菩提，是在地獄或在天堂。剎那的善心，是不貪求、不望報，是無私的慈悲、愛心、善良。而剎那的噁心，雖是微不足道的小惡，卻足以讓自己沉淪為惡魔。

徹底根除惡念這一點，慧能大師也是深有感觸的。慧能大師在五祖弘忍處得到衣缽，為了躲避同門迫害及弘揚佛法，來到南海。當時廣州法性寺印宗禪師正在開講《涅槃經》，慧能大師決定在法性寺停留數日，以便聽聞法師講經。

這一天，寺前因為法師講經而豎起了幡旗。有兩位和尚見到廣場中飄揚的幡旗，便開始議論起來。其中一人說：「是幡動。」

另一人則說：「不，是風動。」

結果兩人就此爭論不休。

這時，慧能大師便開口說道：「不是幡動，也不是風動，是你們倆人的心在動。」

一聽到慧能大師的話，爭論不休的倆人立刻恍然大悟。

心若在動，風、幡、煩惱、欲望都在動；心若靜，風、幡、煩惱欲望都在靜。心中本無風與幡，何來動靜之分呢？正所謂心性使然。一個人的心可以使一個人成為魔鬼，也可以使一個人成為聖人。人的心可以靜若處子，也可以動若脫兔，全在自己的一念之間。

降魔先降心，心伏則群魔退。降伏惡魔的人首先要降伏自己心中的惡魔——邪念，這樣，外界的所有惡魔——誘惑——都會自然地敗退而去。因為，外來的種種惡念和誘惑，如果沒有心魔這個內應，就不會攻破心靈的城堡。

不幸往往源於自己，煩惱往往源於比較，痛苦往往源於不知足。心好一切都好，心美一切都美，心快樂一切都快樂，心幸福一切都幸福！

失去了本心，就會和別人一樣人云亦云，被別人牽著鼻子走。心本身無形、無色、無物，也就是心即是空。既然心即是空，其所產生的情緒當然也是空，當我們認清其空性，它們的力量也就隨之消散了。不論升起何種情緒，都必須有所認知，不論是貪嗔痴慢疑等都是由自心生起的，而心的本質，即是空性。從空性之心所起之念與煩惱並無實體，心像跟心一樣空而無實。心是空性的，念頭和心理的苦惱自心中生起，因此，念頭和心理的苦惱即從空性中生起。

佛家認為，人人皆可成佛，只因妄想執著不能證得，所以，修心成佛，成佛當先修心。《巴厘·增支部經》上說：「若心汙濁，則行為就汙穢；行為汙穢，就不能避免其痛苦。心汙濁，其道不平，因而跌倒；心清淨，其道平坦，因而快樂。」《楞嚴經》說：「諸法所生，唯心所現，一切因果，世界微塵，因心成體。」所有的物質都是因心成體，也就是「萬法唯心造」。在貪欲的驅使下，人性中最醜陋、最自私、最可怕的一面，已登峰造極。

日本的道元禪師從中國學禪回來時，有人問他修到了什麼。

禪師說：「別無所獲，只修得一顆柔軟心。」

柔軟心，即是忍辱之心，禪者非柔軟心不修。在我們的心中，總有一種堅硬的東西，這堅硬的東西即是我慢（我慢：自高自大，侮慢他人）心，是「我」在其中支撐著的，外界一旦觸及了它，一定會爆發起來，似乎它就是最偉大的東西。然而，從禪的角度講，我們必須修柔軟心，沒有柔軟心，就不能達到正道。

梁武帝建很多寺院，也印了大量經卷，達摩祖師說，毫無功德，所做的這些事，跟成佛沒有關係。現在很多人學佛，往往流於形式，喜歡聚會、趕法會和捐錢，自己真修的少，有些同修，也不知道如何實修。跟隨從前的妄心與雜念走，離修行越來越遠，就永遠迷失自己了。要時時提醒自己不要被妄心干擾，要時時提醒自己的心與真性相應。境來境去，無生之心，無心可生，到了這個境界，一片虛明。佛說：「放下過去，放下未來，深入的觀察現在的事情，但不要執著它，這才是獨處的奧妙所在。」

《心經》云：「心無掛礙故，無有恐怖。」真正意義的獨處，並非離群索居，孑然一身。而是在內心的世界裡，對過去無悔，對未來無憂，整顆心明明白白活在當下。不和貪、嗔、痴為伍，不和財、色、名、食、睡結黨，不和煩惱同行，不和妄想共處，是為獨處的智慧。

想成佛，想成就，得改造自己；想改造自己，就先改造自己的心。心最容易受到誘惑，今天要求這樣，明天希望那樣，總是翻來覆去，心猿意馬。在生活中我們產生的煩惱、痛苦、絕望、發怒或者從容、自在、快樂、閒適之類的感受，都源於我們的心。要感受到更多的幸福與快樂，就必須學會管好我們的心。

人的心是很不穩定的，它很容易受引誘，很容易在光怪陸離的社會中迷失。佛說：「命由己造，相由心生，世間萬物皆是化相，心不動，萬物皆不動，心不變，萬物皆不變。」天堂與地獄的區別只在你的一念之間。所以不要輕易動怒，任何時候都善於保持一種平和的心性是踏入人生禪境的第一步。

一切唯心造。古印度人深信，一個人內心的平靜，以及他生活中的快樂，和他所處的地點、財富、權力並沒有直接的關係，而是由心境決定的。

有一次，寒冬的深夜，我去江西雲居山拜訪心空禪師。

我滔滔不絕地說了半天我的禪境與見解、我的經驗與體會、我的……

心空禪師跏趺坐在禪椅上，始終微笑地看著我。待我說完，期待著他的認可、評點。

他卻說：「你聽……」

我凝神屏息地聽著。

但什麼也沒有，整個寺院一片深沉的靜謐。

在我一臉茫然與迷惑時，心空禪師輕輕的、充滿讚嘆和喜悅的聲音說：「寧靜的聲音真美！」

在獨處時，這句振聾發聵的棒喝時常在我心裡迴盪。

在傾聽內心寧靜的聲音的同時，內心真實的聲音也會隨之流淌出來。這時候，無論是誰，無論你或是別人長得美還是醜，只需要你靜下心來，接受承認各自的存在。有時我們無法接受自己或別人，總希望改變，無法忍受生理上和性格上的缺陷存在，力圖改變它，結果發現自己活得很累，無法與自己和諧相處，心靈一次次地被扭曲，甚而產生自虐心理。

佛語曰：「佛心自現」，你看別人是什麼，就表示你自己是什麼。禪師心如佛，所以他看萬物皆為佛。人常常不自覺地把自己的心理特徵（如個性、好惡、欲望、觀念、情緒等）移加到別人身上，認為別人也是具有同樣的特點。如：自己喜歡說謊，就認為別人總是在騙自己。心理學家稱這種心理現象為「投射效應」。

一切思想、煩惱、恐懼、不安，都只不過是心所投之影而已。是非從心起，萬法唯心造。佛說：「你要掌握住這個心，掌握住之後，就是說，天下無難事，沒有難事！」心是萬物之本，萬法之源。心正一切皆正，心善一切皆善，反之，心惡一切皆惡。心的作用有好的、壞的，執著心、愚痴心、貪心、嗔心等布滿全身，若不善於利用我們的心就會隨著做出一些非法之事。

《金剛經》提出「降伏其心」，就是要降伏在我們心中造成不安的煩惱因素。「降伏其心」，說起來似乎很簡單、很容易。但是，探究起來，眾生的心其實是很難降伏的。為什麼呢？因為人的心裡，總有一些欲望、希望，利益或追求，總有一些問題需要思考、需要解決。特別是在變化迅速的現代社會，資訊爆炸，知識膨脹，欲望也跟著強烈起來，人的心也越來越難降伏。欲望是眾生的本能，沒有欲望，便無所謂生命，眾生的心難降伏，便是由於各種欲望的蠢蠢欲動。

但「降伏其心」並不是強制禁欲，更不是硬性洗腦，它需要借助引導教育來完成超越一切欲望的智慧飛躍。如何降伏呢？般若心經說要把「心」打開，同整個宇宙通達起來，不要執著於我相、人相、眾生相、壽者相等相對狹隘的時空觀念。人之所以產生煩惱，是因為人的感官在心中生出許多虛妄的表象，左右了人的見解、行為，所以才有諸多的煩惱。如果能以超越一切的大智慧，識破假相，通達無我，「心」就自然降伏了。

由於這些欲望存在於日常生活的所見、所聞、所聽、所感中，往往是最容易被忽略的所在，但也是修行最方便下手的地方。佛的「般若」妙法，也正是從解決這些問題入手，讓聽經的眾生在有切身體會的同時，也能輕易將體會來的佛法，運用到日常實踐中。生活中大家往往會有許多煩惱，並產生或大或小的心理問題，如因為家庭、學業、工作、感情、名利、國家或世界的變故而感到不安。因此，學佛首先要從「修心」開始。

憤怒和暴躁的情緒常常引人走入地獄，而安詳、平靜的情緒卻可以將人送上天堂。人的心思一旦被負面因素所影響，那這個人就可能成為魔鬼，反之，則可能成為聖人。因此，要使自己行於正軌，要使自己清淨，要使自己忠誠。形軀生命是短暫的。如果能夠這樣思考，將可以遠離貪欲、嗔恚、不善。

佛教認為，眾生在天、人、阿修羅、地獄、餓鬼、畜生六道生生不息地流轉。這六種生命形態，也表現了我們內心的不同狀態。比如餓鬼，是貪心發展的極致。一個貪得無厭的人，會表現出極度的渴求，永無滿足之時，這種心理被無限擴張後，生命所呈現的就是餓鬼狀態。畜生，是愚痴無知的狀態，其生命只是停留在本能的需求上，除飲食男女外別無所求，這種生活和那些為覓食、繁衍而忙碌的動物又有什麼區別？阿修羅，是嗔恨狹隘的象徵，他們所熱衷的鬥爭，既是嗔心的展現，又是對嗔心的張揚，當這種心態被固定後，生命就會進入阿修羅的狀態。可見，生命狀態也是某種心念的延伸，是在成長過程中逐步發展而來。

弘一大師本來是個藝術家，後來出家修行。他所過的生活就是藝術的生活，一條毛巾用十年，有些破損，朋友要送他新的，他說還可用，鞋子也是如此。吃的東西有時太鹹，就說鹹自有鹹的味道；住的地方又髒又臭，又有跳蚤，他卻說：「沒關係，只有幾隻而已。」外在環境對他可說全無影響，對物質生活可說能做到自我控制的地步。法師曾說：「修養盡在獨處時：群居，守口；獨處，防心。」為什麼要說「獨處，防心」呢？因為這是修練自己「慎獨」功夫的關鍵。正是因為心不設防，蠢蠢欲動，才會萌生邪念、雜念，而做出有違自己原則的事來，所以才要防心。

外界給予我們的誘惑太多，我們需要培養很大的力量，才能在與外界作戰時有勝算。要能在煩惱誘惑邊緣中獲勝，完全靠自製的力量和智慧的約束。忙碌的現代人都有一顆虛妄的心，常在亂念中滋生迷思，造成無法彌補的後果。閒時守心，紛亂的心回歸平靜時，正是摒除外物妄心撥弄，獨坐觀照，善護自心的時刻。懷著恬淡自在的心境，使自己的心靈得到自然的滋養，在寧靜淡泊中漸漸地走近人性的真正本源，這種「靜」的境界，應該是貫穿人生始終的修行。藉由讓自己不斷反思內心，在紛紛擾擾的塵世中，不斷地認識並超越自己，創造人生道德的至高境界。

然而，心魔與生俱來，隱藏在不為察覺的角落，時而會迸發出來，成為一個惡念。若心中自有常清水，能隨時撲滅最好，否則欲望之火會越燒越旺。願在心底一直留一眼清泉，以備不時之需。

只要有心存在，無論你隱藏得多深，別人都可以探察到你的心。如果不想被別人探察到，只有一個辦法——放下一切，做到心無外物。

三藏法師自詡神通廣大，他來到慧忠禪師面前，想向他驗證一下。

慧忠謙和地問：「早就聽說你能夠看透人的心跡，不知是不是真的？」

三藏法師答道：「只是一點小伎倆而已！」

慧忠禪師問道：「請看老僧現在身在何處？」

三藏法師運用神通，查看了一番，答道：「高山仰止，小河流水。」

慧忠禪師微笑著點頭，將心念一轉，又問：「請看老僧現在身在何處？」

三藏法師又運用神通，查看了一番，笑著說：「禪師怎麼去和山中猴子玩耍了？」

「果然了得！」慧忠禪師面露嘉許之色，稱讚過後，隨即將風行雨散的心念收起，反觀內照，進入禪定的境界，無我相、無人相、無世界相、無動靜相，這才笑吟吟地問：「請看老僧如今在什麼地方？」

三藏法師神通過處，只見青空無雲、水潭無月；人間無蹤、明鏡無影。

三藏法師使盡了渾身解數，天上地下徹照，全不見慧忠心跡，一時惘然不知所措。

慧忠禪師緩緩出定，含著笑對三藏說：「閣下有通心之神力，能知道他人一切去處，好極！好極！可是卻不能探察我的心跡，你知道這是為什麼嗎？」

三藏搖搖頭，滿臉迷惑。

慧忠禪師笑著說：「因為我沒有心跡，既然沒有，你怎麼能夠探察到？」

世上總有人可以探察他人的心跡，掌握對方所想所願，以便於投其所愛，達到自己的目的。這只因你自己有所貪念，才會為人所察，若能放下一切，使自己空無一物，便不不為人所持。

還是由自己決定。

《華嚴經》言：「心如工畫師，能畫諸五陰，一切世間中，無法而不造。」、《正法念處經》：「心能造一切業，由心故有一切果，如是種種諸心行，能生種種果報。」可知心念是支配人間禍福的主要力量，亦是人行為的決策者，我們若想改善命運，就要先改善自己的心念，命運最終還是由自己決定。

七、一隻小小的螞蟻，一個鮮活的生命

弘一法師是高僧，他慈悲為懷，以大愛去關懷每一個生命，哪怕只是一隻小小的螞蟻。弘一法師對生命的憐憫與敬畏之心讓人深深感動。在他眼中每個奔走的人，都是為了活命的螞蟻。他是一個感情豐富的人，從小就能同情「下等人」，甚至愛及小動物，他去日本留學時，曾特地拍了電報來問家裡養的貓平安否。他悲憫整個塵世，把每一片落葉都當做是哀婉的悼詞。在一大堆落葉中間，他譜了一曲〈送別〉，輕輕關上了一扇門，曾經為他而沸沸揚揚的塵世被遠遠地隔開了。弘一法師，是活在人世的悲憫的佛。

一九四二年八月二十九日下午五點，弘一法師圓寂之前，寫罷絕筆，交代後事時囑咐道：「當我呼吸停止時，待熱度散盡，再送去火化，身上就穿這破舊的短衣，因為我福氣不夠。身體停龕時，要用四隻小碗填龕四角，再盛滿水，以免螞蟻爬上來，這樣也可在焚化時免得損傷螞蟻。」

在我看來，這不僅是他自身生命的總結，也是對人類生命與生活的概括，值得認真體味、思索。大師一生慈悲為懷，生活極端儉樸，臨終之際，想到的仍是螻蟻性命，切勿讓其無端成為「怨死」的生靈，這不就是佛心神性嗎？我以為，這乃是人性之本。以東方之「仁」或以西方的「人道主義」表述，均可。這種不願傷及無辜的赤子之心，何其值得珍視！當我們面臨恐怖主義陰影在全球飄蕩，對弘一法師待小小螞蟻的這份真情，能沒有一點觸動心靈的感受麼？

劉海粟說：「近代人中，我只拜服李叔同一人。」郁達夫說：「現代華人圈中的法師，總要推弘一大師為第一。」而魯迅在得到他的一張墨寶後，興奮地在日記中寫道：「從內山君乞得弘一上人書一紙。」珍視之情，溢於言表。這些描述較為抽象，從散文〈兩法師〉中的描繪來看，便生動得多了：「靠窗的左角，正是光線最明亮的地方，站著那位弘一法師，帶笑的容顏，細小的眼裡眸子放出晶瑩的光……弘一法師坐下來之後，便悠然地數著手裡的念珠……」

佛法中提倡的「不殺生」。不但戒殺人，而且還戒殺動物，包括戒殺蚊子、螞蟻等小生靈。在現實生活中，當人們看到蚊子、螞蟻時，產生的第一感覺是不屑一顧，所付諸的行動就是將其消滅掉，主要的原因是害怕牠們對自身造成傷害。然而，佛在《梵網經》裡這樣教誨人們：「一切有命者，不得故殺。」

蚊子、螞蟻是有生命的，所以說，牠們是不可以被殺害的，牠們也有自己的活法與生存環境，與人類是一樣的。

有一位中年人，在走路時不小心踩到了一隻螞蟻。但是，當時他並沒有在意，而是繼續往前走。

回到家裡後，他感覺心裡很不舒服，但又說不出是什麼原因，於是他就躺下休息。

這時，他做了一個夢，夢到有只螞蟻對他說：「是你殺害了我，和我的寶寶。」於是他就對螞蟻說：「我又不是故意的，再說，你們螞蟻也會有寶寶？」

「怎麼不能有？我們與你們人類也是一樣，在這個世界上是平等的，是你殺害了我，是你殺害了我，還我的命來，還我的命來——」

說完螞蟻就朝他的方向走了過來。

他被嚇醒了，但想不出來這會是一個什麼樣的預兆，於是，他就對寺廟裡的一位師父講述了事情的前因後果，師父對他說：「螞蟻與人平等，也是有生命的，對無意傷害牠而感覺有罪並懺悔，便可心靜。」

於是，他按照師父說的，在佛面前進行了懺悔。之後，他的心就平靜了下來。

佛法所提倡的普濟，並不僅限於人類，而是包括世界萬物、一切眾生，而蚊子、螞蟻也是眾生，牠們與我們共同構成了這個世界。我們普濟於牠，不但尊重了牠們的生命，而且自己的慈悲之心也得到了修練，提高了人格。

在人們的眼裡，什麼最重要？生命最重要，沒有生命一切都是空談。人類如此，而一切不同於人類的萬物也是如此，牠們也有自己的生命，與人類是平等的。

七、一隻小小的螞蟻，一個鮮活的生命

在現實生活中，大多數人都有罪過，只不過有的人罪孽輕，有的人罪孽重，這是因為他們都曾有意無意地殺過生。其實，一切有生命的東西，是不應該互相殘害的，應該學會珍愛生命。佛陀曾告訴人們：放生並不是為了自己的利益或功德而去做，只因生命是平等的。

不殺生，很少有人做到，也正是因為這個原因，在佛教的教義裡才會有「戒殺生」這一條。心、佛及眾生，是三無差別。想到被殺生命的痛苦，無論如何是難以下嚥的，一小盤菜、一個饅頭、一點米飯、一碗粥就能搞定，人的需求其實很小，不可放縱。在我們的生活中，一個人可以無情地把一株小草當成是垃圾踩死，但是小草也是有生命的，它有著頑強的生命力，哪怕是生長在石頭縫隙裡面，也掙扎地生長，為大地留下生命的痕跡，這就是草木生命的力量。《楞嚴經》中有云：「清淨比丘及諸菩薩，於歧路行，不踏生草，況以手拔。」佛說，有情眾生與無情眾生都是平等的，山河土地與草木瓦礫都是無情眾生，但有情眾生應給予其尊重與愛護。大乘佛教主張，無情有性，無情眾生與有情眾生一樣都具有佛性，皆可成佛。

佛說：「只有生出無緣慈悲心，才能真正做到普度眾生；草木皆能造化，人性更可點化。」這正說明了「草木皆眾生」，草木與人是平等的。

在古時候，有一個獵人經常打獵。由於他射獵百發百中，是個遠近聞名的好獵手，獵人也以此為豪。

有一天，獵人像往常一樣步入森林打獵。他忽見一對母鹿和小鹿在森林裡漫步，母鹿在前，小鹿緊跟在後。母鹿不時地回頭，仿佛是催她心愛的小鹿：「快走，別走丟了。」就在這

時，獵人毫不猶豫地舉起他的弓，一箭射中了小鹿的脖子，頓時鮮血如注，小鹿慢慢地倒下而死。母鹿見此，也慢慢地倒在了小鹿的身邊。

獵人快速走近了母鹿和小鹿，只見母鹿也死了，且神情尤為悲傷。獵人覺得很奇怪，他根本就沒有射母鹿，母鹿怎麼就死了？他一刀切開了母鹿的腹部，母鹿的心、肝和肺都已裂開。母鹿是因為小鹿，悲慟欲絕而死。

獵人看到後，覺得十分難過和內疚，埋葬了母鹿和小鹿。從此他再也不打獵，並歸隱山中修道，終於修成圓滿。

那樣的瞬間震撼心靈，啟發了我們，也啟發了獵人。獵人明白後，就去山林修練，成為了佛祖。《雜寶藏經》裡有這樣一個故事：

從前有一個老人，家裡非常富有。他很喜歡吃肉，便心生一計，指著地頭的一棵樹對兒子們說：「如今我能有這麼大的家業，完全是由於樹神賜福的結果。現在你們應該從羊群中選取肥羊，來祭祀樹神。」

按照父親的指點，兒子們立刻挑了一隻羊，殺掉後獻給這棵樹，之後又在樹下面蓋了一座神廟。

後來老人去世了。根據所造就的業，他投生到自家的羊群中做了一隻羊。

到了祭祀樹神的日子，兒子們到羊群中挑羊，正好選中了父親轉生的那隻羊。兒子們剛要殺牠，羊突然咩咩地笑著說：「這是一棵普普通通的樹，哪裡來的神靈？我以前是因為想吃肉，才騙你們祭祀牠。我跟你們一起吃了羊的肉，如今我遭到了罪報，不過是先走一步罷了。」

這時候來了一個羅漢，到這家乞食。看見他們死去的父親轉生為羊，就運用神通，讓主人們自己觀看。兒子們終於弄清楚這隻羊正是自己的父親。大家心裡很是懊惱，便拆廟伐樹，改正過錯，一心一意修福德，再也不殺生了。

這個故事告訴人們，包括人在內的眾生之間並沒有絕對的界限，無論是人與羊，還是別的什麼，都是可以互相轉化的，或者說是平等的。

對於佛家來講，世界萬物，動物、植物，水上的、陸地上的，哪怕它們的生命是看不到的，只要它們有一定的存活時間，那就是有生命的，哪怕它們的情緣只存在於一段時間內。世界萬物，相遇即是緣。「三千法界，萬物皆有靈。」佛家講求眾生平等，這裡所說的「眾生」指的是一切有生命的東西，胎生、卵生、溼生、化生還有山林草樹。眾生有佛性，則草木亦有佛性。

現在的國家生態是一個典型的螞蟻社會。靠大量辛勤勞動，不知疲倦的工蟻，供養著少數上層的螞蟻，比如蟻后，兵蟻等等。而和螞蟻社會最相似的地方是，所有人都覺得這是理所當然的。「蟻民」生下來就是勞動的命，不停的勞動，收入微薄，臉上永遠比肉食者老去十歲以上。是的，國家是富裕了，不過這個富裕是少數的富裕，建立在多數人的艱辛勞動和低收入上。世間萬象，一草一木，都有其存在的道理和原因，更有其生存和享樂的權力，因為人終究是人，不是螞蟻。

生命對於每一人來說只有一次，生命現世的美好並不能夠重複。佛教講慈悲，慈悲是什麼？說到底，慈悲是一種關懷，是無條件地關懷一切生命。

眾生在本性上是一樣的。《大般涅槃經》說：「一切眾生，都具有佛性。」前面說過，眾生主要指的是動物，眾生也譯為「有情」。所謂有情，通俗地說就是有意識。為什麼說眾生都具有佛性呢？就因為牠們都有意識。上面那句話的全文是這樣說的：「凡是有意識的東西，一定能夠達到覺悟」，正是因為這個緣故，佛宣告：一切眾生，都具有佛性。有意識才可以覺悟，這就是佛性。眾生本性上的這種一致性，從根本上決定了它們沒有高低之分。《涅槃經》說：「以佛性平等的眼光來衡量，眾生沒有區別。禽獸與人一樣，也是可以覺悟的。」《舊雜譬喻經》上說，有一個僧人養了一條狗，臥在床下整天聽他念誦經文。過了幾年，狗死了，轉生做了女人。每當她看見僧人乞食，都要拿飯給他們吃。後來出家做了女尼，終於修成了羅漢境界。

眾生平等的觀念要求人們善待動物。有座寺院曾經有一條戒規，僧人每次吃飯，都必須省出一點，施捨給動物。這條戒規是這樣來的：有一個僧人坐在樹下修行，樹上有隻獼猴，每到了吃飯的時候就下到僧人身邊，僧人把剩下的飯給牠吃。一天，僧人忘了留飯，獼猴抓起僧人的袈裟爬上樹，把袈裟扯破了，於是僧人用手杖打牠，獼猴摔在地上死了。見同伴如此遭遇，許多猴子鬧了起來，把獼猴屍體抬到寺院裡。住持問清了緣由，便立下了這條規矩。人也跟著沾光，一些沒有飯吃的人也可以到寺院來乞食就餐。——《舊雜譬喻經》

人與動物和諧相處始終是佛家的一個理想。有一個人在深山中修行，陪伴他的是四隻野獸，其中一隻是狐狸，一隻是獼猴，一隻是水獺，一隻是兔子，他們在一起生活了很久。後來，山裡的野果被吃光了，修行人打算讓動物遷到別的地方去。動物們捨不得離開，決定尋找食物供養修行人。獼猴跑到別的山上採來野果，狐狸變成一個人到山外討來一袋米，水獺下到水中抓來一條大魚。兔子沒有什麼本事，拾來許多樹枝，燃燒起一堆火，縱身躍進火裡，想把自己的身體獻出來，但火一下就熄滅了。僧人被深深地感動了，終於留下了這些動物朋友。——《日雜譬喻經》

佛家主張眾生平等，展現了對生命的敬畏。生命原本是沒有任何「高、低、貴、賤」之分的，每一個生命都有著它所存在的意義與價值。佛法十分講究「慈悲為懷」，佛曰：「一滴水中有四萬八千蟲。」而且佛法中不殺生、眾生平等的觀念、教義都極為深刻地展現了佛法對生命的尊重與關懷。

一個老和尚和一個小和尚在化緣途中路經一條小溪，走著走著，快到小溪時，老和尚忽然停下了，並示意小和尚不要出聲，原來，他看到兩隻小麻雀正在溪水中洗澡。不知過了多長時間，兩隻渾然不覺的小麻雀洗足洗夠，才嘰嘰喳喳地飛走了。

小和尚不無抱怨地說：「為了兩隻小麻雀，居然耽誤了我們這麼長時間，真急人！」

老和尚意味深長地說：「世間的生物不分大小，都有牠們的生活和享樂。我們出家人要慈悲為懷，愛惜蒼生。尤其是在小麻雀們沐浴的時候，牠們的心目和意識中肯定蘊含著聖潔康樂的觀念。雙雙著水，幽幽私語，洗盡牠們百里飛投、千里奔波的一路征塵。這是多麼動人的時刻、多麼幸福的情景啊！」

佛講慈悲為懷，人也當以慈悲為重。因為，慈悲本身就是一種高貴的性情。一念慈悲，能與一切有情眾生比朋而遊，從而發現參贊之美，陶冶清妙之性情。寒山子詩云：「蜂蝶自云樂，禽魚更可憐，朋遊情未已，徹夜不能眠。」那是多麼令人感到快樂自在呀！禪者在行住坐臥中，無時不表露著他們的慈悲。對弟子的教導，更以慈悲為宗旨。

的確，生命無論多麼卑微，在這個世界上都應該有自己的一席之地。關懷生命並不僅僅是去關懷我們人類自身的生命，而是去關懷這世間一切具有生命的生物，哪怕是一隻小小的螞蟻、一株還沒有發芽的小草。哪怕只是一隻毫不起眼的小螞蟻，那也是一條生命，牠與我們人類的生命是一樣的，在本質上並沒有區別，也應該享有生命的權利和尊嚴。因此，很多時候，我們在關懷其他生命的同時其實也是在關懷我們自身。

如今，我們需要這樣的美德，無情未必真豪傑。經濟的發達、文明的進步更應該帶來高層次的同情和關懷。珍惜生靈，珍惜自然，珍惜我們的生存環境，也就是珍惜生命本身。是的，對生命的關懷並非是悲天憫人的道德完善，也並非是居高臨下的施捨，它是生命對生命的一種深切關懷。人與自然本身便是一個不可分割的整體，自然賦予我們作為人的身份並不是讓我們凌駕於其他生命之上，而是為了讓我們更多地去關懷其他生命，與其他的生命更加和諧、友好地相處。

八、不要苛求完美，不圓滿才是真相

弘一大師曾說：「物忌全勝，事忌全美，人忌全盛。」苛求絕對完美的心態與做法，不僅違背自然，也往往使我們離完美更遠。

人生總有些事難盡人意，但這卻不是上天的責任。人們不能放棄自己，又不能苛求自己更完美。一個人如果對自己和他人要求過高，總是追求完美，強迫自己做到盡善盡美，就會妨礙他人取得成功，阻礙他人享受成功所帶來的一切歡愉。

人生可以擁有一些什麼呢？也許就是此刻這一陣清風、一些恬靜的回憶，那些遠慮近憂，聚散離合，得失愛恨，不過是虛妄。此岸沒有完美，現世沒有夢境，要學著看透，學著沉靜，學著承擔自己，學著使內心堅韌強大，然後，不帶悲喜地前行。

有一天，山羊和長頸鹿一起去郊遊。走著走著，牠們都覺得餓了，可是周圍又沒有草地，於是牠們到了一堵圍牆邊，圍牆內茂密清嫩的樹葉探出高高的牆外，長頸鹿快樂地跑向前去，伸出牠的長脖子津津有味地吃起樹葉來。

可憐的山羊，想盡辦法也吃不到樹葉，只能眼睜睜地看著長頸鹿大快朵頤。

山羊怏怏不樂地在牆周圍徘徊著。忽然，牠發現牆底下有一個洞，裡面的青草發出誘人的芳香，牠歡呼著穿過洞，狼吞虎嚥地吃了起來。

長頸鹿聞聲也趕來了，可是牠怎麼也無法鑽過洞去，只能看著一大堆青草流著口水。

長頸鹿之所以能吃到樹上的葉子，是因為牠有足夠的高度，而牠之所以無法吃到青草，也是因為牠太高、太龐大了。

對於每個人來講，不完美是客觀存在的，無需怨天尤人，在羨慕別人的同時，不妨想想怎樣才能走出誤區，或用善良美化、或用知識充實、或用自己的一技之長發展自己。

有一個困惑的朋友，他的家境富裕，從小就受到很好的家庭及學校教育。可是對一般人的生活，他都沒有經歷過，因此反而羨慕一般的人。有一次，他對我說：「不知道我究竟是幸福還是不幸福。我的父母對我實在太好，也因此許多事情我都不會做，也不懂。我沒有辦法像一般人那樣過一般人的生活，有時，我覺得這是生命中的無奈，我無法如一般人那樣的自由自在。」常人想像之中，有錢人家的孩子，一定是非常滿足的，想不到還有不滿足的人，並且似乎比窮人家的孩子更不滿足。由此可見，人在世上，對自己生命現象的處境，很少能感到是非常完美的。在某學者的部落格上看到一篇文章，因為不長，轉錄如下：

意外看到一部好電影，加拿大的《男人四十隻春一張嘴》(The Age of Ignorance)，二〇〇七年坎城影展的閉幕影片。寫一個市政府的小公務員，庸庸碌碌，生活黯淡無光，無論工作還是家庭都很失敗，還發現得了癌症。但是在想像中，他是著名作家，周圍美女如雲，享受成功的歡娛。

影片很深刻，發人深省。絕大多數的人，或者可以說幾乎所有的人，其實都會在人生中落入這一境地，孤獨而寂寞，默默無聞地來到人世（除了個別公主、王子），默默無聞地離去。沒有輝煌燦爛，也沒有美女如雲。

人生活在這個世界上，如果能夠什麼都不深想，可能比較容易快活。為一輛好車而奮鬥的目標具體而容易實現，但是如果籠統地說想要幸福，那就比較麻煩，因為幸福是看不見的，同樣的處境，一個人可能感覺幸福，但是另一人可能感覺不幸福。幸福是主觀的感受。思想太多，看法太深的人是不容易幸福的。孩子們通常比成人容易感覺到幸福和快樂，因為他們比成人單純，生活簡單，看不到黑暗的一面。看透一切大徹大悟的人也比較容易快樂，那是因為他已經超越了痛苦。幸福與快樂是人生長河中的泡沫，深深沉入河底的則是痛苦的淤泥。

這篇文章讓我想起某位作家的小說《一地雞毛》，我們每個小人物的命運像雞毛，我們的生活更是雞毛。每天面對的都是那些瑣碎如雞毛一樣的事。這在做大事人的眼裡，是多麼的不屑。其實任何事情的好壞、輕重都是相對的，背景變了，事情的大小，人物的高低也就變了。小人物有小人物的活法，不必苛求自己。可是，並不是生活中所有的人都願意把自己定位於「小人物」身上，他們加在自己身上的壓力很大，永遠活在世人的眼光裡。某大學的一位研究生就是典型：

這位研究生的出走事件引起了軒然大波，其出走前在電話裡向母親哭訴的最後一句話「媽媽，我沒有能力！我沒有能力！」讓人震驚，之後其母尋子多次暈倒、其父尋子被誤認作乞丐等事件更令人心寒不已。

「我們養育了他二十多年，他就這麼狠心一個人走了，活不見人，死不見屍。他趁同學睡著的時候走的，錢包、證件、手機都放在宿舍裡，宿舍警衛看到他大哭著下樓。」已近花甲之年的研究生父母見到記者時泣不成聲。二十多天來，他們四處散發尋人啟事，今天更準備胸前掛著貼有兒子照片的牌子找遍臺北的大街小巷。

「我們對他期望很高，他從小成績很好，考上頂尖大學後發誓出人頭地，還說畢業的時候一定帶個女朋友回家。可在電話裡他說自己很無能，周圍的同學都有女朋友了，他還沒有；好多同學都考了駕照，他考了但沒通過；出國留學也受挫了；馬上面臨畢業，還不知道能不能找到好工作，又沒有錢買房子；他今年二十八歲了，是班裡年齡最大的，可還在花家裡的錢，他覺得很無能、很無助。」研究生的母親說。

「他應該是別人的榜樣，他是大學生中的佼佼者。」老師是這樣評價他的。然而，就在二十三天前，這名頂大資訊技術科學院二十八歲的研二學生先是向父母哭訴自己「沒有能力」，隨後從宿舍出走，至今未歸。

「出走前一天他跟我說他沒有能力，二十八歲了都買不起房子，沒法跟他畢業的同學們比。他現在還在讀書，當然不能跟那些已經在工作了的人比，可是他有他的優勢啊，他現在是頂大的研究生，出來還怕賺不到錢嗎？」這位研究生的母親哭了，她不明白為什麼兒子會認為自己沒有能力。她說，兒子在十四日打電話的時候一直在哭，「他哭我也哭，可是，沒有一個人認為我的孩子差勁啊！他從小到大都是最好的。」

研究生的父親說，他對自己還沒開始賺錢很自責，每次給他錢他都很愧疚，所以經常打工，賺來的錢都給家裡。曾經有一次，他還用翻譯書賺來的二萬塊替家裡買了自動洗衣機。「他考試也很厲害，考研時，只複習了半年就考上了，這麼好的孩子怎麼會覺得自己沒用呢？」研究生父親無奈地嘆著氣。

事實上，每個人生活在這個世界上都不可能避免缺陷，只要你能坦然地面對缺陷，它就是美好的。也有人說：「不完美的人生才是最完美、最充實的人生。」只有這樣才會利用自己的不完美把自己改造的更完美。如果你自認為你的人生是完美的，那你的人生也將會是沒有意義的一生，因為你已經完美了，對其他的所有都無所謂了。可見，缺陷的確是一種美，即使不美也會變得更加完美。

經常可以在網路上看到一些請求心理支援的文章，其中講述自己在人生、情感、事業等方面的不幸，但是仔細想想，哪裡存在圓滿的人生呢？追求完美會阻礙我們追求優秀的進步。追求完美的心理根本動因其實就是害怕失敗，太多的事實已證實：成功的人通常也是失敗最多的。

有一個人，他從不滿意自己的命運，於是他對上帝說：「上帝啊！求求你了，我不滿足自己的命運，請你改變我的命運吧！」

上帝笑了笑說：「如果你找到一個對自己命運滿意的人，你的厄運將從此結束。」於是他開始了搜尋的旅程。

他來到皇宮，問皇帝是否滿意自己命運時，皇帝連連搖頭說：「我雖貴為國王，但是日日寢食不安，時刻擔心自己的皇位能否保持長久，反不如街上的流浪漢。」

一天，他又問街上的流浪漢，他說：「我連溫飽問題都沒解決，要是當皇帝多好呀。」

現實生活就是在缺失中完美，維納斯的殘缺成就了她無與倫比的殘缺美。一個懂得充分完善自我人生的人，才能實現生命的最大圓滿。

在一個講究包裝的社會裡，我們常禁不住羨慕別人光鮮亮麗的外表，對自己的欠缺耿耿於懷。但就我多年觀察，我發現沒有一個人的生命是完美無缺的，每個人多少欠缺一些東西。有人夫妻恩愛、月入數十萬，卻是有嚴重的不孕症；有人才貌雙全，情路上卻是坎坷難行；有人家財萬貫，卻是子孫不孝；有人看似好命，卻是一輩子腦袋空空。每個人的生命，都被上蒼畫上了一個缺口，你不想要它，它卻如影隨形。叔本華說，人生永遠不能滿足，不滿足便痛苦，滿足便空虛，可見人生缺憾才能帶來人生的真實感。

世間所有的物質和生命，沒有常住不滅的。佛法對於人類世間的觀察，覺得是充滿著苦痛與缺陷的，而世人所致力以求的，不過是眼前的一點快樂與幸福，在佛法看來，有如刀刃上的蜜，才嘗到一點甜味，更多的苦痛就跟隨而來了。我們要訓練自心，勇敢面對生命中的生與死、順與逆、樂與苦，不執著，不迷妄，以歡喜心來坦然接受，這樣就會更平安、更自在。某位語言學家在總結自己一生時說：「每個人都爭取一個完整的人生。然而，自古至今，海內海外，一個百分之百圓滿的人生是沒有的。不圓滿才是人生，這是一個平凡的真理。」

何謂圓滿而沒有痛苦的人生？像釋迦牟尼佛、觀自在菩薩，他們已經達到這個地步了。他們把可以造成苦痛的人生的根本：貪愛、嫉妒、嗔恚、愚痴、高慢等等，統統都斬絕了，他們證得了人生最高的也是最圓滿的——解脫寂滅的境界。

人生絕大多數時間是不圓滿的，它總是在努力，一點一點填充殘缺的部分，好不容易填滿了，圓了，很快又一點一點失去，根本無法維持圓滿的狀態。有位知名名嘴，曾在錄製現場坦言自身患有嚴重的憂鬱症，這引起全國觀眾相當大的震撼。也許我們在螢幕上，看到很多明星風華絕代，他們看似擁有一張歡笑的臉，但是隱藏在這種表象的下面，卻是潛伏著憂鬱危機，或者是「生命狀態危機」。他們始終存在巨大的心理壓力，比如社會輿論、情感糾葛等等。在不為人們所知的內心世界，他們真實地經歷痛苦，經受折磨。有相當一部分人就是這樣，每個人都有鮮為人知的問題，絕對圓滿的人生哪裡有呢？關鍵在於你如何看待這種不圓滿。

雖然說，每個人都應該爭取一個完滿的人生，然而，自古及今，國內海外，沒有一個人擁有百分之百完滿的人生。所以說，不完滿才是人生。在這個世界上，每個人都有自己的缺憾，只有有缺憾的人生，才是真正的人生。法國詩人博納富瓦說得好：「生活中無完美，也不需要完美。」正是因為人的不圓滿，才會促使人向上追求，渴望自身的圓滿，不圓滿從某種意義上說，正是一個人靈魂飛升的動力所在。

這個世界充滿了痛苦和暫時的歡娛。有的人生來就殘疾貧困，有的人生來衣食無憂。古人的智慧早就看到了這些，做事要注重一個「度」字。完美的東西並不存在。

有一天，子貢向老師孔子求教，他問：「顓孫師和卜商君哪個更好一點呢？」

孔子說：「顓孫師做事好過分，卜商君做事常常達不到本來的要求。」

子貢說：「您這麼說，是顓孫師比較好嗎？」

孔子說：「過分和達不到是一樣的，做事恰到好處，才是最好。做事情，不是做過了頭，就是做得不到位，而且不明白自己究竟錯在了哪裡，這在我們的生活中並不少見。」

其實，這裡的全部奧妙就在一個「度」字上。「度」是事物合理存在的內部規定性，人的想法只有符合了它的要求，才是正確的。世事如浮雲，瞬息萬變。不過，世事的變化並非無章可循，而是窮極則反，循環往復。

《周易．復卦．彖辭》說：「復，其見天地之心乎！」、「日盈則昃，月盈則食」，華人從周而復始的自然變化中得到心靈的啟示：「無來不破，無往不復」，老子要言不煩地概括為：「反者道之動。」人生變故，猶如水流，事盛則衰，物極必反。生活既然如此，做人就應處處講究恰當的分寸。過猶不及，不及是大錯，太過是大惡，恰到好處是不偏不倚的中和。

人的一生，萬事勝意者寥寥，不如意者，卻是十有八九，他們或有才華得不到施展；或升遷而不成；或被小人打擊；又或工作壓力過大，自己能力過差等等。曾國藩認為人的一生是不圓滿的，總有欠缺。承認和接受這份欠缺，瀟瀟灑灑地去笑傲江湖，去「狂歌五柳前」。

某位著名作家認為，人生需要妥協，從太想要的東西中跳出來。我們不妨去追求最好——最好的生活、最好的職業、最好的婚姻、最好的友誼等等。但是，能否得到最好，取決於許多因素，不是光靠努力就能成功的。因此，如果我們盡了力，得到的結果卻不是最好，而是次好，次次好，我們也應該坦然地接受。人生原本就是有缺憾的，在人生中需要妥協。不肯妥協，和自己過不去，其實是一種痴愚，是對人生的無知。萬物皆不完美，人生總有缺憾，當凡事苛求時，結果可能只會讓自己因沉重的心理負擔而鬱鬱不快。唯有懂得凡事適度的道理，才能使自己活得從容、輕鬆和淡然。

九、空者，乃是最大的有

「空」是啟迪人們空掉一切外在的追逐、攀緣、偏執，破開自己的囚籠，直悟生命的本性或本真。佛教，特別是禪宗的返本歸極、明心見性、自識本心、見性成佛之論及一整套修行方法，是要幫助自己或他人尋找心靈家園，啟發人內在的自覺，培養偉大的人格。擁有一些佛教的智慧，對於解決我們的現實和心靈問題都有相當重要的意義。

弘一法師的「無我」，不是否定我的存在和我的價值。他說：「何謂空及不空？空者是無我，不空者是救世之事業。雖知無我，而能努力作救世之事業，故空而不空。故知所謂空者，即是於常人所執著之我見才會破消滅，一掃而空，然後以無我之精神，努力切實作種種之事業。」

佛陀主張的「無我」就是無主宰、無實體、無靈魂的意思。它與無自性、性空基本同義。佛陀破斥有我，其實只破以非實常自主者為實常自主之我的執著，未必否定人格意義上的自我和佛性我。所謂「無我」其實就是指世間一切現象皆無獨立實常的自體。因此「無我」常被作為「空」的同義語。在這裡，佛陀論證「無我說」是以緣起論和無常說為依據的。

常說佛教講「空」，其實，佛家既講「空」，又講「有」。「空」、「有」，不是這兩個字的表面意思。所謂「空」，即是「無常」，「常」是永恆的，不變的意思，「無常」即非固定不變的。萬物從因緣生，沒有固定，也非永恆，故世事無常，不要執著於功名利祿等身外之物，故不要拘泥執著於五蘊。五蘊的真相是無常、苦、空、無我。

佛教《金剛經》中最後有四句話：「一切有為法，如夢幻泡影，如露亦如電，應作如是觀。」這裡的「空」，不是沒有。按佛家的觀點就是一切事物和現象的生起只是因緣聚合，正因為諸法緣起，所以自性本空。比如，眼前的這本書是如何產生的呢？它是由文字和紙張組合而成，其間經過人的撰述、排版、印刷、裝訂等過程，「書」只是一個名相，一個觀念，本來沒有一個叫做書的東西，書沒有本體自性，也就是空的。

要用你的妄心去造一個空、一個無。妄念消失，法眼清明，真空自現！那些內心空寂的人，他們的心已脫離了孤獨的痛苦，因為他們能親自見到實相，獲得超越時間的東西。

你是誰？我是誰？他又是誰？你在哪裡？我在哪裡？他又在哪裡？我、你、他，都是人幻我空。或許，生命的本質就是如此，來與去，都由不得自己。

我們習慣擁有，卻不習慣失去，而事實上，無論我們怎樣不習慣，怎樣不情願，我們擁有的一切，財富、恩愛、親情……最終總有一天都要失去。

若靜觀其變，會切實體驗到身體的生生滅滅，會發現任何妄念均緣生緣滅，了無自性，各種念頭如水上浮漚，不斷生起，又自行消滅，如是不斷地生起、消滅，生起、消滅。無復人我二元、心物二元對立，所有的分別、取捨自然消滅，誠如六祖大師所說：「本來無一物，何處惹塵埃。」

萬物皆因緣和合而成，緣聚則生，緣散則滅。那麼何謂虛空？那便是實空而非空，所謂虛空，《金剛經》中言：「一切有為法，如夢幻泡影。如露亦如電，應作如是觀。」正所謂世間萬物本是虛空。世事是變幻莫測，沒有一個固定不變的個體，一切事物都是無常、無我的，沒有一個定數。既然沒有什麼是不變的，還有什麼可執著的呢？

《心經》：「色不異空，空不異色」，佛說的「色」即「物質」；物質不能離開空性而存在，空性不能離開物質而存在。在微觀世界，物質是無常、無我的；在宏觀世界，也是無常、無我的；由此推論，在我們所生活的空間，可以觸摸到的世界，也應該是無常、無我的，因為既然兩端是無常、無我的，中間便不會是恆常不變的了。

鐵舟到處參訪名師，有一天，他來到相國寺見獨園和尚。為了表達他的悟境，他十分得意地說：「心、佛以及眾生，三者皆空，對不對呀？」

獨園和尚敲著木魚沒有回答。

鐵舟又接著說：「現象真性是空，無悟、無迷，無聖、無凡，無施、無受。」他說完，看著獨園和尚，想要得到獨園和尚的肯定和誇讚。

誰知，獨園和尚不但沒有肯定和誇讚他，反而舉起敲木魚的杵，狠狠在他的頭上敲了一下。

鐵舟一邊摸著起了一個大包的頭，一邊怒氣衝衝地質問獨園和尚：「你為何打我啊？」

獨園和尚看到他這個樣子，說：「既然一切皆空，為什麼又會有這麼大的脾氣？」鐵舟呆住了。

「三界無他，唯有一心」，佛教認為，這個世界只存在一個不動的心，也就是不動的精神世界，而物質世界則不存在。

在佛教看來，整個世界其實不存一法，一切都是空的：花是空的，芥子是空的，須彌是空的，世界也是空的！空和空在一起，當然無所謂誰能存下誰了。唯有佛性才是真實的存在，而這佛性就是我們的心。

「虛空無處所，仿佛似琉璃。」空，一直是佛教大力宣傳的一種生存理念，因此，很多禪詩裡都有「空」字出現。佛教認為「空」與「無」是宇宙的本質，也是真如佛性的所在，在禪詩裡，空的最高境界當數六祖慧能：「菩提本無樹，明鏡亦非臺，本來無一物，何處惹塵埃。」琉璃，是一種有色的半透明的礦石。那些精美華麗的辭藻在虛空的境界裡，忽明忽滅，好像多彩的琉璃一樣在閃爍，似有非有。

「悟滅心非盡，求虛見後生。」滅，指涅槃，圓寂的境界。虛，指虛空無為，說一切有所謂無邊無際，永不變易、無任何障礙而容納一切色法的空隙、空間。領悟空淨的境界，追求內與外的見性知真的虛空無為。

「一切有為法，如夢幻泡影，如露亦如電，應作如是觀。」

水泡性空。但性空是什麼呢？既然空不是什麼都沒有，卻為什麼又否定一切，說一切皆空？因為所謂一切，都是留不住的。那麼，一切全有就只有依空而立才辦得到。依空而立，無你我的分別，無你們我們的分別，無你所有和我所有的區別。一點可以包含全部，全部可以包含一點，這才是完整。依空而立，隨時隨地超越自己的執著！

《莊子．山木》篇中記載一則寓言：

楚國有位隱士叫熊宜僚，因住在城市南郊，故號市南。市南先生到魯國時應國王之邀，進宮拜見魯國侯王。見魯侯滿臉憂色，市南先生問道：「君王面帶憂色，是何緣故？」

魯侯說：「我自即位以來，效仿先王的治國之道，繼承先輩的事業，敬鬼神、尊賢士，凡事都親身打理，不敢稍有懈怠，一心一意想把魯國治理好。可是事與願違，政局仍難免動盪，鬧得我五心不定、寢食難安。」

市南先生說：「君王您那一套除患術太淺了，不足以從根本消除動亂。那肥狐花豹，棲身在山林，躲藏在岩洞，多麼寧靜啊；夜裡出來活動，白天待在洞裡，多麼警惕啊；即使饑渴難耐，仍然不去人煙稠密的地方覓食，多麼堅定啊。儘管如此，還是難逃網羅、機關的禍害。牠們有什麼罪呢？為何會有殺身之禍？原因就在於牠們那一身漂亮珍貴的皮毛啊！而今的魯國君位，不就是你的漂亮皮毛嗎？我希望君王剝掉這身皮毛，洗心去欲，忘己忘國，然後逃到那人跡罕至的荒野去。」

市南先生接著說：「南越有個建德之國，那兒的百姓憨厚純樸，私心很少，物欲淡薄；他們只知辛勤勞作，不知收穫儲藏；只知給予，不求報償；不知道仁義是什麼樣，也不知道禮法的框界；隨心所欲，卻又彼此無妨；他們活著很快樂，死了有人安葬。我奉勸君王放棄魯國，拋掉世俗的欲望，投奔那建德之國，伴隨那大道走四方。」

魯侯說：「去那兒山高路遠，相隔著萬水千山；沒有舟車，我如何上路呢？」

市南先生說：「放下君王的架子，就是您的車騎；放棄君王的高位，就是您的舟楫。」

魯侯說：「你說的那條路幽靜無人，我與誰為伴？一路上誰押運糧草，誰供應禦膳？一個人孤孤單單，如何能走到終點？」

市南先生說：「節省費用，清心寡欲，即使不帶一粒糧食，一路上也會感到充足。到那時，您渡過長江，漂向南海，向前望去，無邊無際，越往前走越看不到盡頭。送您的人都從岸邊回去了，您從此遠離人世了！」

魯侯經市南先生這麼一說，不禁喜笑顏開，一副很神往的樣子。

市南先生總結說：「所以說，統治人很累，被人統治很煩。堯帝時代的人既不統治人，也不被人統治，人人平等。我願去君之累，除君之憂，讓您與大道同遊，逍遙在廣漠無人的國度。」

這則寓言，旨在啟示我們：我們每一個人，身上都披著一張皮。這張皮有的很寒酸，有的很華麗。披著寒酸之皮的人，不一定就覺得心裡有多苦；披著華麗之皮的人，不一定就覺得心裡有多美，就像魯侯。因為披著的皮太過榮華，成了人人貪圖的東西，反而成了一種拖累。

有些人常常感嘆：「活得好累！」為什麼會累呢？試想當初，我們來到這個世界時，赤裸裸一無所有，隨著年齡閱歷的增加，我們背上的負擔卻是越來越沉。

為什麼？因為我們把名聲、財富、家庭、地位……通通往自己的背簍裡裝！能不累嗎？再想想，當我們要離開這個紅塵時，這些「身外之物」是一樣也不能帶走。因此，要想活得輕鬆，最好的辦法就是把自己背簍裡的那些東西一件件拿出來扔掉，直到和我們當初來到世上時一樣，老子說「為道日損」——要想得道，就必須「損」，即減少欲外之物。

擺脫外在的束縛，靈魂就會得到淨化，才能「空」，才能「淡」；去掉一點貪、嗔、痴、愛，去掉種種雜亂的念頭，萬緣俱寂，有空靈澄澈的境界才能擁有「平淡素雅」之風格。人，曾花幾十年時光苦苦追求快樂與自由。

在每一天的生活中，人們感到壓力太大、心情煩躁、心亂如麻，並被各式各樣的煩惱所束縛著，無自由可言。也許人們並不是有太多的煩惱，而是習慣於將種種負面的情緒與觀念都統統背在身上，而不知道，原來放下也是一種很好的選擇。

人生短暫幾十年，對於大千世界來說，不過匆匆一過客，沒有什麼是真正屬於自己的。《古詩十九首》云：「生年不滿百，常懷千歲憂。」世人總是被是非、得失、利害所圍繞，一天到晚感到莫名其妙的壓力，展現在臉上是滿面愁容。然而解脫者則深深明白世間是「如夢幻泡影，如露亦如電」；他們了解人生的現象為實有，根本是種錯覺，所以他們能夠「安貧樂道，知足常樂」，在面對生活的順逆境界時，自然知道「人生如戲」，隨緣盡力扮好自己的角色。

修佛的人不會為利、衰、苦、樂、稱、譏、毀、譽八風所動。然而世人卻有喜怒哀樂、七情六欲。人的生活越簡單就越幸福，這個道理並不是人人都懂。悟道者早已遠離文字相、語言相、心緣相；對於任何順逆境界毫不動心。世人的不快樂都起於我心的執著，甚至到了生死關頭，還在想著沒有機會得到的某件東西。

禪宗最講究的是一個「空」字，所謂「空一切相」、「目中無人，永絕我人，畢竟空寂」等，都是強調無我之空的重要性。

也就是說，現象世界中的一切都沒有「自性」，只是種種因緣和合而成的幻象，沒有實在的本體，它本身就是「空」。我們在因緣和合而生的世界所看到的、所聽到的、所觸摸到的、所感知到的一切都不是真實的存在，唯一存在的，是沒有「自性」的「空」。生滅的當下瞬間處無境無心，心隨境而滅，境隨心而無，因此心境得以冥合，清寂空靈，是謂「真心實境合一」。

我們常言「心為境縛」，其實是將外境看實的結果。境不單純是外界對象化的世界，而是空境的呈現，境即是心境。

「空」是指「因」和「緣」相聚而成的事物沒有實在的本體。「空」掉主體內心的「妄念」以及外在的「萬相」，妄念為空才能拋棄執著之心，萬相為空才能「見山是山，見水是水」。「空」與「靈」結合在一起，便是指在純淨、虛靜、空蕩的氣氛中時時透露出生命靈氣的那種藝術境界。

色空觀念是印度大乘佛學的一個重要思想，佛教經典《心經》和《大智度論》等都有「色不異空，空不異色」的表述。佛家認為人的本性潔淨，由於後天遭六塵汙垢的覆蓋、淤積，經久迷性，使人的本覺智慧不能顯性，空靈之美的靈感就不靈了。因此，需要以般若之智來觀照，照破五蘊，照破十八界，我們才會心量擴大如虛空，才會達到涵蓋宇宙的境地。

禪者得到真正的解脫，精神得到徹底的自由，宇宙河漢、日月星辰、山川大地、水光雲影，都不分彼此地融為一體，都顯得那樣永恆寧靜，和諧自然，這便使人突然感到這一瞬間似乎超越了一切時空、因果，過去、未來、現在似乎融在一起，不可分辨，也不去分辨。

王維的〈鳥鳴澗〉：「人閒桂花落，夜靜春山空。月出驚山鳥，時鳴春澗中。」夜靜山空、桂花飄落，詩人點染出了一個極其幽靜的境界。「空」不能簡單地理解為「什麼也沒有」。山深入靜，空山深夜顯得格外空寂。萬籟仿佛都沉醉在這種夜的色調，夜的靜謐之中。錢鍾書先生《管錐編》中說：「寂靜之幽深者，每得聲襯托而愈覺其深。」

所謂「空」，是說世界上的一切事物都虛幻不實。佛教否定客觀世界的真實性，為的是把他們所虛構的「涅槃」彼岸世界說成是真實的，以引導人們看破紅塵，從幻想中尋找安慰；涅槃之門，號稱「空門」；眾生歸命佛法，歸依佛教，謂為「遁入空門」；諸佛被尊為「空王」；入佛門出家者，被稱為「空門子」。

佛經裡常有「真空妙有」之說，認為「空」是「有」的可能和前提，「空」是「有」的最初因緣，空是人生的最高境界。

成、住、壞、空，人生如夢如幻，這是佛學講的從無到有，又從有到無的過程。一切來由，皆有定數。茫茫宇宙，無數星體微塵。人，就是這微塵之中的一粒。

《金剛經》裡說：「一切有為法，如夢幻泡影，如露亦如電，應作如是觀」。佛其實是在告訴我們，我們如今所遇到的一切因緣，皆是過去之因，今日之因，皆是未來之果。一切都是緣起緣滅、有生有滅的無常之法，因此，應當以一顆順應萬緣、隨緣不變的心，對外面一切境界不生起煩惱、愛憎、分別。說白了，外面的世界對我不起任何作用，但我對任何事情都了了分明。正所謂「定慧雙修」，也就是這個了。

在佛經《般若波羅蜜多心經》中多次談到「空」，當然，這裡所謂的「空」並不是我們通常所消極地認為的一無所有，而是包涵極其深刻的意義在其中，一方面，「空」是指萬事萬物都是隨時處在永恆的變化之中，因此，要求我們達到一種無我的境界。而另一方面，「空」也是「不空」，因為佛法講究普度眾生，因此，它是一份救世的事業。其實，佛法中「空」的意義便在於讓我們以無我的精神去從事世間的各種事業。

一切事物，山河大地，森羅萬象，情與無情，都是緣生緣滅、無有自性，無有實我，因此將其稱為「性空無我」。它是佛教探討宇宙真相的基本原則，也是佛教的本體論和宇宙觀。

空是宇宙中一切能量的源泉，一切智慧之母，一切生命、物質、行為的根源。空，不是一無所有，而是所有一切。世人只執著於「有」，而不知道「空」的無窮妙用；總是被外在的、有形的東西所迷惑，而看不見內在的、無形的本性和生活，其實那才是更寶貴的「無我」，就是斷除塵世間一切煩惱，捨棄一切不該追逐的東西。無我法，即無畏、犧牲、奉獻，因為「無我」，在奉獻的時候，感到自然、身心安樂。

禪主張「空」，但這裡的「空」的真正含義並非是消極、避世、無為的本質。禪在看似消極的背後，其實有著與現實緊密相連的積極意義。禪主張堅定信仰，積極努力；禪主張自強自立，奮鬥不息；禪主張專心不二，堅持到底；禪主張擁有自信，尋找真諦。

現代人深受傳統程式化教育薰染，日子久了，心靈已被刻板形式化，把許多精神上的追求與信仰遺忘了，從而造成內心的空虛與生活的苦悶。禪能幫我們打開「法眼」，在開闊視野中，讓我們看到未來，看到希望，看到生活的光明。禪為我們提供了一個嶄新的生活態度和智慧，讓我們在既有的科學文明上，孕育出完美自我人生與光明的生活。

十、佛性，是黑夜裡的一盞明燈

或許你我都有這樣的體驗，在黑夜裡走路，眼前一片黑暗，摸摸索索，走走停停，深怕腳下有什麼東西會絆倒自己，因此就分外小心。如果膽子再小一點，加之月黑風高，心中肯定會十分害怕，這時候你就會渴望有一盞燈該多好啊！它能驅趕黑暗，照亮道路，使人坦然前行。

人生的旅途何嘗不是如此！當一個人生活遇到了困難，又找不到解決的辦法，感到茫茫人海，何處是岸？有的甚至失去了生活下去的勇氣，感到生不如死，甚至走上絕路。這時候，正是人生的十字路口，多麼希望有人能指點迷津，撥亮你心中那盞即將熄滅的燈，使它重新放射出生命的光彩！

佛學在解決人生這個難題上，有著獨到的見解。它經常教導人們：心中要有一盞永不熄滅的燈。

五代時的法演禪師在一天夜裡同他的兩個徒弟打著燈籠走路，忽然刮來一陣風吹滅了燈籠。法演立即問隨行的三個弟子：「風吹燈滅，你們現在的心境如何？」

法演問話的意思是說，燈火是黑夜行路不可缺少的工具，現在燈火沒有了，你們靠什麼繼續走下去呢？禪師常常用所悟的禪機來啟發人生的道理。

三個徒弟在法演的啟發下，各自說出自己的心境。其中以佛果圓悟所說的「看腳下」最能符合法演的心意。

「看腳下」這如此平常的字眼，卻說出了深刻的人生哲理。走路照明的燈滅了，從人們的心裡講，就要重新燃起一盞燈——這盞無形的燈時刻在提醒你，要注意腳下，每一步都要踏踏實實地邁出去，不要被石頭絆倒，不要被坑窪崴腳。黑夜走路也和學禪一樣，都要看腳下——用心邁出每一步。紛繁複雜的人生旅途，就是由用心邁出的每一步來完成的。「用心」，就是心裡要有一盞燈，這盞燈亮起來，才能照亮生活之路，使迷茫的人生清澈明亮，人活著才有真實的意義；相反，心中沒有這盞燈，或者這盞燈沒有亮起來，你再怎麼用心也是白費，甚至機關算盡，反誤了卿卿性命。正如手中的燈火雖然熄滅了，但心中的光不能消失，自己的心中永遠要有一盞明亮的燈。

一個學禪者這樣描述他心中的燈：「禪行在滾滾的紅塵亂世之中，我努力護持著自己的一盞青燈。雖然千難萬難，但我堅定不移。一葉菩提就是一團光亮。雖然我是如此渺小，但只要是光，就沒有必要自卑，更沒有理由自棄。我真誠地燃燒自己，希望能照亮過往行人。」

面對現實中的困境，你不能不要它來，只能選擇怎樣對待。《壇經》說：「一燈能除千年暗，一智能滅萬年愚。」在多苦的人生中，用那大智慧從容地燃亮心燈，驅散黑暗陰霾，導歸幸福彼岸。

一位年老的印度大師身邊有一個總是抱怨的弟子。

有一天，他派這個弟子去買鹽。弟子回來後，大師吩咐這個不快樂的年輕人抓一把鹽放在一杯水中，然後喝了它。

「味道如何？」大師問。

「苦。」弟子齜牙咧嘴地吐了口唾沫。

大師又吩咐年輕人把剩下的鹽都放進附近的湖裡。弟子於是把鹽倒進湖裡。老者說：「再嘗嘗湖水。」

年輕人捧了一口湖水嘗了嘗。大師問道：「什麼味道？」

「很新鮮。」弟子答道。

「你嘗到鹹味了嗎？」大師問。

「沒有。」年輕人答道。

這時大師對弟子說道：「生命中的痛苦就像是鹽，不多，也不少。我們在生活中遇到的痛苦就這麼多。但是，我們體驗到的痛苦，卻取決於我們將它盛放在多大的容器中。」

所以，當你處於痛苦時，你只要開闊你的胸懷——不要做一個杯子，而要做一個湖泊。

釋迦牟尼在大乘經典中比喻說：「如有人提一盞燈，走到暗室中去，而那暗室裡的黑暗，不是一年兩年才有的，已是幾百年、幾千年，所以充滿了黑暗。雖然如此，當這一盞燈體進去時，由燈所射出的光明，立刻驅除了這千年所有的黑暗，所提的一盞燈，就是菩薩所持的一切智正大光明炬，暗室中的黑暗，就是眾生內心中的黑暗。」一個發了菩提心的菩薩，持著一切智心大光明炬，進入眾生的心意暗室中去，使得眾生百千劫以來，所積聚的一切煩惱障、一切業障以及無明黑暗，都消除得乾乾淨淨。所以「收拾心頭事，點亮佛前燈。」學佛的人，只有發菩提心、發上求佛道下度眾生的誓願，就會光明先前，黑暗驅除。

在薩羅國的娑羅樹林，佛陀對他的弟子，作了一次最後的教誨。佛說：要自己度自己，不要依靠其他。生命是如此的短暫。想一想，世上一切都是無常。只要依循我的教誨，你們都會解脫。要降服自己的心，要遠離貪欲；要做自己心的主人，不要做心的奴隸。不要作無益的悲泣，要記住生命是短暫、是無常的。你們要由此證悟「空」理，由「無常」證悟「真常」。

在世間，和我們關係最密切的是什麼？事實上，和我們關係最密切的，是內在的「心」，而非外在的其他。但無明帶來的貪心，卻不斷慫恿我們尋找外在的依賴。不幸的是，任何外在事物都是不可靠的，是無法永久依賴的。我們的貪心，就是在不斷生起貪心的過程逐漸壯大的。什麼是「我」？我們自身的存在，只是一個妄想。真正傷害我們的，是我們的心，而不是客觀環境。有史以來，我們一味地追逐外在事物，不斷培養貪心、我執、無明等種種不良習慣，由此形成堅固而巨大的凡夫心。

《紅樓夢》中說：「陋室空堂，當年笏滿床；衰草枯楊，曾為歌舞場。」功名過去了，時過境遷，當年顯現的功名不是真的。「金滿箱、銀滿箱，轉眼乞丐人皆謗。」諸如此類，家庭、財富、感情、地位，一切都是緣生緣滅，緣聚就顯現，緣散就消失，所以執取不到任何實義。我們只見到世間萬象生生滅滅，這些生滅的並不是本有的，並不是常住的，實際上，只是自己這顆心迷失在幻化的光影裡，認為它是真的、是本有的，把這些虛幻的泡影視為真實義，然後苦苦地追求、貪執，最終也只落得兩手空空，所以說「反認他鄉是故鄉，甚荒唐，到頭來都是為他人作嫁衣裳！」

體會到生命無常的人，便不會再放蕩和貪逸，所以說對於生命無常的覺醒是智慧的開端。

僧人遁入空門，就是為了求解脫，除去一切欲望。但是需要開導的，總歸還是那些在苦海裡掙扎的芸芸眾生，而開導他們又是何等的不容易啊！人們沉湎於感官上的享受，最直接、最現實的物質充溢著欲望之門。對於普通百姓來說，整天奔走忙碌，慘澹經營，才能得以解決生存與溫飽問題；而對於達官貴人們來說，燈紅酒綠的誘惑也遠勝於虛無飄渺的佛國淨土。

塵世間穢事眾多，皆由「貪」起。一枚雞蛋的演化，竟能化一片產業來。甚者：小雞生蛋，蛋蛋相生，養牛養馬，圈地建宅，娶妻生子，子讀書，孫做官，官至一品，擁兵自重，最後稱帝。一枚蛋竟帶來如此欲望！

「眾罪如霜露，慧日能消除。」慧，佛教指通達事理，決斷疑念以取得決斷性認識的那種精神作用，有時也指智慧。芸芸眾生在塵世中的欲望，如霜露一樣層層覆蓋著，只有依靠智慧的陽光才能消除掉它，所謂智慧的陽光就是大徹大悟的人生真相，明白這真相才能得到真正的解救。

人的無明，是與佛性同在的根本無明，也就是伴隨著人誕生的俱生無明。生命沒有經過開發、鍛煉、淨化，是混沌的，因此眾生雖有佛性，若不開發，當體就是無明。無明與生俱來，從生下來就在執我、著相、認同，而迷失了本來面目。所謂通達即是要人參究無明的本來面目，也就是教人找回那顆失落了本來清淨的心。

人生幸福的意義，不在於你追求什麼，而在於你守望什麼，你需要亮起一盞心燈。

弘一法師指出：佛法並不是有些人所認為的是一種迷信，而是可以稱得上是解釋人生和宇宙的智慧。因為，佛法能破除世間一切謬見，而與以正見；能破除一切迷信，而與以正信；能破除惡行，而與以正行；能破除幻覺，而與以正覺。包括世間各教、各學之長處，而補其不足。廣被一切眾生之機，而無所遺漏。

佛是人透過修行達到智慧圓融的一種境界，不是讓你去崇拜什麼，而是讓你的智慧覺悟。弘一法師的那份嚴謹、認真、清靜、執著，可以用來滌蕩當前人們靈魂的浮躁。

太虛大師曾為弘一法師贈偈曰：「以教印心，以律嚴身，內外清淨，菩提之因。」趙朴初居士評價大師的一生為：「無盡奇珍供世眼，一輪圓月耀天心。」

道一十二歲時到南嶽衡山，拜懷讓禪師為師，出家當了和尚。

一天，懷讓禪師看道一整天呆呆地坐在那裡參禪，於是便見機施教，問：「你整天在這裡坐禪，圖個什麼？」

道一說：「我想成佛。」

懷讓禪師拿起一塊磚，在道一附近的石頭上磨了起來。

道一被這種噪音吵得不能入靜，就問：「師父，您磨磚做什麼呀？」

懷讓禪師：「我磨磚做鏡子啊。」

道一：「磨磚怎麼能做鏡子呢？」

懷讓禪師：「磨磚不能做鏡子，那麼坐禪又怎麼能成佛呢？」

道一：「那要怎麼樣才能成佛呢？」

懷讓禪師：「這道理就好比有人駕車，如果車子不走了，你是打車呢？還是打牛！」

道一沉默，沒有回答。

懷讓禪師又說：「你是學坐禪，還是學坐佛？如果學坐禪，禪並不在於坐臥。如果是學坐佛，佛並沒有一定的形狀。對於變化不定的事物不應該有所取捨，你如果學坐佛，就是扼殺了佛，如果你執著於坐相，就是背道而行。」

道一聽了懷讓禪師的教誨，猛然覺悟。佛家有云：「有心無相，相隨心生；有相無心，相隨心滅。」個人可以透過修身證悟，完善內在之我，進而改善外在之我。

《金剛經》上說：「一切有為法，如夢幻泡影，如露亦如電，應作如是觀」，堪稱一經之精髓。唯有不住相、不偏執，才能掌握實相。所以，在實踐中應以空靈自在的心態應對一切法。《金剛經》啟發我們，破除諸相，自然清淨，以獲得「應無所住而生心」的人生境界。「凡所有相，皆是虛妄。若見諸相非相，即見如來」。「無所住」即不執著，不執著於任何事物，對外界的一切現象既不著念，也不受其影響，即不住色，不住聲，不住迷，不住悟，不住體，不住用。

現代社會是一個五花八門的社會，人生的遭際也一定不會平坦。無論我們是在就學還是在就業，總是面對各色人等和複雜的事物、紛繁的矛盾。在熙熙攘攘的人世，與其他人的欲望、利益的追逐、競爭，與不同性情的人相處的矛盾，使每一個人的內心都要承受各式各樣的壓力和痛苦。人們往往有一種不安的感覺，有時甚至不知道自己身在何處。

人都是有限的個體，必然有先天或後天因素，將各樣的局限、缺憾帶給他。以有形有限的人生投入世上，每一個個體都要面對無限的時空、無限的知識、無限的意義、無限的價值，這些「無限」也使人不安。

形體帶來的情慾、物欲、功名利祿的追逐、攀緣，知識帶來的表面的偏見、執著、錯誤和數不清的自認為是真理的東西，還有社會文化所帶來的身份、地位、名譽等，對人來說，都是永遠不能擺脫的束縛。所有這些，在佛教看來就是所謂「無明」，即「貪、嗔、痴、慢、疑、惡見」等等。佛教的智慧，就是用否定、遮拔的方法，破除人們對宇宙人生一切表層世界或似是而非的知識系統的執著，使人們獲得某種精神的解脫和自由。

佛曾經說過：「與其到神廟去祈禱一百年，還不如在如來那裡聽一次法。」佛慈悲地告訴我們：真正的吉祥來自佛法智慧，而並不是祈求平安。人身難得，佛法難聞，善知識難遇。我們應該把最珍貴的生命時光花在尋求真理，而不是追逐世俗的享樂上面。

十一、有因，就有果

弘一法師說：「善有善報，惡有惡報。欲挽救世道人心，必須於此入手。」大師還說：「人生最不幸處，是偶一失言，而禍不及；偶一失謀，而事幸成；偶一恣行，而獲小利。後乃視為故常，而恬不為意。則莫大之患，由此生矣。不自重者取辱，不自畏者招禍。」可以說，大師深深懂得因果的道理。

一位叫禪海的年輕人在一次衝突中誤殺了一位高官，於是只能走上流亡的道路。

他到很遠的一個寺院出了家，做了一名游方僧人。為了補償他的罪過，他下定決心要在有生之年完成一件善舉。禪海知道某處懸岩上面有條道路非常危險，已斷送了不少人的性命。因此，他決心在它下面挖一條隧道，取而代之。

他白天乞食，夜晚挖掘隧道，日日不輟。三十年過去了，一條長達兩千多公尺的隧道，終於挖通了。

在禪海完成這條隧道的前兩年，那位大官的兒子已經成了一名劍道高手。他四處尋覓禪海，終於發現了他，要置他於死地。

禪海平靜地對他說：「我心甘情願地把我的生命給你。但是，請讓我挖完這條隧道，等到這項工程完成的那天，你就可以殺了我。」

於是這位大官的兒子就耐住性子等待那一天。時間一天天過去了，禪海仍在不斷地挖著。一晃又是幾個月，大官的兒子閑閒等著感到十分無聊，便開始幫禪海挖掘。等他幫了一年後，對禪海的堅強意志十分欽佩。

隧道終於挖成了，人們可以從它裡面安全通過。

禪海放下手中的工具，欣慰地長噓一口氣說：「隧道完成了，我心願已了，現在請你砍去我的頭吧。」

那位年輕的復仇者眼含熱淚，動情地說道：「你是我的老師呀！我怎能下手砍自己老師的頭呢？」

人多施捨、多福報、施比受更有福。當你能全心地賦予，無條件地捨棄自己以後，你才會得到比你捨棄的更多的回報，充滿愛心的慈善，將會帶給你很多出乎意料的喜悅。佛陀說：「萬法皆空，因果不空。因果報應，絲毫不爽；為惡得苦，行善得樂。吃苦了苦，苦盡甘來；享福消福，福盡悲來。埋下惡種，吃到惡果。凡有果，必有因。」所有的苦果都是自己種下的。

有人問佛陀：「假若過去作惡很多，現在作出很多的善行也不可能抵消嗎？」

佛陀說：「對！因為因果定律是無法抵消的。善有善報，惡有惡報，有一定的道理。這好比在一塊土地上種下瓜種，同時亦種下豆種，後來瓜種一定生瓜，豆種一定生豆，瓜是不會消滅豆，豆亦不會消滅瓜的。」

可是現在又講因果可以轉變，要怎麼轉呢？因果可轉變，因是非常細緻的種子，果是很龐大的事實。我們的一念心就如一粒種子，所謂「因緣果報」，即若要看現在的成果，就必須追究從前播下的那顆種子。

我們所遭遇到的一切好事與壞事，都有其原因，若不是今生所造之因，必是過去無量世中所造之因。所以遇到好事不必驕傲，遇到壞事也不必惱恨。

人們行善作惡，日積月累，形成業力，深藏在自己的潛意識裡，待到因緣成熟之時，產生果報。如同農民春日裡播種，秋天收成一樣，是不會落空的。

佛家把人的行為界定為善行與惡行，這本出於教義的解釋。我們應當看到其中最樸素的一面，用通俗一點話來說就是「種瓜得瓜，種豆得豆」。

因果報應有三種：現報、生報和後報。現報，就是善惡之報發生在今世；生報，是指來生受報；後報呢，則是經歷二世、三世乃至百世千生，方才機緣成熟而受報。由於成熟有遲緩，所以報應有先後。換句話說，就是「善有善報，惡有惡報，不是不報，時候未到，時候一到，必定受報。」佛教的三報之說，比較合理地回答了今生所見善受惡報、惡受善報的難題。社會上貪官的紛紛落馬，就是最好的證明。而那些尚未露出「廬山真面目」的貪官，是因為惡報的因緣還沒有成熟之故，一旦真相大白，他們同樣將受到法律的懲處，所謂「天網恢恢，疏而不漏」。

有鑑於此，當我們從佛傳典籍等文獻上看到佛陀受到提婆達多的陷害、風寒而背痛、無故遭女人誹謗、托缽不得食等災難，以及已證得阿羅漢果的目犍連尊者被人活活打死時，就可以知道是久遠的過去世所作業力的結果。偉大的佛陀和羅漢尚且如此，我們一般的普通人又豈能置之度外！

懷德大師帶著小徒弟雲遊四海，到處傳法。

一天，師徒兩人沿著一條山間小路往前趕，覺得又困又累。突然發現前面一個老人背著一個看起來非常沉重的包袱往前走。

懷德大師忙拉著小和尚趕過去，說：「老人家，我們幫你背一會兒包袱吧。」

懷德大師師徒倆幫老人背了一段距離的包袱後，適逢老人的兒子趕車來迎接自己的父親，就順便讓他們搭上了順路車。

懷德大師教育徒弟說：「有因才有果，幫助別人就是幫助自己。你幫別人提了東西，耗費了自己的體力，耽誤了自己的時間，但是你現在不用自己趕路了。」

懷德大師說：「如果你幫助其他人獲得他們需要的東西，你也會因此而得到想要的東西，而且你幫助的人越多，得到的也越多。」

凡事都處在一定的因果關係中，有其因，必有其果，種瓜得瓜，種豆得豆，佛講因果報應，今世的果來自前世的因，今世是為來世修福。

所謂因果，是相互關聯的。這個世界上，從來就沒有無緣無故的愛，也沒有無緣無故的恨，世界上的事情就是這樣的公平，如果你待人以仁，人家也就待你以仁；若你是公正的，你便得到公正；若你是無恥之徒，你也別妄想得到恩澤。

十一、有因，就有果

在《佛說淨意優婆塞所問經》裡，對因果報應有較詳細的描述，正所謂「種下什麼善就會得到相應的善報，種下什麼惡就會得到相應的惡報。」

殺害生命者，短壽；貪心慳吝者，貧窮。不尊重他人，所得的果報是下賤；損傷了生物，得到的是多病；阻礙了他人的利益，自己得到的是阻滯。因果的報應是很公平的，結果都是自作自受。因此，我們若要想得到好報，就開始潤澤萬物吧！種瓜得瓜，種豆得豆；施恩以恩報，施惡以惡報。想要得到別人的尊重，首先要尊重別人；自己不想被別人羞辱，就不要去羞辱別人。生活就是這樣，你付出什麼，就得到什麼；你播種什麼，就收穫什麼。

佛經上說：「諸法因緣生，諸法因緣滅」，因緣，就是人與人間的相互關係。人與人之間相敬相愛、相爭相逐、相善相惡……種種關係，就是「因緣」。懂得因緣，就會了悟世間眾生的命運浮沉，懂得世間生命的緣起緣滅，對於宇宙人生的真理就會洞然明白了。

其實因果二字只是一個簡稱，全稱是因緣果報。比如種子是因，水土、日光、空氣、人工是緣；種瓜得瓜，種豆得豆，就是果報。有了種子而沒有水、土、日光、空氣和人工，就生不出果來，所以因緣中的「緣」是十分重要的。不怕因惡只愁緣逆，就是這個道理。

又有人說既有果報，為何不在行為的當時，而非要等待隔世呢？這就是一個力學問題：因為身心的動力，要受力場的限制，不能同時生效。就像以手投石，手停而石飛不停，以杖擊輪，杖停而輪轉不停是一個道理，因果關係也是如此。果的成熟並不是播種的當時就能得到報的，這種關係稱之為「異熟果」。比如由火力變成蒸汽力，再由蒸汽力變成車船的動力，屬於異類而熟。要想知道前世因，今生受者是；要想知道來世果，今生作者是；因果是不爽分毫的。

儒家認為：「天作孽，猶可為；自作孽，不可活。」又說：「為善降之百祥，為不善降之百殃。」這種自作自受的因果觀念，與佛家的因緣果報觀點是一致的。因果不是宿命論，而是緣分的起點。

所謂命運其實就是因果的相續，在榮辱毀譽、成敗得失中都有它的原因。正所謂幸福不會自己從天上掉下來，想要得善果，想要得健康、幸福、快樂，想要得財富、智慧、長壽，就要先種善因，並且要為將來得到善果創造必要的條件。所以因果報應正是為了改造命運而存在。

萬物都由緣起相關，宇宙間沒有一件事物可以單獨存在，社會上也沒有人可以單獨生存。讓一切來自群眾的緣歸還貢獻給群眾，不要把個人的利益看得太重，而忘記了我所依存的社會。要將個人融入在社會群眾中，去為社會群眾謀福利，明白緣起的道理，才能真正地「無我為人」，互助合作。因為每個人都需要社會群眾的助力才能生存。正所謂「人人為我，我為人人」。

因緣生萬法是佛法中重要的理論，由於有因緣所以有果報。因是萬事的本源，緣是一種助力或條件，果報是最後的結局，由因得果全是在緣的力量下借助而成的。佛教宣導的人生觀是積極、快樂的，絕無悲觀厭世消極之感。因此，佛家講因果並不是落宿命，而是改善命運的理論基石，是緣起論。佛祖釋迦牟尼在菩提樹下夜睹明星，頓悟一切萬有都是從因緣所生起的，沒有例外。

所以「諸法因緣生，諸法因緣滅」、「緣起性空，性空緣起」成為一條永久不變的定律，佛叫這定律為「起」。這正是佛家的善巧與智慧所在，這也是佛家對人類最大的貢獻。

除此之外，因果的定律還有兩個重點值得大家關注。一是因果不會消滅，除非你不做因。只要做了的事，不論好惡，種子永留在那裡，不會壞滅，遇緣就會現行招受果報。如果做了惡因，就不免受惡報。只有修習佛法、求生淨土、斷盡三界煩惱、成就佛果，才可免除受報的痛苦。二是善惡不相抵消，已種惡因，分受其報。這是說不要以為再做點好事，就可以抵銷這應得的罪。但是多做善事、多增善緣，讓惡報由重轉輕是可以的，正所謂「重報輕受」。善緣的增多，惡緣的漸減，是讓善果迅速成熟的最好辦法。所以說欲從好的因緣，得到好的果報，人生在世，多做善事是極為重要的。

第三章　人

同體、共生、圓滿、自在

一、用「空」的心，融化一切

佛心作為一種空寂的精神而存在，世上一切現象，在佛看來都是空寂的，都是沒有任何障礙的。只有佛心才是真實的永恆存在，其他一切皆為虛妄。

星雲法師指出，真正的「空」超越了有無對待，是絕對的絕對。事實上我們世間所認識的「有」也不是真有，「空」當然更不是真空了。「空」就是般若智慧，由此可以了悟宇宙人生各種存有的真相；「空」更是一種正見，能由現象界存有之中發覺本體空無的真諦。

《金剛經》中說：「一切有為法，如夢幻泡影，如露亦如電，應作如是觀。」《圓覺經》中也說：「皆如幻垢，垢相永滅，十方清淨。」

有學僧請示趙州禪師：「色即是空，空即是色，這個道理如何解釋？」

趙州回答：「聽我一偈：『礙處非壁，道處沒處空；若人如是解，空色本相同。』」

學僧聽偈後仍然不解。趙州又說：「佛性堂堂顯現，住性有情難見；若悟眾生無我，我面何如佛面？」

學僧還是不明白，問道：「禪師，我請問的是『色即是空，空即是色』的道理呀！」

趙州禪師兩眼圓睜，道：「色即是空，空即是色！」

虛空能包容一切萬物，所以空即是色。運用佛學空性的道理，對世事應該看破和放下。認識到「空」，破「我執、我見」，就會平等待人，處處不以自我為中心，不把自己喜歡的強加於別人。同時又淡泊名利，不爭權奪利，有覺悟心、慈悲心，寬容、大度，隨緣而不攀緣，心地清淨、心安理得。這也就是《菜根譚》說的：「寵辱不驚，閒看庭前花開花落；去留無意，漫隨天外雲卷雲舒。」

大乘佛教不僅否定人我，而且也否定法我。五蘊諸法，只是一個有所指的名字，並沒有實在性。般若本體是無形無聲的「人士」，能夠我空、法空、空空、才會見到那真正的如來，一念生起清淨信心的人，能夠三相並寂，自然就能得到真理的護佑，相應的結果，也就是福德無量了。

空掉了的是假相、是虛相，露出來的就是本性、真理。在這裡「有」和「無」是統一的。所以重視「空」，目的在於揭示一切萬有都是虛相，不是自性真理，宇宙的本體是實相，萬物的本質性空、畢竟空。所以不允許有任何的執著，一切執著都不符合般若自性本空的原理，有悖於世界的真相。

南陽慧忠禪師感激侍者服侍他三十多年，希望幫助他早日開悟。

一天，他對侍者喚道：「侍者！」

侍者聽到禪師叫他，立即答道：「禪師，什麼事情呀？」

禪師回答：「不做什麼。」

過了一會兒，禪師又叫他：「侍者。」

侍者又立即回答他：「什麼事情呀？」

這樣來來回回多次之後，禪師突然對著他叫道：「佛祖！佛祖！」

侍者茫然地問他：「禪師，您怎麼了？這是在叫誰呀？」

禪師沒有理他，繼續對著他叫：「佛祖！佛祖！」

侍者更是困惑不解，只得茫然地站在一邊。

禪師無奈之下，只得對他說：「我就是在叫你呀。」

侍者困惑地說：「禪師，你怎麼糊塗了呀？我是侍者，不是佛祖呀。」

禪師長嘆一聲，道：「你怎麼還沒有開悟呢？『心、佛、眾生』三者根本沒有差別。眾生只承認自己是眾生，不承認自己是佛祖，這正是沉溺於對本性的痴迷之中沒有開悟的一種表現。」

對於生命本質沒有深刻的理解，對於自己心性沒有更高層次的認識，只能讓自己停留在眾生的層次上而難以逾越。一旦覺悟，就能成佛，相反自然只能停步不前。佛家叫轉識成智，一悟成佛。

佛教認為事物是由條件構成的，稱「條件構成」為「因緣和合」，在佛教中稱這些條件為「地、水、火、風」。自然界中所有的事物都是由這些條件構成的，條件不全，哪怕只是缺失一個，這個事物也不存在。構成事物存在的這些條件並不能決定自身的存在與否，佛家就把這種理論概括為萬物「無自性」或「自性空」，這就是佛教所說的「空」的真正含義。佛教的「空」認為事物都是有生有滅的，包括宇宙和人自身，所以說「萬物皆空」。雖然宇宙的「生命」長久不可預測，但可以肯定的一點是，它有生必然也有滅。

佛說，財富、地位、名利，這些讓很多人欲罷不能的東西，其實只是生活的裝飾、生活的虛相而已，並不是生活本身。可惜，很多人把生活的重點放錯了，忘記了此生的目的，把心思都放在了追求錯誤的東西上，痛苦自然難免。真正的幸福，是杯子裡的水，而不是裝水的杯子。人之所以疲累，在於想擁有的東西太多，佛祖說：「滿足不在於多加柴草，而在於減少火苗；不在於累積財富，而在於減少欲念。」

在這個世界上，每個人都有權力選擇和追求自己喜歡的生活方式。很多人喜歡權勢財富，也有像佛祖、莊子這樣的人，視王侯之位，如過隙塵；視金玉之寶，如瓦礫。

佛說，眾生之所以陷溺於生死輪迴的苦海而不能自拔，就是在於先天原始而有的「無明」遮障了佛智，使人執著於塵世諸色，貪戀榮華富貴，至死不悟。要排除「無明」，就必須潰破紅塵，證悟「空」諦，意識到我與法皆空。

我們居住的這個地球非常亂，各種人我是非、無明煩惱、家庭糾紛等，這一切的一切，都鑽到我們的腦子裡，擠得滿滿的。既然裝得滿滿的，要再裝什麼，就裝不進去了。

以明鏡般的心涵容萬物，對境無心，應物而不累於物。當事情來時，以完全自然的態度去順應、隨流，當事情過去時，心境便恢復到本來的空明，所謂無住生心。如「雁過長空，影沉寒潭。雁無遺蹤之意，水無留影之心」，又如「竹影掃階塵不動，月穿潭底水無痕。」主客泯除了對立差別，達到了寂照圓融的境界。

六祖慧能大師在《壇經》中說：「心量廣大，猶如虛空，若空心坐，即落無記空。虛空能含日月星辰、大地山河，一切草木、惡人善人、惡法善法、天堂地獄，盡在空中，世人性空，亦復如是。」

這裡的「空」，其實含有虛空的意思。虛空能夠容納萬事萬物，日月星辰、山川河流乃至三千大千世界之一切事物無不處於虛空之中。一切諸法，皆由心造。心之所以能造萬法，就是因為心本來「空寂」。可是眾生愚痴，不悟此理。體「空」的同時，也是感悟「有」的時候。佛所講的「空」正是教導我們，我們每個人的心如虛空，所以應該對萬事萬物都能夠虛受容納之，並於此不起分別心、不生計較意，不論好壞善惡美醜，都要用一種平等心去對待。

五祖弘忍為傳佛法衣缽，命諸弟子呈偈作詩，以印證心性了悟的境界。大弟子神秀作的詩偈是：

「身是菩提樹，心如明鏡臺；時時勤拂拭，勿使惹塵埃。」

而慧能作的證道偈則別有見地：

「菩提本無樹，明鏡亦非臺。本來無一物，何處惹塵埃？」

如閒雲野鶴，或住山林，或居水邊，生活簡樸，隨緣而安，不為利誘，不為權動。

這兩首詩偈，前者是用漸修的工夫去汙除垢，是以身求道的境界，是「有」身相，是有為法；後者是用頓悟的工夫明心見性，是以心悟道的境界，是「空」心相，是無為法。神秀認為萬法是實有的，萬象是真實的，身當寂如菩提樹，無一物色，心則淨如明鏡臺，去垢生光；以加行的願力去除心性的種種汙染，這其間是有身、有樹、有心、有臺、有拂拭、有塵埃的，是「有」。慧能則不同，慧能認為萬法皆空，法界更是「真空」，什麼身、菩提、明鏡都是假名，在「即心即佛」的絕對境界裡，佛佛惟傳法體，師師密付本心，無須修持造作，本來無垢無染；所以悟道之後應即大休大歇、大破大立，這其間是無身、非樹、無心、非臺、無拂拭、無塵埃的，是「空」。有史以來諸法是「有」，但是萬法的理體為「空」；「空」於「有」上顯，「有」於「空」中滅。這就如同鑽木取火一樣，木材是實有實存的東西，而木材中原沒有火，一段段剖開來亦不見有火，可是等到鑽木生出火以後，火就實實在在從木材的虛空處引發了——木本無火而能生火，是「空」中生「有」，火源於木而見於木，是「有」中見「空」。可見一切事物是「空」是「有」，本體上是一樣的，只是隨因緣的集散而作不同的變化罷了。

「諸法究竟無所有，是空義」，諸法因緣生滅的道理，就是「空」；觀五蘊無我、無我所，是「空」；知一切諸法實相之畢竟空，是「空」。「空」是什麼？「空」是因緣，是正見，是般若，是不二法門。「有」是什麼？是我們的眼、耳、鼻、舌、身、意可以識察到的一切現象。我們看到花開，花是紅色的、有香味、有葉瓣枝梗，花是「有」；看到一隻小狗，牠會汪汪叫，會跑會咬人，用石頭打牠會痛，狗也是「有」。但這些「有」，只是一種表面現象，是現象有、假名有，《金剛經》上說：「凡所有相，皆是虛妄」，我們應該從這個角度來認識「有」。我們所認識的世間萬象，就像這個酒缸裡面的虛幻形象一樣，有即是空，空即是有，如果執著不放，硬要以凡夫迷情起分別識，那就很容易以假亂真，糾纏不清了。「空」和「有」是無在無不在的，它在五蘊皆空處，也在一塵不起時。「空、有」就和這個拳掌一樣：本來是「空」的，因緣聚合而成了「有」；本來是「有」的，因緣湮滅便成了「空」。或有或空，都隨著因緣而成而壞，不停地變化，從這裡去認識「空、有」的關係，會發現「空、有」是二而一、一而二。

《法句經》中所寫的：「要如大磐石般，不會被風吹動，即使遭到非難或讚美，也不能動搖自己的心志。」就是要我們能「泰然自若」。有涵養的禪者，能把一切放下，包括自己的生命，也能置之度外，他們早已將「我相」看空。

在歷史長河中，我們的一生是如此短暫；在浩渺太空中，我們的生命又是如此渺小。如果從唯物論的角度看待生命現象，我覺得，實在看不出生命的終極意義。不論有過多少輝煌，也不論付出多少努力，最終都是趨於毀滅，都是化為塵土。但我們不必因此悲觀，佛法告訴我們：在有限的層面之外，生命還有其無限的層面。生命既是渺小，也是無限的；既是短暫的，也是永恆的；既是脆弱的，也是強健的。倘若能透徹心的本質，就會了解，每個有限的當下都是無限。認識這一層面，我們才能找到人生的終極意義。

佛法指出，「一切法緣起」。「一切」就是宇宙萬物。那麼「緣起」是什麼呢？緣，是關係和條件的意思；起是生起。緣起，就是說明宇宙人生的一切現象，都是由各種條件互相攝持的關係而生起而存在的。無論什麼事物，要生起來，一定要有各樣的緣由；生起以後，亦照著各樣的緣由運行。人生亦是這樣，依各樣的緣由生出來以後，亦就照各樣的緣由，有時貧困、有時發財、有時患病、有時健康，接著逐漸變老，最後便死去；這些都是有緣由的，沒有人做得了主。基此緣起真理，宇宙間的所有形形色色的事物，大至地球，小至原子，其所以能成長與存在，都是種種關係條件湊合而成的。換句話說，沒有一樣東西，是自己可以完成自己，不必等待其他的助緣來完成的。同時也沒有一樣東西，能夠離開其他事物關係而可以獨自存在的。

真心是宇宙的本體，因為無相，則不生不滅，故稱真。妄心是萬有的能源，能生諸法，因有生滅，故稱妄。人人都有一盞無形的心燈，這是一份純真、潔淨的善心愛念；但由於受欲念妄心遮蔽，心被汙染而愚魯昏昧，不知所從。但若能純真誠正，點亮心光，則可恢復清淨本性，前途無限光明。

佛陀說：「起念即妄。」因為真如本性中並無一念，凡夫總被雜念所染，所以借用念佛之念，來對治住塵之念，雖念佛之念並非真如本體，但卻有趨向真如的妙用。真如是清淨心，念佛是清淨念，同是清淨，所以能至念而無念，人的心念，能時常保持開朗清靜，那麼所見的人間即是美善的佛土。所以《維摩詰經》中說：「心淨則佛土淨」。指的便是人的內心清淨，所處的世界就是佛土。

我們的現實生活中，形形色色的誘惑無處不在，在這種環境下，要想做到內心的清淨，就必須有一種力排一切干擾的能力及不為外物所動的境界。人要知足，對於欲望的追求要不起心動念，唯有如此，才能活在寧靜和喜悅中。欲望是人痛苦的根源，永遠沒有滿足，所以快樂的祕方，就是減少欲望。欲望減輕了，人才能有更多的時間，探察自己內在的寶藏；欲望減輕了，人才有更多的空間來放鬆、覺醒自己的本來心性。

一個人的內心越淡定從容，就越會捨棄那些激烈的、宏闊的、張揚的外在表象，而尊重安靜的、內心的聲音。顏回是孔子的弟子，孔子稱讚他：「賢哉，回也！一簞食，一瓢飲，居陋巷，人不堪其憂，回也不改其樂。」顏回吃著粗茶淡飯，住在破舊的陋巷中，人們都覺得他太苦了，但是他依然沒有改變他的快樂。他為什麼沒有改變他的快樂？就是因為心無外物，不為外物所動，無論在什麼情況下，快樂都不變。住高樓大廈是這樣，住茅屋陋巷也是如此。這種樂，已超乎於喜怒哀樂之上，不以成敗得失、嗔喜毀譽為原則，他發自內心，是真正的快樂。《法句經》說：「一無所求，對欲望所在之處，不發一語。」指的就是這種境界。

修行應自求內心的平靜，有一分平靜心，即使再大的衝擊迎面而來，也不影響自心。經云：「內無所求，外無所得，心不系道，意不結業。」一個人沒有了欲望的時候，就不會變得偏執、可怕。想要的東西如果不多，就會容易滿足，容易滿足，就容易快樂。這就是為什麼沒錢的時候比有錢時更快樂的道理。並不是因為錢的多寡，而是因為欲望的程度大小。欲望過多過大，必然欲壑難填，攫求不已，終至縱欲成災。

人們對自由的理解常常是我想要什麼，便可得到什麼，欲望的氾濫也便在這裡。但是深究起來，其實這是一種失控，而不是真正的自由。真正的自由是內心經過覺察、思考和判斷的過程，心不役於外物，不受制於成見、偏見和敵意，不陷入縱欲和失控，那才是真正的自由。揮霍無度的人不是自由；吸毒酗酒的人也不是自由；動粗動怒的人不是自由；自卑、沮喪和無助的人也不是自由。心的自由是人們清醒地知道自己該做什麼，不該做什麼，並將虛妄、不切實際的想法放下，面對真實的自己，使心的效能提升，心境柔美而豐富。

這裡說一個故事：

有一個人由於整天煩惱不斷，患得患失，什麼事情也做不下去，就出外去尋找解脫煩惱的方法。

一天，他在一個山腳下，看到一片綠油油的牧場，牧羊人正騎著馬，嘴裡吹著笛子，笛聲悠揚，看起來非常逍遙自在。

於是他就問這個牧羊人：「你怎麼這麼快樂？能教我怎樣才可以像你一樣快樂，沒有煩惱嗎？」

牧羊人說：「騎騎馬，吹吹笛，就什麼煩惱也沒有了。」

他試了試，但依然改變不了煩惱的心態，於是，他放棄了這個方法，又去另外的地方尋找。

不久，他來到一座廟宇，看見一個老僧正在修行，面帶微笑，像是一個有智慧的人。

他深深地鞠了一個躬，向老僧說明了來意。

老僧說：「你想尋找解脫嗎？」

他說是。

老僧說：「沒人把你捆住呀？」

他迷惑地望著老僧。

老僧又說：「既然沒有人捆住你，何談解脫呢？人往往是自己不能醒悟，凡事執迷不悟，你若執著，哪有解脫呢？」

煩惱和羈絆都是我們自己找來的，皆因不能捨棄，把塵世名利看得太重，如果知道放下，心無外物，又哪裡有煩惱和憂愁？所以禪宗四祖道信對牛頭派法融說：「快樂無憂，故名為佛。」

二、比世界還要廣闊的，是人的心靈

佛祖和莊子一樣，都有那種把大千世界放在眼前、用顯微鏡審視的空闊心境。

我們要把凡夫的心轉為佛心，把狹小的心念擴大為「心包太虛、量周沙界」，眾生的心都太狹窄了，小得像針孔一樣，只求自己得到他人的愛和信任，卻沒有更廣大的心去愛他人，如果我們能把這針孔一樣細小的心，擴大到像佛心一樣的慈悲，一樣的「心包太虛，量周沙界」，像明月般皎潔，像靜水般透澈，那我們就會像佛一樣的寬容和悲憫，為眾生去做功德，至誠無私。

眼看一年的秋天又要來了，天氣隱晦，就像人的心情。

一個年輕人覺得生活很沉重，便去見法師尋求解脫之法。

法師給他一個背簍背在肩上，指著一條沙礫路說：「你每走一步就撿一塊石頭放進去，看看有什麼感覺。」

年輕人照法師說的去做了，法師便到道路的另一頭等他。

過了一會兒，年輕人走到了頭，法師問他有什麼感覺。

年輕人說：「越來越覺得沉重。」

法師說：「這也就是你為什麼感覺生活越來越沉重的原因，我們每走一步，都要從這世界上撿一樣東西放進我們生活的簍子裡，所以才有了越走越累的感覺。」

年輕人問：「那有什麼辦法可以減輕這沉重嗎？」

法師問他：「那麼你願意把名利、愛情、家庭、事業哪一樣拿出來呢？」

年輕人沉默不語。

法師說：「每個人的簍子裡裝的不僅僅是精心從這個世界上尋找來的東西，還有責任。當你感到沉重時，你應該慶倖自己不是皇帝，因為他的簍子比你的大多，也沉多了。」

《莊子．天地》中說，「不以物挫志。」意思就是，不要因為外在的誘惑而擾亂自己的心志。快樂是一種心境，快樂是一種覺悟。很多人感到苦惱，是因為沒有明白快樂的真諦。

人的心量可大可小，能夠自由調整自己的心量，才能夠依據所面對的事情，選擇合適的態度去處理，達成消釋痛苦。能否自由調整自己的心量，決定了一個人屬於大器之才、中器之才還是小氣之才，應生如芥子納須彌，心似微塵藏大千。仰望穹蒼，點點星月浮雲，叫人生畏的，是氣吞宇宙的氣慨，使人心寬廣，脫離地面的轄制，無限飛升。

人心靈的光明是一種非恆定的相。這點光明可以放大，也可以分散；可能清淨，也可能汙染；相對於宇宙的本體和真如法界，它是無數個生命明點中的一點；不是自然形成的，也不是他然形成的。如果執著認為它是一種固定的相狀，就會形成偏執，影響生命的提升和淨化。

空曠的天空下，看得見白雲，看不見清風，一群大雁由南向北遠行，飛來飛去還是人字形，幾聲哀鳴偶爾劃過天際，跌落心頭，我仿佛聽見一種回音：空蕩。

在世俗生活中有個很有趣的現象：在面對同樣的痛苦或者逆境的時候，每個人的表現是不一樣的，心理的態度和認識也是不同的。有的人痛苦不堪，無法忍受；有的人一笑而過，不放在心上。通常，大家把不將痛苦放在心上的人，稱為「心大」，就是說心裡不裝事情，大大咧咧的。

佛教說：「一花一世界」，意思是，一朵花裡面就有一個世界。當我們用心去觀照花、觀照芥子的時候，我們面對的就是一個世界，而這個世界歸根到底就是我們的心！我們的心始終是自由的，可以像芥子那麼小，也可以像須彌那麼大。

每一個宇宙，每一個世界，像大海裡的水泡一樣，不過是自性心理產生的作用。接受它們，任其存在，而不再著想擺脫它們，慢慢地它們自然會淡化、消失，所謂「風止寒潭水自平」。自我意識總是有感受、有內容，對於這些覺受，不要迷戀執持，深知「因緣和合無常」，任其自生自滅，這是受安。擺脫了身、心、受等各種內容的糾纏，成就世間之樂，稱為受樂。

事實就是這樣，我們每個人都活在自己的主觀世界中，常常被自己的主觀認知、情感所蒙蔽，對雙相情感障礙患者可能尤其如此——我們常常無意識地放大了自己的情緒經驗，不論正負兩方面，這導致疾病而無法自拔。

二、比世界還要廣闊的，是人的心靈

「心大」，就是要每一個人，在心中裝下宇宙，而不是自私地只想著自己。「心大」的人不是沒有煩惱，忘掉煩惱不等於沒有煩惱，而心中有世界的人也不是沒煩惱，只是他懂得快樂。宇宙萬物本是一體的，心、佛、眾生是無差別的，世人卻硬是要將他們分開來看待。

禪宗認為「萬法盡在自心」、「心生則種種法生，心滅則種種法滅」，只要達到「明心見性」，一念覺悟到自我心性的空寂和清靜就是佛了。

星雲法師指出，現實的世界是一個五欲塵勞、人我紛爭的世界，是一個災難重重的世界。現實的世界，是紛爭的、是短暫的、是汙染的、是痛苦的；在現實的世界之外，依據佛門五部經典——《彌勒菩薩上生經》、《維摩詰所說經》、《藥師如來功德經》、《阿彌陀經》、《大方廣佛華嚴經》中還展示了一個理想世界——人間淨土。這是和平的、是永恆的、是清淨的、是快樂的，是心淨國土淨的世界、是大小互融的世界、是無量方便的世界、是不二法門的世界。

《沉思錄》的作者奧里略也許是西方歷史上唯一的一位哲學家皇帝，他追求一種擺脫激情和欲望、冷靜而達觀的生活。提出「一個人退到任何一個地方都不如退入自己的心靈更為寧靜和更少苦惱，特別是當他在心裡有這種思想的時候。」

宇宙這個存放無數如地球一樣的星體的空間，人之所以偉大是因為人心可以駕馭這一切。生命是可貴的，宇宙是存在於靈魂深處的，而心可以存放宇宙，因此，把握生命，擁有一個質樸的靈魂、保存一顆純淨的心，如此一來，無論人生是多麼不公平，只要一想到生命是聖潔的，那麼人生的分分秒秒都能夠是幸福快樂！

修道的人不可被這些幻相牽著鼻子走，就像儒家《大學》中所說的那樣：「心不在焉，視而不見，聽而不聞，食而不知其味，此謂修身在正其心。」也就是說，真正修道的人，是不會住著在差別相上的，他是不動的，也是流暢無礙的。六祖慧能，看到這兩位僧人住著在差別相上，就給了他們一個「回歸自心」的指示：「不是風動，不是幡動，是仁者心動。」也就是說，你們的心，不要被緣起的境相牽著鼻子跑喲！

禪宗的大梅法常禪師，是馬祖道一的徒弟。

大梅禪師問馬祖：「如何是佛？」

馬祖說：「即心即佛。」

大梅禪師一聽，當下就領悟到了「自心實相」。

大梅悟道之後，就到了另外的一個地方。

人們來向他問道，他就向人們說：「即心即佛。」

後來，這個消息傳到了他的老師馬祖那裡，馬祖想試探一下自己的這個徒弟，是不是真的悟道了呢？

於是，就派了一個弟子前去考驗他。

這個弟子到了大梅這個地方，問大梅禪師說：「您在馬祖那裡，悟到了個什麼？」

大梅禪師回答：「師父對我說，即心即佛。我便向這裡住。」（按：「這裡」並不是指大梅山，而是指本體論意義上的不生不滅的「當下心」。）

這個弟子又說：「馬祖的佛法又變了，原來是『即心即佛』，現在又變成了『非心非佛』。」大梅禪師聽了這話，不但不驚奇，反而笑了起來，他說：「師父就是喜歡捉弄人，我管他什麼『非心非佛』，我只管『即心即佛』。」

這個弟子回到馬祖那裡，如實地作了稟報。馬祖聽了之後，很高興地說：「好，梅子熟了！」（按：「梅子熟了」這句話的意思是說，大梅法常的佛法已經成熟了，已經領悟到了佛法的真諦，再也不被境相所誑惑了。）

覺悟了的禪師，他們已經領悟到了自心實相，已經領悟到了萬法之源，所以他們能夠安住於當下，隨緣起用。他們所領悟到的，就是本體論意義上的不生不滅的「心」。

有些人的快樂，是掌握在別人手裡，而不是掌握在自己手裡的，譬如聽到別人讚美他幾句，他就會很高興；如果聽到別人批評他幾句，他就會很難過。這樣，自己的歡喜與難過，不就是掌握在別人手裡嗎？自己做不得主，怎能算得上智慧解脫呢？我們這顆心，是至大無外、至小無內的，是不受時空影響的，只要人們能夠不粘著在世相上，就能在事相中而無事相的累贅，就能活得自在解脫，就是人生的智慧。

《壇經》云：「心生，種種法生；心滅，種種法滅；一心不生，萬法無咎。」由此，可以看出「心」的作用。「我心即佛」、「佛即我心」，禪之追求佛性、心性，而「心」即佛性無形，「猶如水中月，可見不可取。」禪宗認為世界萬物都是因緣和合而成，沒有自性，所以「空」，世界萬物的真實性皆來自於「心」的觀照。

現實社會中，很多人並不能理解「心外無物」的禪智內涵，有人認為這只是修禪人的心態，其實現實中的人更需要這種心態！將「心外無物」內化到現實中來，要求人們放棄名利、放棄不安、放棄心外的一切。只有這樣，人的心靈才能回到原初的自由和純真，才能實現真正的自我！

人，有時為了博得別人的掌聲，所以使勁去討好別人；有時為了表現自己的優越感，所以汲汲營營，甚至沽名釣譽；有時為了維護虛榮，所以強作體面；有時為掩飾自己的無知，所以不懂裝懂。人的心中雜念愈多，就愈想擁有尊嚴，維護體面，就愈失去生活的純真；而且人愈想在別人面前建立好的形象，就愈容易迷失自己，否定自己，造成心理矛盾和困擾。更嚴重的是失去生活的自由與創造性。

為什麼人要去討好別人、鑽營、沽名釣譽以掩飾自己的缺點呢？原因很簡單，就是由於不安。就心理生活而言，愈是不安，就愈需要為自己濃妝豔抹，把自己包裝起來，每天戴著面具，生活在虛偽與疏離的心理狀態中。最後，終於感到生活過得毫無意義，沒有自由，且覺得生活是一種沉重的負擔。

討好別人的人堅持不了原則，維護不了正義，說不出真心話，肯定性很差，總是在看人眼色的情況下表達意見。因此，經常壓抑自己，不敢直截了當地說出自己的看法和表達純真的情感。討好別人的生活態度，使一個人常常委屈自己，或者經常感到自己正承受著沉重的壓力，這會讓一個人的精神生活造成極大的損害。

人有非分之想，就很容易自卑或是自大。自卑者常常被私欲雜念禁錮而失去自我，自大的人常把自己膨脹到足以凌駕他人，愛誇耀自己，愛批評別人，聽不進別人意見的程度。人一旦自我膨脹到唯我獨尊的時候就是獨夫，就是失去智慧的殘廢者，其結局就是瘋狂。

禪告訴我們，人必須把覆蓋在真我之上的虛偽面具撕下來，這樣才能生活得輕鬆和自由，顯露出朝氣和活力。唐朝洞山禪師說：

洗淨濃妝為阿誰，
於歸聲裡勸人歸；
百花落盡啼無盡，
更向亂峰深處啼。

這行偈子可以說是一首喚醒人類心靈的好詩。洞山告訴世人，必須洗去心中的種種虛妄，如實地接納自己，不必討好別人，也不自大狂妄，而是要依真我去生活。人應該像杜鵑鳥的啼叫聲「子歸」！一樣，回歸到真正的自己，把名譽、權勢、地位和高下的觀念拋開。當一個人真正做到心外無物時，所有誘人的虛妄心就會通通消失，就能體會到人生中「若無閒事掛心頭，便是人間好時節」的真趣。

當自己放下「我相」時，就不再被不安的凡心所束縛，不再被傲慢的自高心所牽引，不再被防衛性的心理反應所妨礙。那時，看世間一切榮華便有如春天繁花，花開花落，畢竟是無常的色相，只有具備一顆真心，才能獨具慧眼，看到永恆和生命的無盡快樂。

可見，「心外無物」，不僅是修禪者的心態，也是現代人安身立命、快樂生活的必備心理素養，如果你放下一切不該去追逐的東西，你將達到心理安適，實現真正的心性自由。

佛陀發願廣度眾生，幫助、成就一切眾生，心量不大是做不到的。我們普通眾生跟佛陀的區別，就在於佛陀的心量開闊廣大，所謂「心包太虛，量周沙界」能夠容納無量無邊的世界。而我們普通人心量則小到連一個人都不能容納，起心動念想到的都是自身的利益。對於一個想修學佛法的人，只有先斷掉內心煩惱、念念想眾生、念念希望別人好，將心量打開，才有資格修學。

用開闊的心量來容人容事，是一種精神、一種境界。這種境界對於我們每個人都很重要，尤其在為人處世中，只有心量開闊，才能客觀公正地評價一個人；也只有心量開闊，才能成就一番事業，實現自己的理想，大有作為。

我們要不斷開發自己的心量。一個心量開闊的人，最直觀的表現就是對粗鄙之人給予的侮辱不放在心上，如果發生誤會甚至矛盾衝突，會一笑置之，主動原諒別人的過失，用寬容化敵為友征服別人。這有利於解決問題，融洽人與人之間的關係，對一個團體則能更增加向心力。如果心量不開闊，當別人在無意中說了不利於你的話，你有可能耿耿於懷、暴跳如雷；當別人取得了成績，你定會在一旁說譏諷的話，並因此而鬱鬱不歡；心中總有一團無名火，總是在仇恨的狀態中；無論什麼事都「得理不饒人，無理辯三分」，不爭個上下高低不算完。本來都是微不足道的小事，但是卻因為心量不夠開闊，而造成嚴重的後果。

人需要心量開闊，需要懂得去互諒、互讓、互敬、互愛，彼此理解不計較個人的恩怨。人都是有感情、有尊嚴的，只有相互之間諒解、尊重，才能保持平靜的心態和寬厚的胸懷。只有多看別人的優點，以慈悲仁愛之心和別人相處，包容這個世界，使每個個性迥然不同的人都和諧融洽地一起生活，人間才變得更美好。

一個心量開闊的人，也會是一個樂觀快樂的人，無論遇到什麼事他都可以想得開、放得下，對個人的得失看得很淡。一個人快樂與否完全在於自己的選擇。

曾有一位老人每天都心情愉快、笑嘻嘻的。他周圍的人也因為他有這樣的好心情，而每天都被快樂包圍著。

有個人問這位老人：「你為什麼每天都這麼快樂，有什麼特別的祕訣嗎？」

「一點也沒有，沒有祕訣。」

老人回答說：「很簡單，我每天早上一起來，就面臨著兩個選擇，是希望這一天快樂呢，還是不快樂？你猜我選擇什麼？當然是快樂啦，所以我每天都快樂。」

所以有人說：「我不能左右天氣，但可以改變心情；我不能改變容貌，但可以展現笑容。」人的一生，窮人有窮人的煩惱，富人有富人的煩惱。人生短暫，我們有多少時間可以去煩惱？倒不如我們將心量放開，去選擇快樂感受快樂。

心量開闊帶給我們的不單單是精神上的快樂，還能幫助我們創造人生的奇蹟。因為我們心量開闊，心情就好，心情好做事就充滿了熱情與勇氣；因為我們對工作充滿了熱情和勇氣，所以工作就蒸蒸日上，事業越來越順利，人會因此變得自信，事業因此能取得更大的成功。

一個人是否心量開闊、是否快樂，也跟我們的身心健康有著密切的聯繫。人生在世不可能一帆風順，碰到風浪、碰撞、挫折和困厄是不可避免的。所以，我們要告訴自己把心放寬一點、心量開闊一點，沒有什麼事是過不去的，只需該吃飯時吃飯、該睡覺時睡覺，快樂生活每一天。

三、人的生命以外，有一個宇宙大生命

人，是宇宙間千萬動物中之一種。雖為萬物之靈，但仍然無法突破自然法則。每當我仰望夜空中的滿天星斗，想到我們居住的地球，在浩瀚的宇宙中只是微塵，便會感到莫名的悲哀，浮想聯翩。人是多麼的渺小啊！人的生命又是多麼的短暫啊！

星雲法師指出，就人間的生命來說，人不是單獨存在的，宇宙世界是一個大我的生命，是共同的，是同體共生的。一個人如果能有容下宇宙虛空的肚量，必定能做大事。體大就是生命，如果萬物沒有生命，就沒有作用了。

佛經中載，弟子問佛祖：「您所說的世界無情大，我看不見，怎麼能夠相信呢？」

佛祖把弟子帶進一間漆黑的屋子，告訴他：「牆角有一把錘子。」

弟子不管是瞪大眼睛，還是眯成小眼，仍然伸手不見五指，只好說我看不見。

佛祖點燃了一支蠟燭，牆角果然有一把錘子。

「你看不見的，就不存在嗎？」

弟子啞口無言。

同樣的道理，宇宙這麼大，地球這麼小，生活在這個小小星球上的人，算得了什麼？再說，地球上有幾十億芸芸眾生，而我又算得了什麼呢？古往今來的那麼多智者人傑，我一個也比不上，活著還有什麼價值呢？

「我從哪裡來？」生命的問題無疑是人們思索最多的一個問題。人在浩瀚的宇宙中，孤獨地尋求答案，發出「天問」：我從哪裡來？要到哪裡去？我為什麼存在？我的存在有什麼意義？

上述故事啟發這樣一個道理：如果我們能從狹小的自我私利當中得到解脫，進入宇宙浩瀚無邊的生命，我們便能去除痛苦，得到永恆的自由。

龐大的銀河系中，向太陽一樣的恆星有兩千多億顆，而銀河系不過是宇宙中無數個星系中的一個。宇宙到底有多少個星系，連天文學家也無法說出準確的數字。現在所能探測到最遠的恆星，距離地球約為兩百億光年，也就是說，我們現在所看到的某顆恆星的光，是兩百億年前發出的，至於這顆星現在是否還存在，就不得而知了。

人是宇宙的一部分，人類的生存和自然的發展緊密相關。宇宙是人類生存的空間，破壞自然環境等於破壞人類自己的生存空間。「敬畏生命」是一種謹慎對待人與自然關係的態度，包含著順應自然、尊重規律之意。人類本應以樸素的謙卑、敬畏之心，在遵從自然規律下與自然和諧相處。

宇宙構成的人類生存大環境的情形是怎樣的呢？佛教構造了一個「三千大千世界」的宇宙圖景。據《長阿含經》等佛典的描述，「三千大千世界」的情形是這樣的：世界的中心是須彌山，它原是古印度神話中的山名，為佛教所採用，佛教將以須彌山為中心、以鐵圍山為外廓、同一日月所照的世界稱為一個「小世界」；以「小世界」為單位，如此的一千個「小世界」為一「小千世界」；又以「小千世界」為單位，如此的「一千個小千世界」為一個「中千世界」；再以「中千世界」為單位，如此的一千個「中千世界」為一個「大千世界」。換算一下就是，一千個「小世界」為「小千世界」；一百萬個「小世界」為「中千世界」；十億個「小世界」為「大千世界」。由於一個大千世界包含有小千、中千、大千三種「千」，故合稱「三千大千世界」。佛教宣稱，宇宙是由無數個「三千大千世界」構成的，在空間上無邊無際、無法測量，猶如微塵或恆河沙數無法測量一樣，故亦稱「十方微塵世界」。在這無限的空間裡有數不清的森羅世界，其中有一個叫做「婆娑世界」，這是由六道眾生雜處的世界。佛為了解救眾生離苦得樂，便在這裡教化眾生。

人生活在這個地球上，就像一窩螞蟻爬行在汪洋大海中的小船上一樣，不要斷言外邊不可能有螞蟻，我們對宇宙的未知遠遠大於已知。不同星球環境的天人形態與構成各有不同，未必就是以人類的肉體為標準。

三、人的生命以外，有一個宇宙大生命

宇航員在太空中回眸地球，發現我們居住的這個星球，如同一顆蔚藍色的寶珠，柔和、清淨、莊嚴無比。但為什麼我們這些生活在其中的人，卻很難發現它的莊嚴，常為汙濁的人群、空氣、江河所煩惱？

那是因為，我們有一顆不能超脫的、被汙染的心。

我們拚命向自然索取，以為索取能帶來幸福，結果，資源枯竭，鳥獸一批批消亡，江河、空氣，變得汙濁不堪。

我們拚命和別人比較高下，以為戰勝別人，就能帶來幸福。結果，生命中為數不多的親人、朋友和同事，成為了敵人，世界戰火不熄。

學會轉眼看世界，世界會隨著你的善良而善良，隨著你的平等、清淨、克制、包容而美麗無比。

佛教講的生命不僅僅是人，而是包括「十法界」。宇宙間的生命現象，由於智慧的不同、煩惱的不同、所處生活環境的不同，一共有十大類，佛教稱之為十法界。十法界就是佛教對於生命現象的分類，其中心樞紐是人法界。十法界分為四聖六凡，四聖可以說是高級生命層次，六凡可以說是較為低級的生命層次。高級與低級怎麼分呢？就是以煩惱的多少、覺悟的程度如何來區分。

目前，人類所能知道的宇宙，可能僅僅是宇宙滄海中的一滴水珠。宇宙浩瀚無垠，地球以外還有太陽系、銀河系、銀河外星系、總星系等，地球只是宇宙滄海中的一粟。地球位於直徑

一百二十億公里的太陽系，而太陽系則處於直徑約十萬光年銀河系的一個旋肩中，距銀河中心約三點三萬光年，銀河系更包含一千億顆類似太陽的恆星。人類總計已發現十億多個銀河外星系。據大霹靂理論，宇宙直徑約九百億光年，形成於一百億～兩百億年間，目前還在不斷膨脹，宇宙是何其浩大！

想想生存在地球上的人類，在廣袤的宇宙空間是何其渺小與微不足道。人類在自己的歷史長河又是何其短暫，如蜉蝣只一瞬。然而，身為高等靈長動物的人類，在人類進化史上，有文明、文化上的貢獻，但也有為領地、食物、金錢、權力、地位、美女……滅絕人性地發動戰爭，相互殺戮，屢見不鮮。

宇宙浩瀚無窮，人類難道不能心如宇宙、放眼世界？難道不能心底無私天地寬？摒棄殺人戰爭，和平共處；減少環境汙染，資源浪費，造就生態地球；伸出援助愛心之手，幫助貧窮、貧困之人，和諧共生。

科學家統計，地球上約有一百五十萬種動物，兩千多萬種植物。宇宙中生命無法計量，人只是其中的一種。在地球上，人類是高級生命，人的形體是各種物質生化而成，精神是有覺知、情感、思維等因素構成，當體即空。一個具體的人如此，所有生命如此，一切生命本質皆空。

當我們身體消亡之後，又歸還給大地，我們的形體屬於陽光、空氣、水、大地，是這些要素將物質借給我們聚合成一個臨時的生命形式，讓我們闖蕩紅塵，歷練七情六欲，累積善惡智愚。完成這個生命過程後，地、水、火、風四大無限的生機又在其他生命身上迴圈，故形體為空。

人的形體和精神都是由其他因素構成的，不是獨立的本有的存在，是物質和精神臨時聚合的泡影。不只是人，六道中其他生命也如是。理解生命現象為空，不是為了否定生命，是為了根除人對不真實現象的執著，放大生命心量，擴大生命靈機，回歸生命真實。

生命地球的實質，就是把整個地球，乃至整個宇宙，當作一個生命體。我們人類只是其中一個分子，我們在生活、發展的同時，賦予它以活力和智慧，增強它的自穩性，維護它的健康。生命地球的實現途徑就是要構建「和諧地球」和「安全地球」，目標是「幸福地球」。

也就是說，要實現「幸福地球」的目標，就是要構建「生態和諧、社會和諧、心理和諧」的生命地球，並要保障地球的安全。

愛因斯坦的相對論告訴我們，當飛船的速度接近光速時，整個宇宙空間在不斷縮小。換句話說，我們所認識的宇宙會依我們的飛行速度而變幻。

人生的目的究竟何在？是的，我們生於天地間，在無盡的歷史長河中，不過是滄海一粟；在蒼茫遼闊的宇宙中，不過是肉眼不見的細小微塵。我們可以去廣闊的天地中，讓自己沉靜下來，尋找一個精神家園。當我們走出狹隘的自我中心時，會發現這個世界很小，而心量卻很大，大到可以包容宇宙間所有的人、事、物。所謂「心包太虛」即是。內心之大，大於身外的宇宙，內心之深，深過無垠的宇宙。要做到「心大包虛」，那是開悟者的境界。

內心世界有一種雲散水流的「空」的感覺，其心量大如虛空，照破十方，涵蓋宇宙，日月星辰、山川大地、世間萬物盡在其中。禪宗有云：「妙高峰頂，不容商量。」正是此境。

有那麼一天，世界萬物忽然都從我們自己的內心如此自然地流露了出來。當整個宇宙竟然如此真實地從你的自性中流淌出來時，在一切形式的時空中——你，美麗如斯。世間的一切都沒有變過，只是某個時間，你正在某個地方，風中某種熟悉的氣息都無所分別。

在老子看來，有個渾然一體的東西，早在天地產生之前，它就存在了。它無所不在，周而復始地運行，生生不息、永無休止，它是天地產生萬物的根源，名叫「道」。天地萬物一切生老病死，都是由它決定。宇宙的一切，既是它的傑作，也是它的存在。它什麼都是，也什麼都不是，「寂兮！寥兮！」清虛至極，廣闊無邊，沒有形象聲色可尋，也無邊際可追，看不見、摸不著。

人和萬物是它的產物。既然人和萬物都是道的產物，為什麼要排除萬物，單單把人列為「四大」呢？這是因為人有意識、會思考，知道什麼是好壞、什麼是成敗，知道什麼叫正常、什麼叫奇怪，能夠認識事物，掌握事物發展的規律以「參贊天地之化育」，創造奇蹟，比如長城，比如金字塔，比如飛機、太空船，還有摩天大樓。這是自然界其他萬物並不具備的能耐，所以人類理所當然地要成為「四大」之一，「道」看到了這一點，也尊重這一事實。

但是，人類無論如何大，也是「道」和天地的產物，所以千萬不能自大，因為「道」和天地都沒有自大，如果人要自大，那就是在「道」和天地面前班門弄斧，這樣就是自討沒趣、自取其辱。

所以，人不能自大，人既然是大地的兒子，那麼就要效法大地那樣厚德載物。大地是上天的兒子，那麼就要效法上天的無私；上天既然是大「道」的兒子，那麼就要效法大「道」的無欲無為，無形無象；「道」效法誰呢？「道」效法它自己，因為它是至高無上的，它一直以來就是這樣。所以「人法地，地法天，天法『道』，『道』法自然」，只有這樣，大千世界，宇宙萬物才能處於和諧安寧的境界。

不妨這樣試試，你想像自己脫離地球的引力，像一個太空人那樣在太空中遨遊。你會感覺到什麼叫宇宙，會透徹地領悟到什麼叫「無極」。同樣你會發現我們居住的藍色地球在浩瀚的宇宙中是那麼渺小。假如你想到在這小球上劃分一塊塊，每一塊都是一個國家，你肯定會覺得人類很可笑。那麼，你再想想，在這小球上的一個具體的人，假如他置身於宇宙中，他是什麼？人太渺小了，小得甚至讓人懷疑生命的意義。人不過是宇宙中一粒有生命的塵埃，他的飄浮、生成和消失對宇宙的存在沒有任何意義，這是從空間上看。

作為一個人，首先要承認自身在自然界中的渺小和生命短暫這一事實，拋開那些由物欲引發出的無盡也無用的煩惱，同時還要有一種自覺，讓自身轉眼即逝的生命過程有意義，使生命不僅僅是一種自然過程。這是一種比較完美的人生觀，也應是現代人所獲得的悟性。

四、從恐懼中清醒過來，坦然面對死亡

這個世界的萬事萬物，都是遵循著無常的道理運行：春天花開，秋葉凋零。人也一樣，有生就有死，誰也逃避不了生、老、病、死、苦。一般來說，垂死的人會變得孤單、恐懼，心中沒有絲毫安全感。

星雲法師在《佛光菜根譚》說：「死，是生的開始；生，是死的準備。生也未嘗生，死也未嘗死。生，是緣生故有；死，是緣滅故無。無生也無死，無死也無生。」

「死」是每個人的最終結局，是人類無法抗拒的宿命。有生必定有死，生與死是一體的兩個段落，開始的時候是生，結束的時候是死。人生本無所謂生，無所謂死，一切都不過是自然世界的更替，不過是生命的真相之一面。

幾乎每個人在生活中都要遭受類似失去親人的不幸，我們要冷靜客觀地看待這種境遇，生老病死、聚散離合都是自然規律，我們要以一顆堅韌的心忍受自然帶來的悲痛。人生的無常，一如風雲的變幻。了解人生的無常，不是讓人消極、悲觀、放棄一切希望，而是讓我們覺悟以求解脫，以「凡事如何不喜歡」的態度面對。當我們能夠睜開「無常」之眼，觀看這個世界，我們的心情自然能獲得永恆的喜悅。

二十年了，每到這一天，我總覺得有些寒意，這是來自心底和骨髓的寒意。

二十年前的今天，某都市火葬場的院內。

紅磚堆壘起來的煙囪，高高矗立在陰霾的天空下，迎著微風，躥出一股濃濃的黑煙，在深秋的寒意裡，逐漸飄散、消逝。

我呆呆地仰望著它，感覺死亡是那麼的近。文學作品裡的人生那麼美好，而這煙囪如此醜陋。

前一天下午，聽到父親死訊的消息傳來時，我還在小鎮補習，為了命運而衝刺。在小鎮通往市區的柏油路上，路邊草叢傳來蟈蟈的叫聲，已經是深秋了，農人還在忙碌。弟弟一路上哭著。到了醫院病房，父親的臉已經被白布蒙上，親人哭成一片，火紙的黑焰像蝴蝶亂飛。我沒有哭，我平靜得不像他的兒子，甚至不像一個孩子。回顧過去，我知曉了那是我第一次明白無常。

在那年紀，我已知道死亡來臨時，什麼也做不了，唯有接受……擔心死亡是沒有用的。重要的是，直至死亡來臨的時候，要活得充實，要把有限的精力花費在自己最想追求的事業上。

作為鎮長的兒子，我清醒地知道自己以後的命運——冥冥中早就在等待著一種模糊而又清晰的可怕的東西。那種依靠父輩餘蔭生活的想法從來沒有在我腦子裡閃現過，我甚至感到一種慶倖，父親去世以後，終於輪到我主宰自己的命運。

我在太平間裡，一夜沒有闔眼，聽母親和父親的朋友談論以後生活的艱難，寒氣一點一點侵襲了我的全身。

我忽然覺得，父親死了，這是解脫。人活著實在不容易，普通人為衣食操勞。像父親這樣的人，除了生存的問題以外，還要為勞心而奔忙。

雖然那時的我根本不懂得苦難的準確含義，也不懂得忍受苦難是一件多麼不易的事，但我心裡對生和死有了一種極具體的感覺——與其像父親那樣在官場煎熬活著，不如這樣死了。

父親的死，使我一下子超越了時代，超越了年齡，甚至超越了痛苦。也就在那一刻，我徹底失去了學生時代的純淨。這種生命層次的飛躍，使我的內心比同齡的任何一個孩子都更成熟。在同樣的事情上，我的內心特別的堅強，因為我知道，只有照顧好自己，才能讓家裡少點麻煩；也只有自己擔當自己，才能避免因依賴外力而受到束縛和傷害。於是，就有了一個十多歲的孩子，捧著他父親的骨灰盒，一個人坐車，從市區送他的父親回老家。

我一直覺得人生其實就是兩大問題，愛與恨、生與死，它們的來與去，都由不得我們。我們只能主宰生和死之間的那短短的一段時光。活著，就活好它。

在縣市殯儀館的三天時間裡，發現這裡每天都有六七個送來火化的人，我又一次距離死亡那麼近。而此時我仿佛已經淡漠了生死。佛法告訴我，諸行無常，是生滅法，生滅滅已，寂滅為樂。什麼叫做無常？「常」就是永恆，「無常」就是非永恆，世間一切萬物皆無常，找不到永恆的不朽者，包括日月星辰。眾生的生命尤其無常，就像是泡沫一樣，在時間的長河裡瞬間就沒了。

父親去世已經二十多年多了，那時候對生死還很懵懂，更不懂得臨終關懷的重要性。父親臨死那年的孤獨和脆弱，我略微有點體會，只是年齡很小，對死亡沒有任何認識。

隨著時光的慢慢流逝，親友中有年輕的、中年的、老年的，甚至不滿周歲的孩子，在被病魔折磨得不堪忍受或無奈離世時，他們的親友有為他們念佛，有在院外嚎哭。每當看到這一幕幕，我感到萬分恐懼與淒涼！原來，人的生命是如此脆弱，而在面對死亡的時候又是如此徹骨，但又無能為力。

回憶逝去的三十多年，自己顯得那樣無知與貧乏，心中充滿悲傷，那是一種從未有過的可怕的悲傷；更怕自己不知何時也這般難堪地死去，我的親人又將如何地心痛呢？我未曾這樣深刻地想過。由此，我聯想到了這一幕：母親去世以前，眼見她被心思纏繞，我曾手捧佛經對她說要放下，並告訴她我要辭職修行的想法，以往她都很反對我出外工作的做法，不料母親在聽完我的想法後，沉默了幾分鐘後說她支持我的想法。我聽到後很是欽佩，一向平凡的母親說出了這偉大的話。大概一個月後，母親就去世了。

生命是一場聚散，歲月無情、生命易逝，初涉人世的第一聲啼哭就拉開了聚的序幕。生命只是一個過程，在這個過程中，有鮮花和掌聲，也有荊棘和淚水，有歡樂，也有痛苦，而我們為了追求那醇美的歡樂，就必須忍受那酸澀的痛苦。試想：如果生命是無限的，沒有了死亡，那麼活著又有多大的意義呢？所以，死亡並不可怕，無非是生命的長眠。而在這長眠之前，我們應該珍惜我們擁有的每一天，想清楚到底什麼才是我們該追求的，什麼才是能讓我們真正快樂的。是物欲？是名利？還是靈魂的安寧？

誠如星雲法師所說，佛教旨在幫助人們解決生與死的問題；佛法能指導我們超越生死，達到不生不死、解脫自在的涅槃境界，而這正是佛法的尊貴之處。

生死是佛學中最熱門的話題，因為每個人都會關心生死之事，領悟了生死之事才能真正地成佛。關於生死之事，完全不必要擔心，該來的終歸會來，不會來的追也追不到。但是，大部分人都會陷入生死的執著中。生命就是這樣，只要有價值地過完一生就行了。

生老病死是自然規律，明白了這一點，對於生死不妨看得達觀一點，自然也少掉一些無謂的煩惱。了解生命的無常，就能輕易地面對死亡。以正確的心態來面對死亡，可以帶給人勇氣、寧靜並進而了解生命的本質。人，最忌諱的就是浪費生命，最要緊的就是在時空中，運用思想，發揮智慧，將有限的生命活得更加長久。只有敬畏一切生命，才是珍愛人類自身。

一個老和尚得了一種不治的重病，就要去世了，非常痛苦。在他的病床附近，有很多僧人不免哀嘆，他那痛苦的呻吟更是引來一片憐憫之聲。

看著這樣的情景，一個小和尚不自然地問了一句：「不知這老僧遷化之後，歸往什麼地方呢？」

另一個和尚說道：「人死之後，如冰歸水。」

小和尚聽了，他猛然醒覺，居然有一個悟道的禪師就在身旁，暗責自己陷入了生死的執著。

後來，和尚們談論生死的領悟，小和尚就說出了這段公案。一個老和尚聽後，沉思片刻說：「這樣說當然也無不可，只是還不夠好。」

「師父會怎麼說？」小和尚接著就問。

我會說：「人死之後，如水歸水。」

《大涅經》上說：「諸行無常，生滅為性。有生必有滅，其靜乃是安樂。」人生在世，恍如草生一秋，匆忙而短暫。無論是名人世家，還是平淡的普通人士，都是這舞臺的演員和看客。世界原本就不是屬於你，因此你用不著執著。生命是很短暫的過程，可能你我都會在不經意間離世人遠去。但是，人生怎樣才能活得坦然而自在？這是一個問題。

《聖經》上說：「生有時，死有時；栽種有時，拔出所栽種的也有時。」人，是宇宙間千萬動物中之一種，仍然無法突破自然法則。有生必有死，生生不息、死死無歇，這一大循環，形成事有本末，物有終始，生命輪迴不息之道。

佛教講生命的流轉是無始無終，人類既來到這婆娑世界裡，就有生命，有生命就有死亡。又因一切法空、無常之故，世界有成、住、壞、空；自然界有寒、暑、冷、熱；人類有生、老、病、死，山河大地及一切自然現象，都離不開生、住、異、滅的過程。

陶淵明有詩云：「縱浪大化中，不喜亦不懼，應盡便須盡，無復獨多慮。」要真能做到「不喜亦不懼」那可就太難得了。可惜即使如陶淵明這樣的曠達者，面對死亡，也是滿懷憂慮，借酒澆愁，「從古皆有沒，念之心中焦。」貌似曠達的人生觀，其實背後藏著的，仍然是絕望。

星雲法師說，不只人有生命，凡是有用的、活動的、成長的，可以說宇宙萬物都有生命。從更廣義的層面來說，大自然裡到處都有生命，一片菜葉有生命，一滴水也有生命，都要愛惜。山川日月，蒼松翠柏，幾千年、幾萬年，時間就是生命。

學佛的目的是什麼？學佛最大的目的是出輪迴，了生死。要明瞭生死、出輪迴，心必須空蕩蕩的，一切不住。究竟講來，根本沒有生死。我們的本性本來就是不生不滅、不來不去、不增不減、不垢不淨、不動不搖的，根本沒有生死。執著於生死就是我們妄心亂動，取境著物。

青年時期的悉達多王子，性喜清淨。他對宮庭中聲色喧囂的生活，甚感厭煩，常想出門遊賞大自然景物。

一日，他乘坐七寶輪車，從東門出遊，看見一老人，傴僂曲背，手扶竹杖，舉步艱難，有如蟻行。悉達多王子頓時有感於人生老苦，心生憂鬱。

又一日，他從南門出遊，見一病人，面色萎黃，形容枯槁，氣喘呻吟，痛苦萬狀。悉達多王子憐憫病人，內心痛苦。

太子出了王宮，到了城外的花園，見到一群人，穿著雜色衣服，在進行火葬，便讓隨行的車夫把車駛近，清楚地看到了那個死人，太子在宮裡從未見過這樣的人，就問車夫：

「為什麼稱他為死人？」

「因為他的父母和親友再也不能見到他，他也不再能看見我們。」

「我也會死去嗎？我的父母和親友也會再也看不見我嗎？我也會永遠見不到他們嗎？」

「太子啊，你和我們都會死，無法避免。」

悉達多王子又有感於心，惶恐苦悶。

又一日，悉達多王子出北門遊玩，看見一出家之人，圓頂緇袍，相貌不俗，精神朗澈，威儀有度。那出家人告訴他修行解脫之道，王子聽後，決計棄絕富貴享樂，刻意修行，以求解脫「老」、「病」、「死」、「苦」。

故世界上一切事物，皆由因緣和合而生，既是因緣所生，自不免有遷流變化。因此，人生的生老病死，萬物的生住異滅，世間的時序流轉，宇宙的成住壞空，這一切都逃不脫無常的範圍。人生無常，一切皆苦，要想離苦得樂，只有逃出「無常」的圈子，在空寂清靜的涅槃境界中解脫這痛苦的人生。

人生只有幾十年，過得再風光，也只是時間長河中的一個片斷，死後均會化為塵土。一個人生不帶來，死不帶去，我們來到這個世界時，一無所有，離開這個世界的時候，也是兩手空空。兒女、財富、事業、我們一樣也帶不走。世間的富貴榮華是虛幻不實的，人生的吉凶禍福更是變化無常。那伴隨著我們生命的，只有一樣東西，就是業力，為來世留下的是善業還是惡業。佛陀教導眾生將眼光放遠一點，不僅著眼現世的生命，更考慮到未來的命運。看淡生死，著眼對自己生命的安頓，也是對自己靈魂的昇華，讓自己更自由更坦然。

生命偶然來到人間，對於每一個個體來說，都不能永存，關鍵在於我們如何利用有限的生命，為眾生服務，做一個對自己負責，對社會有用的人。一個完整的、健全的生命，應該利用他的水準修養、真摯的感情、健康的體魄和頑強的毅力來幫助他實現生命的過程。

其實生死只是一個因緣和合的過程。坦然面對，生死一如，善用其心，善待一切。要免生死，就索性不生死，那就連人也免了。人自空而生，死了又歸空而去，了悟這一點，便不懼生死。生，就踏踏實實，抓緊時間做人做事；死，就輕輕鬆鬆，安然而去，又免它作什麼？這才是達觀者的生死觀。

要了解生命的真正目的，人必須先了解生命的實質，而了解生命，必須面對和了解死亡。人從呱呱墜地到老死病榻最多不過百年，這在歷史長河裡只不過是短暫一瞬。人的一生無時不與痛苦相伴，少時有少時的痛苦，青年有青年的痛苦，中年有中年的痛苦，老年有老年的痛苦，人的一生就是在痛苦中掙扎。回顧人生，真可謂是「人生苦短」。

世間沒有常駐不滅的東西，這個世界的萬事萬物，都是遵循著神祕無常的道理在運行；春天，百花盛開，樹木抽芽；到了秋天，樹葉飄落，乃至草木枯萎，這就是無常相。人生如四季，逃脫不了生老病死的規律，生命的結束，意味著一切的消失。人也是一樣的，有生必有死，誰也不能避免生、老、病、死，並不是只有你心愛的兒子才經歷這變化無常的過程啊！所以，你又何必執迷不悟，一心尋死呢？能活著，就要珍惜可貴的生命，運用人身來修行，體悟無常的真理，從苦中解脫。

佛陀說：「人的生命，只在一個呼吸間。」生命短促，我們應該善待自己，思索活著的意義。生命不是用來尋找答案，也不是用來解決問題的，它是用來愉快地過生活的。《法華經》上所講：「佛為一大事因緣出現於世。」什麼大事呢？生死大事。佛教修行就是為「了生死」。佛教則注重解脫，既關注人生痛苦，又要進行改變，將人從痛苦、不覺悟的狀態中解脫出來，達到更高層次、更加理想的生存狀態。

人來到世上是偶然的，走向死亡卻是必然的。感慨生命的短暫，不是學曹孟德「譬如朝露，去日苦多」的嘆息，也不是拾蘇東坡「人生如夢」的無奈，更不是看破紅塵的消極頹唐。而是想，人生苦短，生命易逝，今天能健康、自在、安樂地活著，我們就沒有什麼理由不去珍重生命、熱愛生活、好好活著，過好生命中的每一天。

人是不可能超越生死的，但人的精神境界卻可以超越生死。在中國哲學中，對生死問題的注重莫過於莊子。

死亡是生命最後一個過程，有它的存在，生命才得以完整。我們不是要挑戰死亡，而是要接納死亡，這種認識不是憑空而來的，也不是宗教上的認識，而是對文化的重新認識。死亡並不可怕，積極的人，生而樂觀，面臨死亡也會把它看做一件好事。

在古老的中國，對生死的追問稍晚了點，一直到漢末至魏晉之際，才成為一個時代的強音。那是因為，在那個戰亂頻仍、外辱內亂的年代，人口銳減百分之八十，人命危淺，令人無法迴避死亡。詩人們一而再，再而三地唱出這樣的生死詠嘆調：「生年不滿百，常懷千歲憂」、「人生寄一世，奄忽若飆塵」、「人生似幻化，終當歸空無」……這就是華人對死亡的想像：「人死如燈滅」。死，在這裡，完全等同於滅亡，讓人全然沒有指望。

六祖慧能知道自己塵緣已盡，將不久於人世，便召集門人，把這一消息告訴他們。在場的弟子都放聲大哭，唯獨弟子神會面色依然如故，也不哭泣。

六祖道：「只有神會超越了善惡的觀念，達到了毀譽不動、哀樂不生的境界。其餘的人跟隨我這麼多年，求的是什麼道？今天哭泣究竟是為了誰？我很清楚自己要去哪裡，才能預先告訴你們。要知道，真如佛性是不生不滅、不去不來的。你們哭泣是因為不知道我死後往哪裡去，如果知道的話，便不會哭泣了。」

幾乎每個人在生活中都要遭受類似失去親人的不幸，我們要冷靜客觀地看待這種境遇，生老病死、聚散離合都是自然規律，我們要以一顆「恕忍」的心忍受自然帶來的悲痛。不要因此而盲目怨天尤人。只有這樣，我們才能真正做到無大喜，亦無大悲。

五、決定自己命運的主人，只能是你自己

人是自己命運的唯一主宰，在心靈之上沒有更高的裁決者。在這個世界上除了心理上的失敗，實際上並不存在其他失敗。人的命運都掌握在自己手裡，所謂的痛苦、悲傷、憂慮、煩悶皆是你自心對這些問題的一種執著，別人無法左右你心靈的選擇，苦與樂完全在你一念之間，選擇權在你，別人根本無能為力。

某人在屋簷下躲雨，看見觀音正撐傘走過。

人說：「觀音菩薩，普度一下眾生吧，帶我一段如何？」

觀音說：「我在雨裡，你在簷下，而簷下無雨，你不需要我度。」

這人立刻跳出簷下，站在雨中：「現在我也在雨中了，該度我了吧？」

觀音說：「你在雨中，我也在雨中，我不被淋，因為有傘，你被雨淋，因為無傘，所以不是我度自己，而是傘在度我。你要想度，不必找我，請自己找傘去！」說完便去了。

第二天，這個人遇到難事，便去寺廟裡求觀音。走進廟裡，才發現觀音的佛像前也有一個人在拜，那個人長得和觀音一模一樣，絲毫不差。

人問：「你是觀音嗎？」

那人答道：「我正是觀音。」

這人又問：「那你為何還拜自己？」

觀音笑道：「我也遇到了難事，但我知道，求人不如求自己。」

人生最大的成就在於不斷反思，人生需要反思，人生必須反思。反思昨天為明天；反思失敗為成功。很難想像，沒有反思的人生是多麼可怕。反思是一種使我們清醒的品德，藉由不斷地反思，我們會拒絕重複性的錯誤。反思讓我們走在時代的前列，掌握自己前進的方向、發揮自己的特長，使自己的個性能牢牢抓住自己的人生方向，不再盲目崇拜他人。

一個人整天抱怨生活對他不公平，抱怨自己的才能不被人賞識，終於這件事讓上帝知道了。

上帝來到這個人的身邊，撿起地上的一顆石子扔到了石堆裡，說：「如果石子就是你，把自己找出來。」那人找了好久也沒找到，上帝又往石堆裡扔了塊金子，說：「如果金子就是你，把自己找出來。」

結果當然是那人一眼就認出了代表自己的金子。

是做石子還是做金子，選擇權在自己手中。每個人都要正確認識自身，在石子堆裡，金子很容易被發現，要讓別人發現自己，就要努力把自己變成金子。每一個生命都是一個獨立的個體，自己的生命，自己做主。學會為自己做主，你會感到一種前所未有的快樂。

小蝸牛問媽媽：「為什麼我們從生下來，就要背負這個又硬又重的殼呢？」

媽媽：「因為我們的身體沒有骨骼的支撐，只能爬，又爬不快。所以要這個殼的保護。」

小蝸牛：「毛蟲姐姐沒有骨頭，也爬不快，為什麼她卻不用背這個又硬又重的殼呢？」

媽媽：「因為毛蟲姐姐能變成蝴蝶，天空會保護她啊。」

小蝸牛：「可是蚯蚓弟弟也沒骨頭爬不快，也不會變成蝴蝶，他為什麼不背這個又硬又重的殼呢？」

媽媽：「因為蚯蚓弟弟會鑽土，大地會保護他啊。」

小蝸牛哭了起來：「我們好可憐，天空不保護，大地也不保護。」

蝸牛媽媽安慰他：「所以我們有殼啊！我們不靠天，也不靠地，我們靠自己。」

的確，靠山山會倒，靠人人會跑，只有自己最可靠。人都是逼出來的，每個人都是有潛能的，生於憂患，死於安樂，所以，當面對壓力的時候，不要焦躁，也許這只是生活對你的一點小考驗，相信自己，一切都能處理好，逼急了好漢可以上梁山，時勢造英雄，窮則思變，人有壓力才會有動力。

每個人遇到困難，陷入困境時，都希望得到上帝的幫助。實際上，世上根本沒有什麼上帝，真正能解救自己的人只有自己。電影《刺激 1995》中，主人公安迪是一個不屈從於命運安排的男人，他本來是一個成功的銀行家，因被誣陷殺害了妻子與她的情夫，等待他的將是兩次終身監禁。監獄裡的生活日復一日，枯燥刻板地生活，打磨和改造著安迪，可是並沒有消磨他渴望自由的意志。為了維繫內心那盈弱不堪的希望之火，他尋求圖書館的資助，連續七年每週寫一封信給州議會、用兩周禁閉的代價換來獄友欣賞片刻音樂，以此喚醒他們對美好生活的憧憬、幫助年輕囚犯拿到高中文憑……安迪正是用這種使別人感受生活真諦的方式，走完了一條長達二十年的自我救贖之路，並最終叩響了通往自由的大門。

安迪有一名獄友——瑞德，在鯊堡監獄服刑二十年的老囚犯，代表了大多數囚犯的價值取向。儘管他很聰明，是可以利用自己的能力搞到很多違禁品的強者，卻對希望有著深深的恐懼。瑞德最後終於覺悟了：「我無時無刻地對自己的所作所為深感內疚，這不是因為我在這裡，也不是討好你們，回首曾經走過的彎路，我多麼想對那個犯下重罪的愚蠢年輕人說些什麼，告訴他我現在的感受，告訴他還可以有其他方式解決問題。可是，我做不到了，那個年輕人早已淹沒在歲月的長河裡，只留下一個老人孤獨的面對過去，重新做人？騙人罷了，小子，別再浪費我的時間了，蓋你的章吧，我沒什麼可說的了。」

強者自救，聖者度人。然而，同樣面對命運的不公，安迪卻能表現的不以物喜，不以己悲，在與典獄長的較量中，默默構建屬於自身的未來。當別人還在為如何打發獄中無聊時間而終日生活在蠅營狗苟中時，安迪已經開始展望屬於自己的另一種生活。安迪有幾句經典的臺詞：「希望是人類美好的東西，只要自己不放棄，希望就會永遠相隨」、「有一種鳥是關不住的，牠們的羽翼充滿希望的光輝」。

監獄裡的安迪成功了，生活在現實生活中的我們呢？我反覆思考一個問題，覺得要做自己命運的主人，首先必須要消除自卑感，要在心理上強大起來。許多人之所以在生活中一事無成，最根本原因在於他們不知道自己到底要做什麼，內心極其軟弱。嚴重的是，長期的不自信、失望，或者自信喪失而自卑到極點、失望到極點而絕望，就會導致憂鬱症。

心理強大的訓練方法就是，剝去比你強悍的人的社會屬性外衣。世俗意義上的強大，是因為你占有很多「強」的東西：金錢、地位、權力、文憑、容貌……這些東西我們稱為社會中的「稀缺資源」，人人都想得到，但只有少數人才能獲得。處於心理弱勢時，要如何獲得這種「心理的強大」呢？只要你能夠打破這種心理結構，你就可以獲得心理優勢，並摧毀別人的心理優勢。你要把一個披著具有讓你在心理上處於弱勢的價值符號的社會屬性外衣的人，看成一個和你一樣的動物，這樣他在你面前就沒有任何心理優勢，因為導致你在心理上處於弱勢的，只是那一層社會屬性外衣。然後再反覆告誡自己：我只是在和一個人，一個和我一樣的動物打交道，在不和他見面時，自己反覆地把他看成一個沒有社會屬性的人，以便自己和他見面時有心理準備。

傑出人士與平庸之輩的根本差別，並不是天賦、機遇，而在於有無目標。

生活中那些真正有智慧的人，都是不等、不靠、不要，憑藉自身力量去克服困難、戰勝一切的人。

當我們身處逆境時，常希望著有「貴人」來相助，卻不明白，最大的救星往往是自己。不管你多麼絕望，走出困境的方法卻非常簡單，即把不利因素變為有利因素，並在逆境中保持清醒的認識，正確地估計形勢，充分利用已有的資源，幫自己走出困境。

一頭老黃牛不小心掉到一口枯井裡，牠哀憐地叫喊求救，期待主人把牠救出去。

老黃牛的主人召集了鄉親們出謀策劃，卻想不出好辦法，大家都認為老黃牛已經老了，就這樣「壽終正寢」也不為過，況且這口枯井遲早也會被填上。

於是，人們拿起鏟子開始填井。當第一鏟泥土落到枯井中時，老黃牛叫得更淒厲了，牠顯然明白了主人的意圖。

又是一鏟泥土落到枯井中，老黃牛出乎意料地安靜了，人們發現，此後每一鏟泥土打在牠背上的時候，老黃牛都在做一件令人驚奇的事情：牠努力抖落背上的泥土，踩在腳下，把自己墊高一點。

人們不斷把泥土往枯井裡鏟，老黃牛也就不停地抖落那些打在背上的泥土，使自己再升高一點。就這樣，老黃牛慢慢地升到了枯井口，在人們驚奇的目光中，從容不迫地走出了枯井。

這個寓言故事告訴我們一個簡單的道理，自救才有希望，等待只有死路一條！宋朝著名的禪師大意，門下有一個弟子名為道歉。道歉參禪多年，仍無法開悟。

一天晚上，道歉誠懇地向師兄宗元訴說自己不能悟道的苦惱，並求宗元幫忙。

宗元說：「我當然樂意幫你，不過有三件事我無能為力，你必須自己去做。」

道歉忙問：「是哪三件？」

宗元說：「當你肚餓口渴時，我的飲食不能填你的肚子，我不能幫你吃喝，你必須自己飲食；當你想大小便時，你必須親自解決，我一點也幫不上忙；最後，除了你自己之外，誰也不能馱著你的身子在路上走。」

道歉聽罷，心扉豁然洞開，快樂無比，他感到了自我的力量。

可見，不要把改變自己命運的希望寄託在別人的身上，要信任自己，學會對自己負責，學會對自己的生命和命運負責，學會對自己面臨的挑戰和自己所做出的每一項抉擇負責，這就是一個人向著成功所邁出的至關重要的一步。

人生就是一連串的抉擇。人生是一種嘗試，不要輕易地服輸，輕易地說「我不行」，反而要堅定地說「我行」，沒有挫折的人生並不完美，只有真正嘗到了失敗的痛，才能徹底領悟到成功的甜，才有了酸、甜、苦、辣的交會，人生才更刺激，更深刻，更值得回味。改變自己，多想想自己的原因，掂量自己，明確自己的優劣。相信自己，什麼事都需要去嘗試後才會明白。「許多人都以為生活是由偶然和運氣組成的，其實不然，它是由規律和法規組成的。」《比爾蓋茲給青少年的十一條準則》就是比爾蓋茲先生從自己生活的各方面，以及他從小到大的個人經歷中總結出來的成功經驗和人生智慧。比爾蓋茲說：「人生是不公平的，習慣去接受它吧！建立自信——為自己確立目標；發揮自己的長處；做事有計畫、不拖拉、不輕言放棄；學會自我激勵；堅持做你自己。」讓我們一起來分享這一「財富背後的財富」。

第一條準則：適應生活

五、決定自己命運的主人，只能是你自己

第二條準則：成功是你的人格資本

第三條準則：別希望不勞而獲

第四條準則：習慣律己

第五條準則：不要忽視小事

第六條準則：從錯誤中吸取教訓

第七條準則：事事自己動手

第八條準則：你往往只有一次機會

第九條準則：時間，在你手中

第十條準則：做該做的事

第十一條準則：善待身邊的人

人的特色是他存在的價值，不要勉強自己去學別人，而要發揮自己的特長，這樣不但自己覺得快樂，對社會也有真正的貢獻。

有一家寺院，每天一大早，在寺院裡的法師們還沒有起床，寺院裡的晨鐘還沒有敲響的時候，老方丈就起來了，他站在一個高處，朝著一個山谷呼喊。每天都在大聲地呼喊，但是他呼喊的不是別人的名字，而是他自己的名字。就這樣一直過了好多年，老方丈總是在晨鐘敲響的前半個小時左右，早早起床，站在寺院附近的山坡上，對著山谷大聲呼喚自己的名字。

有一個小和尚，他搞不清楚這裡面的禪機，問老方丈：「您老人家怎麼天天呼喊自己的名字呢？這裡面到底是什麼意思？」

老方丈就笑笑說：「我在清醒時可以管住自己，但是到晚上做夢的時候，就在夢中雲遊四海，有時候還差一點還了俗，回到了出家前的生活中去，根本無法約束自己。醒來之後，我當然要反覆地呼喚自己了，這是為什麼？為了把自己喊回來。要不然，就有可能把自己走丟了，再也找不到自己了……」

大家想想，對老方丈這樣的修行人而言，他還擔心在夢裡面會迷失自己。那麼我們一般人會怎麼樣？一般人就不只是在夢裡才會走失了，在現實生活中，在光天化日之下，一不留神，我們同樣也會把自己搞丟。

所以，在禪的修行中，我們就要時時刻刻保持清醒，不讓自己走失。

師彥禪師在石上坐禪時，經常自問自答，演一齣獨角戲。

他喊自己：「主人公！」

自己回答：「哎！」

「清醒著！」

「哎！」

「作自己的主宰，不要受別人的騙！」

「是的，是的！」——《五燈會元》卷七

他一直這樣演獨角劇，不知疲倦，當時的人對他評價很高，說這裡面有非常高深的禪機。為什麼呢？因為師彥所呼喊的「主人公」，就是生命中的主宰，就是生命中真實的自己，就是反覆為大家講我們的本心本性。

我們在生活中經常看到很多人遇到不順心的事就怨天尤人，情緒沮喪，這不但不利於解決問題，反而動氣傷身。禪替我們指點迷津，宣導過去了的事情就讓它過去，盡量去做一點愉快的事情，這樣對我們的心性有好處，這就是放下。

可以說，禪的體驗過程，就是看破、放下的過程。放下，在某種意義上說，是我們一生一世要做的功課。

上帝賜給每個人的名都是一樣的，關鍵在於自己如何去把握。人生中的許多改變就是這樣：因為遇到一個人，聽到一句話，抓住一次機會，隨之改變的卻是以後的整個人生軌跡。一個善於改變自己、完善自我的人，能讓自我人生的旅途中充滿著無限的機遇。美國有位著名的心理醫生，在一次演講中提到，「如果時光可以倒流，我將會如何如何……」這句話是人生最大的障礙。而治這一疾病的處方就是把「如果」去掉改成「下一次」，下一次我一定如何如何……下一次我會做好的。

佛說，「求人不如求己」，別人是別人，你是你，都有各自的活法。要活出自己，不要活在別人的陰影下。有的人會最大限度地幫助我們，但別人只能幫一時，卻幫不了一世。所以，靠人不如靠己。人只要真正相信和依靠自己，內在的潛能就會以超乎想像的劑量釋放出來，從而不辜負自己的期望，成為自己生命的支柱和生活的靠山。因此我們說，在生命的旅程中，我們要想走向成功，要想過好自己的生活，或是要擺脫某種危機，不要想依靠別人，要學會靠自己成就自己，靠自己拯救自己，這才是你的人生，這才是你的成功。

六、最大的無知，就是對於生命真相的無知

世間萬物，一切皆變，沒有永恆：一切都是相對的，一切都是暫時的。一切都會成為過去，包括幸福和苦難、聚和散。用變化和發展的觀點看待一切事物，在人世間就會處之泰然。

南懷瑾先生說，萬事萬物時刻都在變化，不會永恆存在的，就像佛法所說的一句話：「剎那無常。」因此，只有認識事物變動的本質，用變化和發展的眼光看待一切事物，才不會偏離生活的軌道。

假如我們對生命的真相無知，就必然把自己交給人世間短暫有限的東西，心靈受物質、金錢、名譽、地位等欲望完全支配。又或是去崇拜世俗的偶像僭主，做偶像的奴隸；或是崇拜自己，做自以為義的妄人和極端私利之徒。著名神學家羅．田立克（Paul Tillich）一針見血地說道：「你在生活中認為什麼有價值，那個東西就成為你的神。」人世間的利祿、權勢、虛榮等每一樣都可以成為你終身追求的「神」。

一個人在曠野中，被獅子追趕，無處可逃。

正好看到一口枯井，就順著井中的藤蔓爬了下去，爬到半途，看到井底有四條毒蛇吐著舌頭，上面又有黑、白兩隻老鼠在咬那條他拉住的藤蔓。

一旦藤蔓被咬斷，即使不跌死，也會被井底的四條毒蛇咬死，正在萬分驚恐時，飛來五隻小蜜蜂，滴下了五滴蜜。

蜜剛好滴入他的口中，滿嘴香甜滋味，讓他忘記了一切恐懼。

這寓言說的是人生。人被無常的獅子逼進了枯井，井下是生老病死、地水火風四條蛇，正在盤踞吞噬。而生命的藤蔓又被象徵晝夜的黑白二鼠啃齧著。五隻蜜蜂，則比喻五欲——財、色、名、食、睡。一點甜頭，就能讓我們忘記危險，這樣的人生是多麼的被動，又是多麼不自由呀！釋迦牟尼佛在此開示我們人生的真實之相，並且向我們說明解決之道。

當下這個時代，人們似乎失去了內心的寧靜，變得越來越不安穩，越來越浮躁。亞健康、心理疾病、迷茫、無聊、孤獨、自殺、他殺、犯罪等在青年中變得越來越常見。一些人受不了社會的混亂和虛無轉而傾向放縱；一些學生沉醉在網路遊戲、虛擬世界中；一些人用工作把自己的時間填充的滿滿，但是一清閒下來卻又變得不知所措，難以面對自己；一些人東抓西抓，用酒精、毒品、奢侈、享受等來麻醉自己；一些人瘋狂的追逐成功、名譽、地位、金錢、美色。

生命的真相是什麼？人生的意義是什麼？古人對生命的認識，總是那麼迷茫與感傷——

陶淵明：「結廬在人境，而無車馬喧。」

蘇東坡：「世事一場大夢，人生幾度秋涼。」

曹操：「對酒當歌，人生幾何？譬如朝露，去日苦多。」

佚名：「人生寄一世，奄忽若飄塵。」

劉希夷：「年年歲歲花相似，歲歲年年人不同。」
陳子昂：「前不見古人，後不見來者。念天地之悠悠，獨愴然而涕下！」
沈和：「休說功名，皆是浪語，得失榮枯總是虛。」
李白：「但見三泉下，金棺葬寒灰。」
張可久：「人生可憐，流光一瞬，華表千年。」
王羲之：「況修短隨化，終期於盡。」
《蘭亭集序》：「古人云：『死生亦大矣。』豈不痛哉！」
王勃：「天高地迥，覺宇宙之無窮；興盡悲來，識盈虛之有數。」
曹雪芹：「好一似食盡鳥投林，落了片白茫茫大地真乾淨！」

生命的真相是什麼？埃及法老、釋迦牟尼、蘇格拉底、耶穌、穆罕默德、孔子、老子、孟子、莊子等聖人、先知，無一不在探尋這個問題。也許你一直平平淡淡，毫不引人注目，也許你是事業成功，都會遭遇這個問題。

生命是一場聚散。花開花落，雲卷雲舒，就有了數不清的相遇、相識、相處、相愛、相恨，到最後的相離。不論是哪一種形式的相聚，哪一種形式的別離，到最後終究是曲終人散，眾鳥歸林。成、住、壞、空，這是佛學講的從無到有，又從有到無的過程。一切來由，皆有定數。茫茫宇宙，無數星體和微塵，而人，就是這微塵之中的一粒。人世間，波詭雲譎，因果錯綜。人活得太久了，對人生的種種相，眾生的種種相，看得透徹，反落一個耳根清淨。

人生的意義，實在是一個既簡單又複雜的問題。說簡單，人活著本身就是一種意義。說複雜，是因為仁者見仁，智者見智。為生存而活著，是一種意義；為別人活著，是一種意義；為自己活著，是一種意義；為了某一個目的而活著，也是一種意義；根本沒有目的的活著，還是一種意義。對於解決人生的意義問題，歷史上大體有三條進路：世俗的、哲人的、宗教的。

世俗的——開開心心活完這一生，該享受的、該玩的、該面對的，就是名利欲望。

哲人的——與世俗相反，如儒家之求道者，在人道上絕對追求一個大寫的人，不惜犧牲與獻身。道家、釋家和西方的蘇格拉底，都屬這一類，只是具體進路不同罷了。

宗教的——求於一個作為絕對的他者的神，認為人生的目的在於榮耀神。

上述三條進路，大致代表了典型的人生態度。一般而言，大多數人把重心放在「世俗的」上，至於「哲人的」和「宗教的」，則為少數人所選擇。煩惱本水月鏡花，只是庸者自縛、愚者自迷。世間本為迷途，每個人都迷失了自己的本心，誘惑時時處處都有，世人受其所累，因而少有人能大徹、大悟，也便少有大解脫。

有一個很有意味的故事：

黃昏，爺孫倆坐在山坡上牧羊，孫子問爺爺：「天天放羊是為了什麼呢？」

爺爺答道：「為了存錢給你娶親呀。」

孫子問：「我娶了親以後呢？」

爺爺說：「生兒子。」

「兒子長大了呢？」

「放羊……」

這故事向人們敘說著一個走不出的可悲迴圈，這種迴圈，某種意義上恰恰象徵著華人傳統文化。可是自從佛教傳入以後，華人才對人生有了形而上意義的思考。

兩千五百多年前佛陀在菩提樹下悟道以後，曾向人類開示了生命及宇宙中一切現象「緣起無我」的道理。指出萬法皆是因緣所生而無實體。生命之流本無實體，故是「無始無終」，一切是空。因此，六道皆苦，欲了生死，須超輪迴，以致涅槃。

可是，許多人仍無法覺悟。人們經常對未來產生莫名其妙的恐懼感，擔心家人、健康、財富、權位，害怕死亡的到來。人的智慧有限，無法預知明天會發生什麼事，所以對未來總是充滿不安。生活本來很簡單，空氣、陽光、水和食物，但現代人生活得太複雜也太辛苦，忙一些與之不相關的事務，追逐財富名利，日漸失去了生活的目的和意義，也漸漸看不清生命的本質，所以對健康和死亡充滿著焦慮和恐懼。《八大人覺經》上說：「生死疲勞，從貪欲起，少欲無為，身心自在。」一生只知道追逐名利而不知道享受的人，心最苦累。

從前，傳說在沙漠中有一座美麗的城堡，當太陽剛出來時，可以見到城門、瞭望臺、宮殿以及來來往往的行人；隨著太陽漸漸升高，城堡就慢慢消失不見。有些人會以為它是一個快樂的天堂，卻不知道這座美麗的城堡只是沙漠中空氣形成的一個幻象，根本就是虛不可得的。

有一群從遠方來的商人，無意間看到這座沙漠中的城堡，心想如果能夠到那裡做生意，一定能夠賺錢致富。於是，他們飛快地趕去。然而，當他們越接近城堡，就越是找不到，這時，他們沮喪地喊著：「我好累！我好熱！我好渴！」當陽光照在熱氣上時，他們卻以為是水。於是，又急忙向前奔去，但是同樣的，他們越是向前走，越是找不到。漸漸地，他們疲乏到了極點，最後來到窮山惡谷中，忍不住大叫大哭。就在這個時候，他們聽到自己的回音，誤以為是有人在附近。於是，燃起了一線希望，決定再打起精神繼續向前走，走著走著，他們便灰頭土臉，愈走愈灰心。最後，他們終於猛然發現：他們追逐的只是一個幻象。一剎那間，渴求的心立即停止，個個恍然大悟。

許多人拚命追逐的不過是一個幻象，就像上面這個人一樣。

《聖經·傳道書》上說：「虛空的虛空，虛空的虛空。凡事都是虛空。人一切的勞碌，就是他在日光之下的勞碌，有什麼益處呢。」表達的是看透人生、看破人生的情懷。生命本來就是荒謬的，一切純屬偶然，如果看透了這一點，許多小痛苦會變得不在話下。比如親人的離世、比如朋友的背離、比如仕途的蹉跎、比如事業的失敗。

幸福是個最簡單的東西，只要你把一切不屬於它的全都放下，它就來了。

如果對名利放不下執著，時時都想著，凡事不放心，總是處於不安的狀態，心又怎麼能清淨呢？所以放下是功夫。《金剛經》說：「不應住聲、香、味、觸、法生心，應無所住而生其心」、「明心見性」，就是這個意思。內心的平靜不是建立在外在的基礎之上。某位哲學家說：「逐物則失心，遺物亦失心，只是即物見心，心卻不隨物轉」，說的也是這個意思。佛家就是讓人明白人的煩惱、痛苦的根源，認識到人的內心的規律，而後讓人解脫出來，跨入自由的天地。這個過程也是一個人從自我中解放出來的過程，不再斤斤計較於人的欲望、願望，而把心放在更廣大的天地。

佛陀讓人看破和放下，體悟生命的實相，如此生活自能無憂無懼。並不是讓人悲觀厭世、混吃等死。恰恰相反，他要你在看透以後，更加重視今生的努力，抓緊時間擔當生前的事，做自己應做的事，但是卻不計較、不執著，可以坦然放下，這是一種很高的境界，是一種超然坦蕩的態度。

佛陀不是僅以享受人間的繁華而為滿足的人，雖然貴為太子，並且已經結婚，但在精神上卻依然十分空虛，他一連出城郊遊了四次，這四次的經歷，使他留下深深的印象，改變了他的生活，也決定了他出家修行的前程。因為對當時還是悉達多的佛陀而言，僅只是一瞥老死的景象，便在他心中生起了要去追求人生真理的願望。於是在一個不尋常的夜晚，他走出了因為眾人的熟睡而不被監視的皇宮，悄然消失在深深的暗夜，走上尋求解脫的道路。

出家的悉達多以吉祥草為墊，坐在一棵菩提樹下，探求人生的本性。經過了長時間的思考，他終於了悟到一切萬有，包括我們的身體、我們所有的情緒和所有的感受，都是因緣和合而成，他又了悟到不僅人類的經驗是如此，所有事物，包括整個世界、整個宇宙都是如此，一切事物都是相互依存的，因此一切事物都會改變。一切萬有，沒有一樣是以獨立、恆常、純粹的狀態存在的。任何事物和另一個事物的轉變，即使是非常微小的變動，也都是依循著無常的法則。

透過這些了悟，悉達多終於找到了一個方法來解脫生死苦，他接受了生命的變化是不可避免的，而人的死亡是這個變化的一個環節。他體認到沒有全能的力量可以扭轉死亡之路，因此他也不再期待。

沒有了盲目的期待，也就沒有了失望。因為知道一切都是無常，就不再攀緣執著，不攀緣執著，也就沒有了患得患失，也因此可以真正實在地活著。悉達多從人生的大夢中醒悟過來，他解脫了，也因此在那一刻他成了佛陀，成了我們人間的覺者和智者。

一切問題的根源，在於我們自以為掌握了辨別是非、好壞的能力。患得患失，不明大道。佛法裡的四聖諦——苦、集、滅、道，就是佛教導我們知苦、離苦和解決人生問題的方法。形成苦的原因，不外乎是我與物、我與人、我與身、我與心、我與欲、我與見、我與自然的關係之不調和。這一切都起因於我們心中有了種種分別、執著、妄想，因此才會迷惑顛倒、煩惱重重。《聖經》裡所說的原罪，就是人背叛上帝，自己裁判別人。

人之所以痛苦，在於追求錯誤的東西；人之所以煩惱，在於對生活捨本逐末。活著買房子；死了買墓地；開車買車保；就醫買醫保；養老買養老保。我們常說，我的車子、我的公司、我的老婆、我的孩子，一切我使用過的，都冠名「我的」。有了我的，就衍生了你的、他的、好人的、壞人的、善人的、惡人的，二元對立就產生了。但是佛陀告訴你，諸法無我，任何事物都沒有自性，也根本沒有一個我的存在。看透了，看穿了，人的生命就獲得了自由和解脫，從斤斤計較的小圈子裡走出來，不在小事情上浪費自己，而能務其大者、遠者，創造人生的遠景宏圖。人生曠達了，心智自然也就不會勞累，就不會活得那麼拘謹和痛苦。

學佛，就是要你認識自己，找到永恆的生命。緣起是宇宙的法則，由佛陀發現。佛陀在菩提樹下悟道的時候，就是明白了五蘊的緣起法則，於是從無休止的輪迴當中解脫了出來。觀察「緣起」的修行者，一般容易忽略緣起的本質——「此生故彼生，此滅故彼滅」。通俗地講，一切現象只是由因緣而生，由因緣而滅。宇宙間存在的一切現象，特別是我們的身與心，都是因緣法，無常變化，從因緣而生，沒有主體——故稱其為空。

前幾年臺灣一政府要員之孫出家去當了僧人，轟動一時。此位老兄是美國名牌大學的碩士生，絕對不是糊塗人，可為什麼棄世出家？對記者的詢問，此兄說他發現爭了半生，一切原來是為了別人的羨慕而活著，絲毫沒為自己的心活著，故而出家。

近年來，一些人，特別是一些精英人士，在人生得意之際突然落下風帆，離棄人群，選擇隱逸。大約有七八位清華大學的博士或博士後研究員選擇出家，龍泉寺是他們的重要道場。出身名校的大學生，為什麼選擇晨鐘暮鼓、梵唱僧袍、念佛、坐禪，這樣的修行生活？與許多人想像的不同，這些「天之驕子」們之所以出家，大多不是因為感情困惑、生理疾病等原因，而多是先接觸了佛教理論並為之吸引後作出的一種人生選擇。

要把一切執著、妄想、煩惱、知見都放下，像六祖慧能說的那樣：「若真修道人，不見世間過。」你的心才可以清淨快樂。為什麼會放不下呢？就是因為人有自我愛染，由於認識上的迷蒙，為現象所誑惑，而沒有能看到緣起的本性——本來面目。佛陀則教導眾生，從緣起生滅中，了解緣起的常寂。緣起本來如此，只是我們自己，為自我知見、自我欲念所蒙蔽，而因此顛倒不已。

記得二〇〇七年，我在某大學哲學系聽教授的佛學課時，曾經遇到一個時十七歲的學生，她是一個出家人，眉眼頗清秀，她法名叫新月。

她從一間寺院來到這間大學進修佛學，很小時就已經出家，從此落盡青絲，只有青燈古佛夜夜誦經相伴青春。

我望著她，竟然有點自以為是的心疼。

我們投緣地聊了好久，最後，我小心翼翼地問她：「你才十七歲，從未享受世間繁榮幸福，就這樣寡然無味地度過一生，不覺得可惜嗎？」

她粲然一笑，合十說道：「施主，我們是兩個世界的人，你我所謂的幸福截然不同。在我看來，沉迷在俗世留戀於俗務，無清淨之心才是最大的可惜。」

我無言以對。子非魚焉知魚之樂，在清寒的表象中擁有一顆睿智而清淨的心，擁有自己最愛的文字，也許很多人過的要比我們想像中還要快樂。

回想新月法師的話語，我想起《古詩十九首》上面的：

生年不滿百，
常懷千歲憂；
晝短苦夜長，
何不秉燭遊。

每當吟誦起這首詩句，總不免感慨人生短暫、世事無常。古希臘著名哲學家普羅達哥拉斯也曾說過：「人生是短暫的，問題是晦澀的。」活在這個世界上的人們一方面試圖追求人生的意義與生命的永恆，另一方面又不願放棄人間的諸般享樂。可生命終究是有限的，發出這樣的嘆息似乎也是必然的了。

一個億萬富翁對一個乞丐說：「來，我們談談！」

乞丐說：「談什麼？」

富翁說：「這樣吧，你可以在我所擁有的一切中選一件東西，然後我在你身上選一件，好嗎？」

乞丐說：「真的嗎？」

「當然！」富翁說。

乞丐大喜過望，就挑了這富翁位於市中心的一幢房產。富翁說：「給你。」

乞丐滿足了，說：「好了，該你了！」

富翁微微一笑，「我什麼都不要，只要你一條命。」

乞丐落荒而逃。

這只是一個故事。但是生命只有一次，熱愛生命是每個人的共識。耶穌說：「人若賺得全世界，賠上自己的生命有什麼益處呢？人能拿什麼換生命呢？」

從古到今，芸芸眾生都是忙碌不已，為衣食、為名利、為自己、為子孫……哪裡有人肯靜下心來思考一下：忙來忙去為什麼？多少人是直到生命的終點才明白，自己將生命浪費在太多無用的方面，而如今卻已沒有時間和精力去體會生命的真諦了。

對於生活，我們應該擁有趙州禪師所主張的「任運隨緣，不涉言路」態度，只有「遇茶吃茶，遇飯吃飯」，除去一切顛倒攀緣，才是暢快人生的真諦。「求不得」源於「放不下」、「若著相於外，而作法求真，或廣立道場，說有無之過患，如是之人累劫不可見性。」

七、在缺陷和痛苦之中追求，活出生命的意義

絕大多數人看了這個標題會說，沒有人會喜歡缺陷和痛苦；可是，當你的生命不幸有過這麼一段經歷，你該如何看待？其實，換一種眼光看待缺陷和痛苦，就會不同。

人生不會完美，人也不會完美，所以無須耿耿於懷自己無法完善的缺點。當你接受現實的不完美時，當你為生命的繼續心存感激時，你就能成就完整，實現完美人生。然而，並不是所有的人都能平靜接受缺陷和痛苦，悲劇因此時常發生。

二〇〇九年九月十七日凌晨兩點，某大學海歸博士涂某從十一層樓頂跳下。留下六頁遺書，遺書裡，他留下了這樣一段話：「在此時刻，我認為當初的決定下得是草率的，事後的發展完全沒有預計，感謝一些朋友事前的忠告。國內學術圈的現實：殘酷、無信、無情。雖然因我的自以為是而忽視。」

最近幾年自殺見報的新聞越來越多，自殺的原因有很多，在此我們不探討自殺的話題。這裡有一個問題就是，該博士對社會生活中可能出現的曲折完全缺乏相應的準備。長久以來，從小學到大學，再到讀碩士、博士，臺灣教育選擇學生的法寶是考試，學生對付考試的法寶是學習、學習、再學習。於是，考試、考試、再考試成了學生生活的主要內容，也成了家庭和學校教育的指揮棒和圓心。至於學生的心理素養、危機處理能力、社會適應能力、人生的意義、社會責任和對生命的珍惜等生存最基本的東西，在考試和成績面前都變得邊緣化，甚至多餘了。這樣教育培養起來的學生，有不少被媒體批評成弱不禁風和脆弱偏激。

二〇〇五年，某知名大學的二十八歲女碩士肖某從六樓跳下不幸身亡。醫生從她的身上發現了留給其鄉下父母的一份遺書。

她這樣寫道：「爸爸、媽媽：請你們原諒我不想再回來了。我是那種眼高手低的人，不想承受別人的非議……別為我痛〇（字跡模糊）、難過，就當沒生過我……因為希望太大了，失望也就越大，我又會一無所有。這次我好怕，我會一無所有啊！忽然就厭棄了自己……」

一些未出校門的大學生總是太完美太理性，事事特別愛「認真」，而且「不知變通」，躲避在狹窄的生活圈子裡，不和社會打交道，小心翼翼地把自己包裝起來，稍遇問題，就激烈反彈。這樣刻意經營起來的所謂「純潔」和「清澈」又有什麼意義呢？所謂「純潔」和「清澈」，就是不和社會打交道嗎？就是孤芳自賞嗎？不少大學生反而需要一個社會化的過程，大學生活讓他們長期陷入孤獨的境地，不會處理具體問題，是需要深入反思自己的人生定位了。

一天，生活在海底的兩隻蚌相遇了，一隻蚌對另一隻蚌說：「我真是痛苦不堪，那又重又粗的沙礫在我體內滾來滾去，常常使我痛得不能休息。」

另一隻蚌驕傲自得地回答說：「謝天謝地，我體內沒有被沙礫折磨的痛苦，我裡外都很舒服。」

此時有一隻螃蟹經過，聽到兩隻蚌的對話，便對那只驕傲的蚌說：「是啊！你是很舒服，但你終其一生也只是一個再普通不過的蚌殼而已；而你的朋友忍受痛苦的結果，卻將生出一顆非常美麗的珍珠。」

以電影《天下無賊》為例，今天華人國家幾乎所有的父母、老師更多偏向劉若英。不是不知道生活有陰暗面，但怕年輕人學壞，不讓他們接觸，最多來點話語譴責。我們太注意區分知識的善惡，與時俱進，還搞了各式各樣的政治正確。讓人最擔心的是，過於純潔、單一、博雅或「小資」的教育，一方面讓人太敏感、太細膩，一方面又會讓人太脆弱。這裡提醒一下，「知識改變命運」誇大了知識、博學、思想和理念的作用，連帶著也就誇大了知識傳授者的意義；卻低估了行動的意義，更嚴重低估了行動者的艱難。

要創造，經得起摔打，頂得住飛來橫禍或無妄之災。僅有理想、知識或愛心還不夠，你們必須，也相信你們會堅定、冷靜、智慧和執著；還必須要有準備，緊要關頭，挺身而出，當仁不讓，承擔起對這個民族乃至人類的責任，直至為之獻身。

好多年來，某語言學家曾有過一個「良好」的願望：他對每個人都好，也希望每個人都對他好。只望有譽，不能有毀。晚年他才恍然大悟，那是根本不可能的。

這位專家晚年曾經有一個論斷，根據他的觀察，他發現，壞人是不會變好的。壞人，同一切有毒的動植物一樣，並不知道自己是壞人、是毒物。他觀察到的幾個「壞人」偏偏不變，幾十年前是這樣，今天還是這樣，他想為他們辯護都無從下手。因此，他警醒到，碰到一件事，決不能不思而行，魯莽行動。

對於變幻不定的人生，要做好長遠準備，「壞人」和失敗的人生是必須要直面的。任何人的一生都是一場搏鬥，在這一場搏鬥中，假如沒有朋友，則形單影隻，鮮有不失敗者。

薛西弗斯因為觸犯了眾神而被審判。對他的懲罰是：推一塊石頭上山。每天，薛西弗斯都費了很大的力氣把那塊石頭推到山頂，然後，石頭又會自動地滾下來，於是，薛西弗斯又要把那塊石頭往山上推。這樣，薛西弗斯所面臨的是永無止境的失敗。眾神所懲罰薛西弗斯的，是要使他的心靈受折磨，使他在「永無止境的失敗」中，受苦受難。

卡謬所著之《薛西弗斯的神話》一書中認為薛西弗斯不肯認命。每次，在他推石頭上山時，眾神都打擊他，告訴他不可能成功。但薛西弗斯不服輸於懲罰中他認為自己若心甘情願在一遍又一遍重複的勞動過程中，那麼眾神的懲罰將無法成立。從山下到山頂推石頭的迴圈，象徵他對眾神的反叛、否認及對自己命運的掌握，他比石頭還要堅韌。。：

薛西弗斯的命運可以解釋我們一生中所遭遇的許多事情，薛西弗斯的努力也可以是我們努力工作的寫照，但是，薛西弗斯能把看似惡劣的命運轉換成使命的方式，是否亦可以成為我們的生活模式？

一個人意識到自己的存在，認同自己的存在，是一件不簡單的事；一個人能透視自己的命運，掌握自己的命運，更是件不容易的事。但是，更困難的，則是把命運轉換成使命，因為，使命的含義要超過神話中的內涵，它不但要替自己的存在謀求出路，它還要在感受到失敗的痛苦中，去替人類、替世界創造快樂與幸福。

在你未達目的之前，堅持奮鬥，這樣，你的努力就不會白費。一個堅持不斷練習射擊的人，終有一天會擊中目標。

某位著名的配音員，被戲稱為「天生愛叫的唐老鴨」。他在國中畢業後參了軍，在部隊中當了一名工程兵，工作內容是挖土、打坑道、運灰漿、建房屋。可是這位未來的配音員明白，自己身上潛在的寶藏還沒有開發出來，那就是自己一直鍾愛的影視藝術和文學藝術。

在一般人看來，這兩種工作簡直是風馬牛不相及。但他卻堅信自己在這方面有潛力，應該努力把它們發掘出來。於是他抓緊時間工作，認真讀書看報，博覽眾多的名著劇本，並且嘗試著自己去創作。退伍後，他成了一名普通工人，但是仍然堅持不懈地追求自己的目標。沒有多久，大學恢復招生考試，他考上了某國立大學機械系，成了一名大學生。

從此，他用來發掘自己身上寶藏的機會和工具一下子多了起來。經幾個朋友的介紹，他在短短的五年中參加了數部外國影片的譯製錄音工作。這個業餘愛好者憑藉著生動的、富有想像力的聲音風格，參加了《西遊記》中的孫悟空的配音工作。

一九八六年初，他迎來了自己事業中的輝煌時期，風靡世界的動畫片《米老鼠和唐老鴨》招聘漢語配音員，風格獨特的他一下子被迪士尼公司相中，為可愛滑稽的唐老鴨配音，從此一舉成名。這位配音員說，自己之所以成功，是因為一直沒有停止過挖掘自己的長處。

尺有所短，寸有所長，每個人都會有自己的長處——屬於自己的寶藏。開啟寶藏之門的鑰匙就在自己的手中，輕言放棄，這些寶藏就永無見天之日。也許你現在並不如意，但永遠不能放棄成功的決心和鬥志，更為關鍵的是你能不能正確地意識到什麼是自己最擅長的，儘管因為現實的某些原因不得不在現在的位子上待著，但總要設法找到自己的寶藏，並努力去開採它。

成功人士都不懼怕困境，面對長期的困境，他們或默默耕耘，或搖旗吶喊。他們憑著一副熬不垮的神經，一腔無所畏懼的勇氣，振作精神，發憤圖強，以期早日突破困境的牢籠。目不能二視，耳不能二聽，手不能二事，全神貫注於你所期望的目標，你就一定能夠如願以償。如果你是個缺乏耐性、不能堅持，做什麼事都半途而廢，要別人替你收拾爛攤子的人，你應當在行動之前細心思索，不可貿然開始工作，免得騎虎難下。

「水滴石穿，繩鋸木斷」，水和石比，繩和木比，硬度顯然相差太遠，然而只要專注，全力做好一件事，天長日久，石頭也會被水滴穿，木頭也會被繩鋸斷。人做事也是這樣，只要全神貫注地做一件事，就可以把事情做得比較完善，甚至做到完美無缺。

有個漁夫從海裡撈到一顆大珍珠，愛不釋手。然而，珍珠上面有一個小黑點。漁夫想，如能將小黑點去掉，珍珠將變成無價之寶。

於是，他就用刀子把黑點刮掉。

可是，刮掉一層，黑點仍在，再刮一層，黑點還在，刮到最後，黑點沒了，珍珠也不復存在。

人們往往堅持完美而扔掉了一些他們原本可以擁有的東西，但他們是不可能擁有完美的，儘管如此，他們還是在永遠找不到完美的地方到處搜尋。想追求完美無缺的事物，本是無可厚非，然而，這種願望卻也經常落空。優點與缺點，長處與短處，相比較而存在，即便是最好的，也不等於是最完美的。

水至清則無魚，人至察則無徒。面對缺陷和困境，我們時常會覺得有些不習慣，或者感覺有些壓力，甚至是恐懼，可是事實告訴你我：這正是突破的時刻！

一隻鯛魚和一隻蠑螺在海中，蠑螺有著堅硬無比的外殼，鯛魚在一旁讚嘆著說：「蠑螺啊！你真是了不起呀！一身堅強的外殼一定沒人傷得了你。」

蠑螺也覺得鯛魚所言甚是，正洋洋得意的時候，突然發現敵人來了，鯛魚說：「你有堅硬的外殼，我沒有，我只能用眼睛看個清楚，確知危險從哪個方向來，然後，決定要怎麼逃走。」說著，鯛魚便「咻」的一聲遊走了。

此刻呢，蠑螺心裡在想，我有這麼一身堅固的防衛系統，沒人傷得了我啦！我還怕什麼呢？便靜靜地等著。

蠑螺等呀等的，等了好長一段時間，也睡了好一陣子了，心裡想：危險應該已經過去了吧！也就樂著，想探出頭透透氣，冒出頭來一看，牠立刻扯破了喉嚨大叫：「救命呀！救命呀！」

此時，牠正在水族箱裡，外面是大街，而水族箱上貼著的是：蠑螺一斤××元。

此時，不知你的感想如何，這篇禪學寓言告訴我們：過分封閉自己或自我膨脹的人，都將喪失自我成長的機會，自陷危險之境而不自知！

同樣的道理，你也聽過煮青蛙的故事吧，當把一個青蛙放進一鍋燒得滾燙的開水中時，牠一下子就會從裡面跳出來，但是把青蛙放在溫水裡，然後在鍋底下慢慢加溫，讓青蛙在溫水裡自由地游泳。當水溫慢慢升高的時候青蛙絲毫沒有感覺，當牠感覺到不舒服想跳出來的時候，雙腿已經沒有力量——牠被煮熟了！

做最好的自己，讓有限的生命，釋放出無限的能量。讓平凡的心靈，展現出不平凡的光芒。很喜歡一句話，「一息尚存，也要挑戰命運。」是啊，每一個普通的生命，都有追求幸福生活的權利。

人總是從平坦中獲得的教益少，從磨難中獲得的教益多；從平坦中獲得的教益淺，從磨難中獲得的教益深。一個人在年輕時經歷磨難，如能正確視之，沖出黑暗，那就是一個值得敬慕的人。

出路在哪裡？出路在於思路！

其實，沒有錢、沒有經驗、沒有閱歷、沒有社會關係，這些都不可怕。沒有錢，可以透過辛勤勞動去賺；沒有經驗，可以透過實踐操作去總結；沒有閱歷，可以一步一步去累積；沒有社會關係，可以一點一點去編織。但是，沒有夢想、沒有思路才是最可怕的，才讓人感到恐懼，很想逃避！

人必須有一個正確的方向。無論你多麼意氣風發，無論你是多麼足智多謀，無論你花費了多大的心血，如果沒有一個明確的方向，就會過得很茫然，漸漸喪失了鬥志，忘卻了最初的夢想，最後走上彎路甚至不歸路，枉費了自己的聰明才智，誤了自己的青春年華。

其實每個人都存在或大或小的缺陷，大可不必為缺陷的存在而一味自卑、自暴自棄。採取合理的辦法，學會與缺陷共同生活、共同相處，學會欣賞自己牛活中的缺陷，把這塊通向成功之路的「絆腳石」轉變成「墊腳石」，這樣才會使生活變得更輕鬆、更自然、更美麗。

直面人生，無論快樂、悲傷；直面人生，無論成功、失敗；昨天不會再來，未來要靠今天，珍惜每一天，把握每一天。

有位得知自己將不久於人世的老施主，在日記裡寫下了這段文字：

如果我可以從頭活一次，我要嘗試更多的錯誤，我不會再事事追求完美。我情願多休息，隨遇而安，處世糊塗一點，不對將要發生的事處心積慮計算著。其實人世間有什麼事情需要斤斤計較呢？

完美本身就是一種缺憾，凡事要留有餘地，不要責備求全，如果事事追求盡善盡美，那麼世上的事情會全都看不順眼，總是吹毛求疵，總是抱怨。

一個哲人曾經說過：「人生如打牌。而不似下棋」。下棋（圍棋），棋子一樣，條件相同，輪流投子，機會均等、公平。而打牌，只有起牌的次數一樣，但牌的好壞卻是隨機的。你牌技再好，也完全可能輸給牌技低劣者。而打牌，只有在牌運差不多的情況下，牌技高超的本事才能顯露出來。人生就是如此，它既像起牌那樣不公平，又像出牌那樣公平。例如，有的人生在達官顯貴之家，一出生就掉到了安樂窩裡，在以後成長過程中被人簇擁，無論做什麼事都一路綠燈，這就仿佛是個好手氣的人抓到了手好牌，以後結果如何也就看他出牌如何及運道如何了。而出身於窮苦人家的人就像抓到了一手劣牌，但透過自己的奮鬥，改變自己的命運也是完全可能的。

要說人生的不公平，幾乎每個人都能說上幾天。當你來到這個世界，眾多的不公平就擺在你面前。你可能漂亮帥氣，也可能相貌平平，亦可能醜陋難看；同樣是個孩子，有可能被視為掌上明珠，也可能成為棄兒；成人後，步入複雜險惡的社會，不公平可以說比比皆是，就是進火葬場也可能被行賄者擠在一邊。也許是國家人口太多，火葬場總是生意興隆，據說每當盛夏時節，都排隊等候焚燒屍體，有的死者親屬怕屍體腐爛就賄賂工作人員，提前焚屍，看來不公平是伴人一生的。

西方有兩句這樣的格言：「我堅持我的不完美，它是我生命的真實本質。」人生確實有許多不完美之處，每個人都會有各種的缺憾。其實，沒有缺憾我們就無法去衡量完美。仔細想想，缺憾其實不也是一種美嗎？

其實，在人世間，很多人注定與「缺陷」相伴而與「完美」相去甚遠。渴求完美的習性使許多人做事比較小心謹慎，生怕出錯，因此，必然導致其保守、膽小等性格特徵的形成。在現實生活中我們不難發現，有的人長得一表人才，舉止得體，說話有分寸，但你和他在一起就是覺得無趣，連聊天都沒絲毫興致。這些人往往是從小接受了「不出格」的規範訓練，身上所有不整齊的「枝杈」都被修剪掉了，於是便失去了個性獨具的風采和神韻，變得乾巴、枯燥，沒有生機，沒有活力。客觀地說，人性格上的確存在著「缺陷美」，即在實際生活中，那些性格有「缺陷」而絕對不屬於十全十美的人反而顯得更具有內在的魅力，也更具有吸引力。

缺陷和不足是人人都有的，但是作為獨立的個體，你要相信，你有許多與眾不同甚至優於別人的地方，你要用自己特有的形象裝點這個豐富多彩的世界。也許你在某些方面的確遜於他人，但是你同樣擁有別人所無法企及的專長，有些事情也許只有你能做而別人卻做不了！

學會欣賞自己的不完美，並將它轉化成動力，才是最重要的。

有位孤獨者倚靠著一棵樹上晒太陽，他衣衫襤褸，神情萎靡，不時有氣無力地打著哈欠。

一位僧人由此經過，好奇地問道：「年輕人，如此好的陽光，如此難得的季節，你不去做你該做的事，懶懶散散地晒大陽，豈不辜負了大好時光？」

「唉！」孤獨者嘆了一口氣說，「在這個世界上，除了我自己的軀殼外，我一無所有。我又何必去費心費力地做什麼事呢？每天晒晒我的軀殼，就是我要做的所有的事了。」

「你沒有家？」

「沒有。與其承擔家庭的負累，不如乾脆沒有。」孤獨者說。

「你沒有你的所愛？」

「沒有，與其愛過之後便是恨，不如乾脆不去愛。」

「你沒有朋友？」

「沒有。與其得到還會失去，不如乾脆沒有朋友。」

「你不想去賺錢？」

「不想。千金得來還復去，何必勞心費神動軀體？」

「噢。」僧人若有所思，「看來我得趕快幫你找根繩子。」

「找繩子做什麼？」孤獨者好奇地問。

「幫你自縊。」

「自縊？你叫我死？」孤獨者驚詫道。

「對。人有生就有死，與其生了還會死去，不如乾脆就不出生。你的存在，本身就是多餘的，自縊而死，不是正合你的邏輯嗎？」

孤獨者無言以對。

「蘭生幽谷，不為無人佩戴而不芬芳；月掛中天，不因暫滿還缺而不自圓；桃李灼灼，不因秋節將至而不開花；江水奔騰，不因一去不返而拒東流。更何況是人呢？」僧人說完，拂袖而去。

生是頭，死是尾，中間的是過程，也被稱為人生。

人生只是一個過程，赤裸裸來，赤裸裸去。

人生是一個過程，從胎兒、嬰兒、孩童、少年、青年、中年，到老年。這個過程詮釋著生命的真諦，包含了人活著的酸甜苦辣，凸顯著人生得意的光芒和失意的黯淡。

人生是一個過程，我們不該因為過程中想要得到又會轉瞬即逝的東西而憂心忡忡，盲目浮躁！

一位哲人說：「勇敢減輕了命運的打擊。」只要你決意做一個勇敢的人，對自己負責、對生命負責、對生命中每一個場景負責，勇於面對人生中所有的逆境，那麼，你就已經是一個成功的人了。

參禪論道，莫離「世間、人生、生活、本心」。其實，我們生而為人，本身就是一種幸福，一個有智慧人的心，一定有著博大的胸襟、非凡的氣度及豁達的情懷，他們在逆境中磨煉心靈，而此時心靈告訴他們「風物長宜放眼量」，生活的痛苦有如蚌之含沙，在痛苦中，彷徨失意中，你卻可以潛心修得一顆如珍珠般的心靈！

很多人都會要求完美，要求完美固然很好，表示精益求精，更上層樓；但是，有的人因為小小的缺陷而全盤否定，有的人因為小小的遺憾而全部放棄，這樣的追求完美，有時反而因噎廢食，流於吹毛求疵，對自己或是與自己共事的人來說，都會很辛苦。人生本來就有很多的缺陷，因此在追求完美的同時，要能認清人生實相，例如：有苦有樂的人生是充實的。大致說來，人都是「趨樂避苦」，這是很自然的事。但是佛說世間是苦，因為這是實相，所以人生不能只是一直希望獲得快樂，而不肯面對苦難。沒有經過苦難的快樂，讓人感到虛假不實在；能夠克服困苦而獲得的快樂，才顯得珍貴，也才有成就感，因此有苦有樂的人生，才是充實的。

第四章　道

一粒沙塵、一方世界、一朵野花、一個天堂

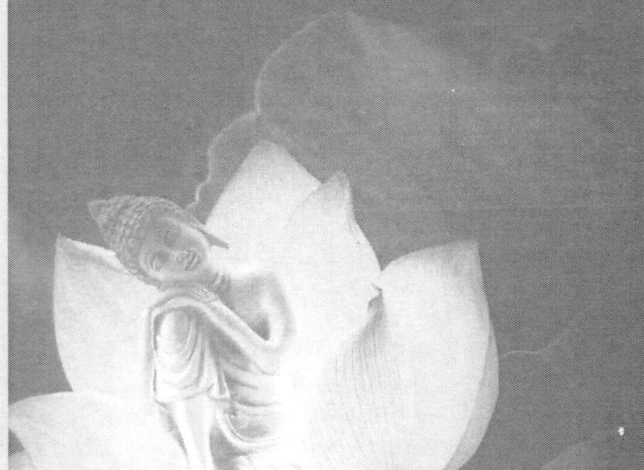

一、真正的道，就在你自己身邊

青青翠竹，絕無法身；鬱鬱黃花，更非般若。南懷瑾先生啟發我們，就是去身見，去世間之見，把物質世界、空間的觀念、身體、佛土觀念，統統去掉。轉用另一種說法，就是把所有時空的觀念、身心的觀念統統放下，在最平常的狀態中，靜靜等待真諦之光的啟示。只要你摒棄了根深蒂固的不平常心，自然水退山顯、豁然開朗。

人人都想成為禪師，為此不惜苦苦修練，苦尋問道。其實，禪不需要向外尋求，它並不離開世間的一切。生活中處處皆智慧，處處皆禪意，任何學問、任何事情，都是禪法。

鼎州禪師與和尚在庭院裡讀經，突然刮起一陣風，從樹上落下了好多樹葉，禪師就彎腰，將樹葉一片片地撿起來，放在口袋裡，旁邊的和尚就說：「禪師！不要撿了，反正明天一早，我們都會打掃的。」

鼎州禪師不以為然地說：「話不能這麼講，我多撿一片，就會使地上多一分乾淨啊！」

和尚又說：「禪師！落葉那麼多，您前面撿，它後面又落下來，您怎麼撿得完呢？」

鼎州禪師邊撿邊說：「落葉不光是在地面上，落葉也在我們心地上，我撿我心地上的落葉，終有撿完的時候。」和尚聽了之後，終於明白了禪者的真正生活是什麼。

鼎州禪師撿落葉，不如說是撿拾心裡的妄想與煩惱，大地山河有多少落葉不去管它，心裡的落葉撿一片少一片。

一、真正的道，就在你自己身邊

禪機妙意，無處不在，無處不有。有句話說：「一粒沙塵中包含一方世界，一朵野花中蘊藏一個天堂。」其實，說的就是這個道理，關鍵在於你是否能發現。

趙州禪師非常注重生活的佛教，生活中處處都表現他的禪風。

有數名學僧前來問禪，第一位學僧問道：「弟子初入叢林，請求老師開示！」

趙州禪師不答反問道：「你吃粥了嗎？」

學僧回答道：「吃粥了！」

趙州禪師指示道：「洗缽盂去！」

第一位學僧因此開悟。

第四位學僧因在趙州禪師住的觀音院參學十多年，所以也上前問道：「弟子前來參學，十有餘年，不蒙老師開示指導，今日想告假下山，到別處去參學！」

趙州禪師聽後，故作大驚道：「你怎可如此冤枉我？自你來此，你每天拿茶來，我為你喝；你端飯來，我為你吃；你合掌，我低眉；頂禮，我低頭；哪裡一處我沒有教導你？怎可胡亂冤枉我！」

學僧聽後，用心思想，趙州禪師道：「會就會了，假若用心分別，則離道遠矣！」

學僧似有所悟，但問道：「如何保住呢？」

趙州禪師指示道：「但盡凡心，別無聖解，若離妄緣，即如佛。」

所謂佛法、禪心，都應該不離生活，都是很平常的。不重生活，實離道遠矣！

南懷瑾先生說，禪並不是什麼神祕的東西，也非某種超自然的經驗或能力，它就在我們當下。當一個人能透過事物表象而徹了其本然時，那就是禪的境界，那就是不可思議的妙智慧。

佛曰：坐亦禪，行亦禪，一花一世界，一葉一如來，春來花自青，秋至葉飄零，無窮般若心自在，語默動靜體自然。單從佛教教義上看，南宗對佛的理解來的乾脆、徹底。不講究形式上的讀經、坐禪，來去自由，心無所拘，活得瀟灑閒適。日出而做，日落而息，手持藜杖無憂無慮於山水間，聽萬物聲息，看煙霞起落，便不是修禪，這個時候也會自然成佛了。

有個年輕人有諸多的煩惱和痛苦纏身。年輕人問佛：「我為什麼會有煩惱和痛苦？」

佛說：「人生的三大煩惱：妄想、分別與執著。」

年輕人問佛：「怎樣才能無憂無慮呢？」

佛說：「如果你不加給自己煩惱，別人也永遠不可能加給你煩惱。因為你自己的內心，你放不下。放下過去的不快之事，不妄想於未來，不分別於對立，不執著於現在，人生即可無憂無慮。」

年輕人似有所悟。

佛接著說：「當你快樂時，你要想，這快樂不是永恆的；當你痛苦時，你要想，這痛苦也不是永恆的。除此之外，你還要知道寬恕眾生，放過自己。」

「不寬恕眾生，不原諒眾生，是苦了你自己。你永遠要寬恕眾生，不論他有多壞，甚至他傷害過你，你一定要放下，才能得到真正的快樂，這也是最為善待自己的方法。」

年輕人說：「感謝佛祖的啟示。我明白了，原來煩惱和痛苦都是自找的啊！」

佛笑了。

佛家常勸世人要「活在當下」。到底什麼叫做「當下」？簡單地說，「當下」指的就是：你現在正在做的事、待的地方、周圍一起工作和生活的人；「活在當下」就是要你把關注的焦點集中在這些人、事、物上面，全心全意認真去接納、品嘗、投入和體驗這一切。

有個打魚的人，他每天只打一尾魚，那尾魚剛好可以換他一天的食物、水和煙。然後他就躺在沙灘上晒太陽，望著藍天白雲抽菸，悠閒自在。

這時來了一個商人，對他說：「老兄，我覺得你應該打更多的魚，然後把牠們賣掉，等存夠一定數量的錢後就買一艘船，再開著船到處做買賣……」

「然後呢？」那人問商人。

「然後就能賺很多很多的錢，就可以每天到海邊晒太陽，聽海……」

「可是我現在不正在晒太陽、聽海嗎？」

那人回答說，「更重要的是等我做夠了那些事，賺到了足夠的錢，也許我已經沒有時間來晒太陽聽海了……」

可見世界上沒有複雜的事情，只有複雜的心靈和黑洞般沒有邊際不知深淺的欲望。簡單是一種積極、樂觀向上的生活態度。生命太短暫，一生不過短短數十年，哪經得起那麼多無謂的折騰。

簡單就是要學會捨棄。這也要那也想，須知我們的雙肩載不動那麼多的金錢、名譽、地位、情感、哀愁和怨恨。乾脆地捨棄吧，輕輕鬆鬆地上路，多一點時間來聽花開花謝，多一點時間來關照日升日落，多一點時間來走向你心中的遠方。

簡單是一種速度。丟開一切束縛我們心靈和思維的桎梏，更不要讓世俗的網於無形中把你拉扯得身心俱憊、憔悴不堪。以一種快刀斬亂麻的方式，三下五除二地去做吧！簡單其實就是這麼簡單。

「春有百花秋有月，夏有涼風冬有雪，若無閒事掛心頭，便是人間好時節。」像品一杯藍山，一點一點地品嘗，一絲一絲地回味，恬靜、安逸、悠長。

在《景德傳燈錄》中有這樣一則公案，說的便是關於平常心的。

從諗禪師問南泉普願禪師：「什麼是道？」

普願禪師答：「平常心是道。」

從諗禪師又問：「可以趨向於道嗎？」

普願禪師說：「一考慮趨向就錯了。」

從諗禪師接著問：「不考慮怎知是道？」

普願禪師說：「道無所謂知或不知。知是虛妄幻覺，不知則不可斷定為善還是為惡。如果真正達到了不疑之道，就像虛空一樣的空曠開闊，怎麼可以強作評說呢？」

從諗禪師當即便領悟了。

一、真正的道，就在你自己身邊

平常心是道，僅僅做到了不貪、不嗔、不喜、不悲是不夠的，若我們能將心中那些惡念、那些虛幻的東西，如風吹散雲彩一樣全部驅散，我們的心靈便不會被外界所困擾，產生百般的奢望與恐懼，才是見到一顆存在於我們本性裡的平常心。

人心本自安閒，偏要追逐身外的名利聲色，正是自己擾亂了自己。人總容易沉迷於名利得失之中，天天都傷心費神，耗精耗氣，這樣神氣就枯竭了，勞心勞力，片刻不得安閒，身體沒有了滋養，人怎麼能不枯朽呢？真正懂得生活的人，是能夠在最繁忙、最混亂的時候靜下心來，並有足夠的涵養和功夫來了解和體察事態人情的。平常心藏於每個人的本性之中，只是一些人的平常心被心中的「迷霧」所遮擋，無法見「光」而已。以平常心觀不平常事，則事事平常。平常心是道，是一種不以物喜、不以己憂，無時不樂、無時無憂的道。

世上追求名利的人很多，追求清平安閒的生活也大有人在。我們要學會安閒的度日，世間所有的紛雜和鉤心鬥角，名利是非都與我無關。放眼於廣闊無垠的天地自然和歷史長河之中，從一時一事的是非、得失、榮辱中超脫出來，淡泊名利，隨遇而安。人的快樂是多樣的，關鍵在於自己的感受。安詳何須山水，減去心頭火亦涼。雖然粗衣淡飯但覺一塵不染，而憂患纏身，煩憂奔忙，雖衣錦厚味但覺萬狀苦愁。人生就像一場戲，儘管劇中曾經風光、繁華過，一旦落幕，一切歸於寂靜。我們不需要去逃脫人世，去過隱居山林的世外桃源生活。但是，一定要善於在鬧中生活，善於在忙中找到自己心靈的歸宿。

南懷瑾先生告訴我們一個最樸實的道理：那就是在自然天地之間，有無處不在的禪機妙意。一粒沙塵中包含一方世界，一朵野花中蘊藏一個天堂。

在這個物欲橫流，充滿誘惑的世界裡，人們為了生活而苦苦奔波勞累，在錯綜複雜的人際關係中周旋糾纏著，弄得心力交瘁。這些人覺得生活太複雜，人生太艱辛。其實，要想獲得輕鬆自在的生活並不難，那就是：活得簡單一點。

生活原本很簡單，只是因為人為的原因，才使之變得複雜起來。而這種複雜的活法，又多是功名利祿惹的禍。比如，為了一己私利，一時功名，人與人之間不惜鉤心鬥角，爾虞我詐，於是就活得累；比如，為了獵取更多生不帶來，死不帶去的「身外物」，人與人之間就不惜明爭暗鬥，相互算計，於是就活得沉重。我們如同身負重枷的行路者，在生活的道路上小心翼翼地踽踽獨行。

「簡單」是平息外部喧囂，回歸內在自我寧靜真實的自然狀態。「簡單生活」是一種不求繁複，無拘無束的精神自在；是一種超脫世俗，淡泊致遠的生活態度；是一種選擇，讓生活更貼近自然。無論是普通人，還是億萬富翁，同樣可以選擇過簡單自由的生活，關鍵是你自己的選擇和感覺。簡單的生活並不意味著物質的匱乏，它不受任何繁瑣碎事和吹毛求疵的羈絆。

南懷瑾先生又告誡道，人常常自命不凡，但是那只是自命啊！自己認為自己不凡而已。要真正到達最平凡處，你才會體會到最高的。

兩個年輕人對生活發表看法，其中一個年輕人說：「這個社會太不公平了，有錢的那麼有錢，無錢的貧窮落魄。」

不一會，另一個年輕人說：「這個社會很公平，事在人為。」

一、真正的道，就在你自己身邊

聽了兩個年輕人的話，不由讓人陷入了沉思。同樣的社會現實，有人以樂觀的心態生活處事，見到的都是陽光的一面，有人則以悲觀的眼睛看問題，觸目所及都是黑暗和災難。到底哪一種心態更好呢？

「平常心是道」，最早是由唐代著名禪師馬祖道一提出來的。平常心，是指眼前之境就是真心的顯現，當下就是真理，不需要到遙遠的地方追尋。

過去有一位年輕和尚，一心求道，希望早日成佛。但是，多年苦修參禪，似乎沒有進步。

有一天，他打聽到深山中有一破舊古寺，住持老和尚修練圓通，是得道高僧。於是，年輕和尚打點行裝，跋山涉水，千辛萬苦來到老和尚面前。兩人打起了機鋒。

年輕和尚：「請問老和尚，你得道之前，做什麼？」

老和尚：「砍柴擔水做飯。」

年輕和尚：「那得道之後又做什麼？」

老和尚：「還是砍柴擔水做飯。」

年輕和尚於是哂笑：「那何謂得道？」

老和尚：「我得道之前，砍柴時惦念著挑水，挑水時惦念著做飯，做飯時又想著砍柴；得道之後，砍柴即砍柴，擔水即擔水，做飯即做飯。這就是得道。」

老和尚的一句得道就是砍柴即砍柴、擔水即擔水、做飯即做飯道破了禪機。的確，認認真真地去做好身邊的每一件事情便是得道。

是的，道在平常日用間。真正的道，真正的真理，絕對是平常的，最高明的東西就是最平凡的，真正的平凡，才是最高明的。做人也是這樣，最高明的人，也最平凡，平凡到極點的人就是最高明的人。

「若無閒事掛心頭」不是口頭說說即得，而是必須痛下工夫，才能到達的境界。無門慧開評道：「趙州縱饒悟去，更參三十年始得。」雖然趙州明白「平常心是道」，卻也花了三十年的實踐工夫，才達到知行合一、理事圓融的境界。

二、要保持內心的清淨，必須先從日常之處做起

南懷瑾先生告訴我們，無煩惱，無妄想，就是信心清淨，自然達到清淨的究竟；立刻可以見到形而上的本性，即生實相。實相般若就是道，明心見性就是見這個。要想明心見性，必須先要做到信心清淨，能夠生出實相，還要從平常之處做起。

所謂平常心，不過是我們在日常生活中處理周圍事情的一種心態。平常心屬於一種「常態」，平常心貴在平常，波瀾不驚，生死不畏，是有一定修養後方可具有的，它屬於一種維繫終身的處世哲學。

莊子認為，人處在清靜境界，放鬆自己的身體，去掉自以為是的偏見，不再受到形體和知識的拘泥，與通達萬物的大道混融一體，這叫做「坐忘」。道家「以靜為體」，以貴生、無為為特點。認為欲望太過會致疾損壽，主張清靜養神，「淡然無味，神氣自滿，以此將為不死藥」。

思想安靜，清閒，不要存過多欲望，而這樣做就能使神志健全、精神內守、益壽延年。莊子在〈外篇．天道〉中說：「靜則無為……無為則俞俞，俞俞者，憂患不能處，年壽長矣。」在〈外篇．在宥〉中說：「必靜必清，無勞汝形，無搖汝精，乃可以長生。」意思是說，心境虛空才會平靜寧寂，平靜寧寂才能自我運動，沒有干擾地自我運動也就能夠無不有所得。

一個人的內心越淡定從容，就越會捨棄那些激烈的、宏闊的、張揚的外在表象，而尊重安靜的、內心的聲音。

明代大學者王陽明所說的：「破山中之賊易，破心中之賊難。」貪婪就是人心中之賊。人之所以心不清淨，並不完全因為貧困，只是他永不滿足，希望獲得更多。貪婪的人，被欲望牽引，欲望無邊，貪婪無邊。

心靈最容易受傷和被汙染。以淨心看世界，世界便是一片充滿著清幽、安寧的綠洲，即使鳥鳴蟬噪也能令人感受到「林愈靜，山更幽」的意境。心靜時，靜如松竹之淡泊，只邀清風明月相戲；靜如山石之沉穩，仁者棲身，靜如海；月之平和，只孕珠貝之翕張。只要內心世界寧靜，所有的動則會趨於靜。

當年，弘一大師在任教的時候，即使遇到很頑劣的學生，他也不大動肝火，而是臉上稍微顯得有點生氣，連說幾聲：「無趣，無趣！」因此學生們對他無不敬畏悅服。姜丹書曾稱之為「魔力」，其感化力非常人能及。

一九三七年，大師在青島湛山寺弘法，期間爆發了「中日戰爭」，大師十月完成弘法任務後返回上海，這時候日軍正在瘋狂地進攻上海，夏丏尊先生去見他，四周炮彈爆炸的聲音震耳欲聾，驚得夏丏尊不時地抬頭仰望天空。大師靜靜地坐著念他的佛號，對夏丏尊說：「世間一切本來都是假的，不可認真，上次我不是替你寫過一回《金剛經》的四句偈麼：一切為有法，如夢幻泡影。如露亦如電，應作如是觀。」

見大師如此安靜，夏先生也就不怎麼慌了。之後夏先生和大師照了一張相，因為從那以後，大師就很難重回上海相聚了，實際上那是他最後一次到上海。在這張相片上，大師神情自然，面帶微笑，如果你知道這是在隆隆炮火聲中照的，一定會更加驚奇。

弘一大師心懷慈悲，善待眾生，這從他的日常行為中便可見一斑。正因為如此，所以大師能忍耐常人所不能忍的苦，也能得別人得不到的道。

心就是心，柔軟、純潔、晶瑩剔透，只有堅持自覺洗滌、自我淨化，才能永保心的本真。佛教常把汙染我們心靈的雜念喻為塵埃，《華嚴經》上說：「清淨的水器，會映現物影；但是破器、濁心的眾生，則無法顯出如來佛祖的身影。」清淨之水如鏡，當然可以彰顯萬物，但是破了的水器無法容水，濁了的心，也看不到自己的容顏，當然就見不著自性的光明了。

保持一顆清淨純潔的心，其道理也是一樣，我們的生活環境像瓶裡的水，我們就是花，唯有不停淨化我們的身心，變化我們的氣質，並且不斷地改掉陋習與缺點，完善自我，才能不斷提升自己，實現自我超越。一個人應該用真觀之心去觀察現象世界，認清它的虛幻不實，不為外物所迷惑。

朱慈目居士對佛光禪師說：「禪師！我潛心修佛已經有二十多年了，最近以來，感覺不如以前了。」

佛光禪師問：「以前如何，現在又如何？」

朱慈目說：「我以前在持佛號時，心中感覺有佛性，就算口中不念，而心中仍然覺得佛聲綿綿不絕，那聲音像泉源會自動流露出來；現在呢，感覺靈思枯竭。」

佛光禪師說：「以前的你的確不錯，那樣學禪已經到了找到自我真心的境界了啊。」

朱慈目說：「謝謝，但我現在不行了，我現在很苦惱，因為我的真心不見了。」

佛光禪師疑惑地問：「真心怎麼會不見呢？」

朱慈目說：「因為我與佛相應的心沒有了，心中佛聲綿綿不斷地靜念沒有了，再也找不回來了。禪師，我為此很苦惱，請您告訴我，我到哪裡去找我的真心呢？」

佛光禪師啟示：「尋找你的真心，你應該知道，真心並不在任何地方，你的真心就在你自己的身中。」

朱慈目說：「我越是找不到真心，就越是想找，如此下來，感覺心理十分焦慮。」

佛光禪師說：「因為你刻意和妄心打交道，真心自然就離你而去了。」

朱慈目聽後，頓時開悟。

因此，一個遺失了生命靈性的人，一定不要用刻意心去求，更不能鑽故紙堆，而應該充分調動自己的本心和靈性，貼近自然領悟本源、追求簡單，內心自然輕鬆，讓自己的生命在當下的生活中鮮活起來。修禪從某種意義上說就是要找一個人作為人時所需要的靈性。

真心沒有了，這就好像說失落了自己，找不到自家的家門。人為什麼會有各式各樣的迷惑呢？原因就在於虛妄遮蔽了真心。

保持內心世界的寧靜，是一種修養，一種智慧，一種境界，也是成就事業的必要條件。古人云：「吾門如市，吾心如水。」一個人在他的心境寧靜如水的時候，他的心力、智慧、靈感，才會處於活躍的狀態，創造的潛能才能得到最好的發揮。而一旦失去了這份寧靜，就會陷入浮躁的泥潭不能自拔，最終得到的只能是悵然失望、抱怨無窮。

佛家認為，主客觀之間的矛盾，是困惑、苦惱的根源。外部的客觀環境是永恆不變的，真正的困惑是自身的「主觀」世界。要破除它，應放下掛礙，安頓身心。清醒者就要有一顆平常心，無念心，保持心的清靜，清澈無礙，真如自在便是佛。

弘一法師遠離了世俗的孤單，選擇了一個人的內心清淨。他在佛法中尋得了內心的寧靜，這份寧靜，使他曾經饑渴的內心綻放出芬芳的蓮花，使荒涼如沙漠的靈魂注入一股甘洌的清泉。他孤單，但並不寂寞，他感到的只是清淨。這份清淨，使他能聽到落葉的聲音，明白時光的絮語。有的人認為清靜是一種難耐的寂寞，他卻覺得清淨是難能可貴的。

唐朝時，有一位懶瓚禪師隱居在湖南南嶽衡山的一個山洞中，他寫下一首詩，表達他的心境：

世亨悠悠，不如山嶽，臥藤蘿下，塊石枕頭；

不朝天於，豈羨王侯？生死無慮，更復何憂？

這首詩傳到唐德宗的耳中，德宗心想，這首詩寫得如此灑脫，作者一定也是一位灑脫飄逸的人物吧？應該見一見！於是就派大臣去迎請懶瓚禪師。

大臣拿著聖旨東尋西問，總算找到了懶瓚禪師所住的岩洞。見到懶贊禪師時，正好瞧見禪師在洞中生火做飯。大臣便在洞口大聲說道：「聖旨駕到，趕快下跪接旨！」洞中的懶瓚禪師毫不理睬。

大臣探頭一瞧，只見懶瓚禪師以牛糞生火，爐上燒的是地瓜，火愈燒愈熾，整個洞中煙霧瀰漫，熏得懶瓚禪師鼻涕縱橫，眼淚直流。大臣忍不住說：

「和尚，看你髒的！你的鼻涕流下來了，趕緊擦一擦吧！」

懶瓚禪師答曰：「不用了，我的心涼爽極了。」

心若清淨，凡事簡單。才能盡享生命的清閒之福。可是世界上的人有清閒不肯享受，有好身體，也要去消耗掉，而且真到了清閒時刻，自己反而悲哀起來。這類人內心是喧囂的，所以，他懂清淨的感覺，不懂清閒的滋味。

心若清淨才能有心思吃茶，才能品味出茶的美好。一個想得太多的人，心靈如同投進石子的湖面，波紋帶走了原來的平靜。偶一為之沒有關係，若常常如此，心湖沒有靜止的時候，那他的人生真是極其可悲了。達到佛境界的人生，是內心清淨的人生，不會想太多，亦不會要求太多，就像母體中的嬰兒，處於一種無可無不可的快樂無憂的境界。

三、愛一切世人，設法消釋世俗之累

人的機心心理、怨恨心理、仇恨心理，與蜜蜂的刺很相像。不用則已，一用也與蜜蜂的命運差不多，輕則陷入痛苦的深淵，重則失去生命。

佛說，以人樂為吾樂，以人憂為吾憂，凡事想要使眾生得到利益。跳出偏執狂的、自我中心的繭，愛這個世界，愛你身邊的人，愛所有的人，和他們——哪怕是那些守在此岸的人——建立平等和諧的關係。

什麼是貪?南懷瑾先生說，貪名、貪利、貪感情、放不下，貪這個世界上的一切，都屬於貪。

某日，無德禪師正在院子裡鋤草，迎面走過來三位信徒，向他施禮，說道：「人們都說佛教能夠解除人生的痛苦，但我們信佛多年，卻並不覺得快樂，這是怎麼回事呢?」

無德禪師放下鋤頭，安詳地看著他們說：「想快樂並不難，首先要弄明白為什麼活著。」

三位信徒你看看我，我看看你，都沒料到無德禪師會向他們提出問題。

過了片刻，甲說：「人總不能死吧!死亡太可怕了，所以人要活著。」

乙說：「我現在拚命地勞動，就是為了老的時候能夠享受到糧食滿倉、子孫滿堂的生活。」

丙說：「我可沒你那麼高的奢望。我必須活著，否則一家老小靠誰養活呢?」

無德禪師笑著說：「怪不得你們得不到快樂，你們想到的只是死亡、年老、被迫勞動，不是理想、信念和責任。沒有理想、信念和責任的生活當然是很疲勞、很累的了。」

信徒們不以為然地說：「理想、信念和責任，說說倒是很容易，但總不能當飯吃吧！」

無德禪師說：「那你們說有了什麼才能快樂呢？」

甲說：「有了名譽，就有一切，就能快樂。」

乙說：「有了愛情，才有快樂。」

丙說：「有了金錢，就能快樂。」

無德禪師說：「那我提個問題：為什麼有人有了名譽卻很煩惱，有了愛情卻很痛苦，有了金錢卻很憂慮呢？」信徒們無言以對。

無德禪師說：「理想、信念和責任並不是空洞的，而是展現在人們每時每刻的生活中。必須改變生活的觀念、態度，生活本身才能有所變化。名譽要服務於大眾，才有快樂；愛情要奉獻於他人，才有意義；金錢要布施於窮人，才有價值，這種生活才是真正快樂的生活。」

為求利益，而過於算計成本，總給人奸詐、貪婪的感覺。如果醫生不去救死扶傷、民眾不去無私奉獻、人與人只有利益關係、只有等價交換的關係，人心被自私、自利所包圍，人心就會異常的冷漠。

一個印度人看見一隻蠍子掉進水中團團轉，他當即就決定幫牠，他伸出手指捉牠，想把牠撈到岸上來，可就在他的手指剛碰到蠍子的時候，蠍子猛然地螫了他一下。

但這個人還是想救牠，他再次伸出手去試圖把蠍子撈出水面，但蠍子再次螫了他。

旁邊一個人對他說：「牠一直螫你，為什麼還要救牠？」

這個印度人說：「螫人是蠍子的天性，而愛是我的天性，我怎麼會因為蠍子有螫人的天性就放棄我愛的天性呢？不要放棄愛，不要放棄你的美德，哪怕你的周圍的人都要螫你。」

一個人的人生價值和真實幸福，不能僅僅囿於個人的一管之見、一私之利。要關愛別人、回饋社會，要「先天下之憂而憂，後天下之樂而樂。」

要冷靜問問自己，我們在追求什麼？我們活著為了什麼？這個問題有很多答案。有人會說為了錢，有人會說為了能吃好、穿好、玩好，也有人說我們在追求幸福和快樂。什麼才是幸福？如果一個人每天都無所事事，悠悠自得，作為人生的消費者，就是空過人生。很多時候，為事業、為愛情、為家庭，不得不拚命去工作，去賺錢，去操勞，這種日子什麼時候是個頭啊？生活就像根鞭子，而自己卻像只陀螺，自旋轉到形神俱疲。這時候，難免心中感慨。

這個世界、各行各業之間何嘗不是「人人為我，我為人人」？我們在付出勞動的同時，又有多少人在為我們付出？包括我們的衣、食、住、行、吃、喝、玩、樂。

佛說，貪、嗔、痴為人生「三毒」，是為眾生業障的根本。妒忌、殘害等心理，都是隨三毒而來的無名煩惱。在這三毒之中，「貪」為第一毒。貪婪妨礙一個人未來的廣闊生活空間，使他短視、氣度狹小。因此，一個人要想有一個純樸寧靜的心靈，首先就要驅除貪的念頭。

一位失意的青年去寺廟拜訪一位得道高僧，向大師請教快樂的真諦。

青年問：「大師，我如何才能變成一個快樂的人呢？」

大師說：「我送給你四句話：『把你當成你，把你當成別人，把別人當成你，把別人當成別人。』如果你把這四句話領悟了，你就知道怎麼做一個快樂的人了。」

青年想了很久，才開口說：「把自己當成自己，就是要做真實的自我。把自己當成別人，就是要替別人著想。把別人當成自己，就是要幫助別人，把別人當自己一樣來愛惜。把別人當成別人，就是要充分地尊重每個人的獨立性，尊重別人的個性和生活方式。」

大師對青年的回答非常贊許，說：「去吧，你已經領會了快樂的真諦，接下來你就應該去做了。」

人活在這個世界上並不是一個單一的個體，總要和別人打交道。如果和別人交往的時候老想著自己怎麼樣，總以自己的立場來看別人，難免會產生誤會，誤會則會導致不愉快。

社會是由形形色色的人組成的，每個人的立場不同，工作性質也不一樣。在這眾人聚集的場所裡，總會發生一些意想不到的誤解，甚至是摸不著頭緒的糾紛。當遭人誤解時，工作、學習、生活等進行就會顯得困難重重，不但是自己的損失，還會影響到團體的利益。誤解是每個人一生中所必須面對也是最不想面對的問題。我們經常會問自己，是怎樣讓別人對我產生誤解的呢？

(1)表達不清。

有的人在表達或說明資訊時，常常在言辭上有所缺失，結果弄得只有自己明白，別人卻一點也沒聽懂，這種人就是缺乏「讓對方明白」的意識，以致容易招來對方的誤解。

(2)過於謹小慎微。

有的人不管什麼事，都顧慮過多，從不發表意見。因此，個人的存在感相當薄弱，變成容易受人誤會的對象。這樣的人總寄望對方不必聽太多說明就能明白，缺乏積極表達自己意見的魄力。對於這種類型的人而言，含蓄並不是美德，這一點要深刻反省。

(3)自以為是。

有一種人是頭腦聰明，任何事都能辦得妥當，但是卻經常自以為是，我行我素。即使著手一件新工作，也從不和別人招呼一聲，只管自作主張地埋頭苦做。這麼一來，即使自己把工作圓滿完成，上級及周遭的人也不會歡迎。

(4)給人印象不好。

人對視覺上的感受印象最深刻。雖然大家都明白「不可以貌取人」，但是，實際上雙眼所見的形象，往往成為評判個人的標準，這個印象可能是造成誤解的原因。如果讓周遭的人有了不好的印象，且造成誤解，若不早點解決，恐怕不好收拾。

(5) 說話欠缺考慮。

誤解，它不同於嫉妒、誹謗、惡語中傷。嚴格地說，它是別人沒有正確地理解你的言行，甚至產生相反的理解。被人誤解、無端地蒙受冤枉和委屈的確是件令人不愉快的事情，但是，如果你一遭到別人的誤解，就不能冷靜地克制自己，而採取當場頂撞、抗拒的態度，在公眾場合搞得雙方都下不了臺，形成以錯對錯的局面，使彼此的關係進一步僵化，甚至於互相形成偏見或成見，後果是很不好的，而且你因此還要承受很大的壓力。別人誤解你屬於人際間的認知關係問題。例如，有的人因為缺乏經驗，往往從表面現象上認識別人，從而對別人作出錯誤的判斷。當然，有時候在人與人之間的認知關係中，也有較多的情緒因素摻雜其中，比如，有的人對自己喜愛的人容易感知到其優點，對嫌惡的人則容易感知其缺點，但這種情況是個別的、少見的。當你認識到這其中的原委時，你就能夠很好地處理別人對你的誤解，也就緩解了自己的壓力。

人與人之間相處，應該縮小自己、開闊心胸，讓自己可以走進別人眼裡，甚至進入他人的心裡，而不會刺傷人。我們一定要了解別人的立場，人與人之間會衝突、不愉快、會爭執，是因為我們沒有站在對方的立場。立場不同，看法就不同，作風也不同。替別人著想，就要克服自我中心的人格特質。自我中心的人，以睥睨的眼光看人，以不屑的語言抨擊人，當自我中心膨脹到一定程度時，就開始與別人衝突。很不幸的是，這些衝突和爭吵，並沒有引導他去關心別人、尊重別人和改進溝通的方法，結果，他總覺得別人是錯的，別人對不起他，甚至認為別人無知，相對的，別人也會因為他的自大，而與他疏遠。

人類之所以要過群居的生活，就是為了互助的方便。為他人盡力，即是為自己盡力，因為一個人在幫助別人時，無形之中就已經投資了感情，別人對於你的幫助會永記在心，只要一有機會，他們也會主動幫助你的。

在泰戈爾看來，只有愛，才能把人的靈魂統一起來，才能把人和自然萬物統一起來。透過愛，人們在自己周圍的事物中證悟了他自己；透過愛，人們超越自己的局限而進入無限；透過愛，人類的靈魂充滿完美的意願。泰戈爾勸誡人們，要以一種無差別、無憎恨、無敵意的精神，以無限的慈悲對待眾生，當立、行、臥，直到睡眠時，都要保持既定的慈悲精神，這就是宗教虔誠的行為。

人人應該做兩種利益，一是利益自己，二是利益他人。只想為著自己的利益的人是自私的人、貪欲的人、侵占他人、沒有公平的心、不資助別人的人，所以，是心地汙穢不淨的人。

佛法啟示我們，人生是緣起的，而緣起的人生，便是互助的人生。所以人生的意義，並不在為個人的享受，乃在求個人的健全，以謀全體社會的大幸福。因為社會包括了個人，社會得到了大幸福，個人的幸福也在裡面了。要是我們只顧個人的幸福，而不顧社會幸福，甚至妨害社會幸福，那麼社會的幸福被害了，結果個人的幸福也得不到。

四、最好的生活態度就是「隨緣」

如果把天地當做一個大熔爐，那麼造物主就是鐵匠，人只不過是棋子而已。在現實社會中，人面臨死生、存亡、窮達、禍福、貧富、毀譽、饑渴、寒暑、是非、賢與不肖等等，這些既不可抗拒亦非人力所能改變。這是造化之功，是事世之變，是命運之行。

南懷瑾先生說：「要學習超然物外，不要執著於萬事萬物，因為塵世間萬事萬物都是無常。」不要執著，不代表不讓生活中任何感情和經驗穿越心扉，事實恰恰相反，我們要讓所有的情緒、體驗、經驗穿透心房，只有真實去接受、體會和認清這些經驗，才能讓它離開、不再執著。不執著了，就會享受當下，坦然接受一切。

炎熱的夏天，禪院的草地一片枯黃。「快撒點草種子吧！」小和尚說。

「等天涼了。」師父揮揮手，「隨時。」

中秋，師父買了一包草籽，叫小和尚去播種。秋風起，草籽邊撒邊飄。

「不好了，好多種子被風吹飛了。」小和尚喊。

「沒關係，吹走的多半是空的，撒下去也發不了芽。」師父說，「隨性。」

撒完種子，跟著就有幾隻小鳥來啄食。

「要命了！種子都被鳥吃了。」小和尚急得跳腳。

「沒關係，種子多，吃不完。」師傅說，「隨遇。」

半夜一陣驟雨，小和尚早晨沖進禪房：「師傅！這下真完了。好多草籽被雨沖走了。」

「沖到哪理，就在哪裡發。」師父說，「隨緣。」

一個星期過去，原本光禿的地面，居然長出許多青翠的草苗，一些原來沒播種的角落，也泛出了綠意。

小和尚高興得直拍手。師傅點頭：「隨喜。」

佛教主張萬事隨緣，也就是凡事順其自然，對結果不必強求。一個懂得隨緣，順其自然的人，他們可以在風雨飄搖、艱難困苦的生活中，談笑自若、平靜自在。老和尚隨口說出的五隨，足以見得他滿是淡定超然的禪意。世間一切皆佛法，順其自然就是得道。我們若看待自己的命運像小和尚的師傅對待草籽一樣，我們的生命就會輕鬆隨性，收穫意想不到的大充實。

人活於天地之間，常常為生計所迫，東奔西走，艱辛勞碌，被名利所包圍，被謀略所糾纏，被事業所壓迫，被巧智所蠱惑，被名利之心、謀略之心、企圖之心和智巧之心包圍，無常的人生，樂到極處就會變成苦，苦到極處也會轉向樂，能做到雲水隨緣之心態者又有幾？

老子曾經說：「人法地，地法天，天法道，道法自然。」意思是，只有一切都順其自然，才是最高的境界。我們也只有遵守自然的規律，一切隨緣，心才能自在平和，也只有這種遵守自然規律的態度，才可以讓我們遠離比較和嗔痴的煩惱，思想不被重重的顧慮和憂愁牽絆，就可以獲得心靈真正的自由。

四、最好的生活態度就是「隨緣」

某位學者說，簡單生活才能幸福生活，人要知足常樂，寬容大度，什麼事情都不能想繁雜，若心靈的負荷重了，就會怨天尤人，因此要定期地對記憶進行一次刪除，把不愉快的人和事從記憶中擯棄，人生苦短，財富地位都是附加的，生不帶來死不帶去，簡簡單單的生活就是快快樂樂的生活。

莊子說：「不以長壽為樂，不以早夭為悲，不以通達為榮，不以窮困為恥。」、「外化而內不化」，既保持了自己的人格尊嚴，又順應了外界的一切變化，喜怒哀樂不入胸次，獲得身心之解脫。

人之一生，遭遇的事情何止千萬，對遭遇的事情必須以良好的心態去對待。面對順利應該有安定的態度，做到不以順而驕，不以順利而沾沾自喜、忘乎所以，而應該居安思危。因為潛在的威脅就在自己的心安理得之中。

一位禪師有三個弟子，有一天，師父問三人：「門前有二棵樹，榮一棵，枯一棵，你們說是枯的好、還是榮的好？」

大徒弟說：「榮的好。」

二徒弟說：「枯的好。」

三徒弟說：「枯也由它，榮也由它。」

無論你選擇前兩者中的哪一種心態，都會產生得失之心，因受外境影響而或喜或悲，如枯也由它，榮也由它，則無論世事如何變遷，皆可泰然處之。

萬物因緣滅。世間萬象都是因緣和合而成。「隨緣」不是隨便行事、因循苟且，而是隨順當前環境因緣，從善如流；「不變」不是墨守成規、冥頑不化，而是要擇善固守。隨緣不變，則是不模糊立場，不喪失原則。在世間做人，雖然要通情達理、圓融做事，但更要以因果規範為原則，才能夠達到事理一如。隨緣不變，則是不違背真理。

南懷瑾先生說：「不管學佛不學佛，一個人想做到隨時安然而住是非常困難的。」有一句俗語「隨遇而安」，安與住一樣，但人不能做到隨遇而安，因為人不滿足自己、不滿足現實，永遠不滿足，永遠在追求莫名其妙的東西。

每一個人在世俗的社會中薰染得久了，就會越來越世故，心靈的靈性就會越來越少，得先有顆自由飄逸的心，安閒自在，任意舒卷，隨時隨地，隨心而安。

隨心而安是一種境界。知足的人總是微笑著面對生活，在知足的人眼裡，世界上沒有解決不了的問題，沒有跨不過去的坎，他們會為自己尋找合適的臺階，而絕不會庸人自擾。知足的人，永遠是快樂的人。

快樂在於知足，不幸在於不知足。如果把不知足歸結為人類後天的變異，這不免有失公允。其實，不知足是一種最原始的心理需求，而知足則是一種理性思維後的達觀與開脫。《聖經》上說，上帝在為每個人關上一扇窗的同時，也會為他打開另一扇門。知足不是自我麻醉，自欺欺人，而是看清緊握在自己手中的一切，甩開自尋煩惱的悲觀失意，以樂觀向上的輕鬆姿態去迎接每一天的朝陽。

學會隨心而安，我們才能用一種超然的心態對待眼前的一切，不以物喜，不以己悲，不做世間功利的奴隸，也不為凡塵中各種攪擾、牽累、煩惱所左右，使自己的人生不斷得以昇華；學會知足，我們才能在當今社會愈演愈烈的物欲和令人眼花繚亂、目迷神惑的世間百態面前神凝氣靜，做到堅守自己的精神家園，執著追求自己的人生目標；學會知足，可以使生活多一點光亮，多一份感覺，不必為過去的得失而後悔，也不會為現在的失意而煩惱。擺脫虛榮，寵辱不驚，看山心靜，看湖心寬，看樹心樸，看星心明……

當不順心的事時常縈繞著我們的時候，我們該如何面對呢？凡事不要太過強求，「隨緣自適，煩惱即去」。其實，隨緣是一種進取，是智者的行為，愚者的藉口。何為「隨」？隨不是跟隨，是順其自然，不怨恨、不躁進、不過度、不強求；隨不是隨便，是把握機緣，不悲觀，不刻板，不慌亂，不忘形；隨是一種達觀，是一種灑脫，是一份人生的成熟，一份人情的練達。

「隨緣」，常常被一些人理解為不需要有所作為、聽天由命，由此也成為逃避問題和困難的理由。殊不知，隨緣不是放棄追求，而是讓人以豁達的心態去面對生活；隨緣是一種智慧，可以讓人在狂熱的環境中，依然擁有恬靜的心態，冷靜的頭腦；隨緣是一種修養，是飽經人世的滄桑，是閱盡人情的經驗，是透支人生的頓悟。隨緣不是沒有原則、沒有立場，更不是隨便馬虎。「緣」需要很多條件才能成立，若能隨順因緣而不違背真理，這才叫「隨緣」。

莊子妻死，他知道生死如春夏秋冬四季的變化運行，既不能改變，也不可抗拒，所以他能「順天安命，鼓盆而歌」；陸賈《新語》云：「不違天時，不奪物性。」明白宇宙人生都是因緣和合，緣聚則成，緣滅則散，才能在遷流變化的無常中，安身立命，隨遇而安。生活中，如果能在原則下恪守不變，在小細節處隨緣行道，自然能隨心自在而不失正道。

浮生若夢，萬事隨緣，學道容易得道難，功名如糞土，富貴亦浮雲；無相無物，放下一切，失就是得，人生是一道題，隨時你都必須捨得；色即是空，空即是色，知足即幸福，隨遇而安，隨時隨地享受快樂；心無旁騖，靜若止水，相信自己的價值，只要你有信心，人是錘煉出來的；善惡正反，一念之間；佛常無為，禪悟人生；即心是佛，佛因心得！

生活像一團亂麻，到處都有解不開的小疙瘩。生活能帶給我們快樂，也能帶給我們無盡煩惱。

哲學家講過：「生活像鏡子，你笑它也笑，你哭它也哭。」什麼叫幸福？幸福沒有固定標準，而且跟金錢、權力這些無關，甚至相反，因為它只是一種感覺，這種感覺就叫做「知足常樂」。做一個平凡的人，擔水劈柴；守住一顆平常心，擔水劈柴。正如佛家所言：「禪悟之前，擔水劈柴；禪悟之後，擔水劈柴。」沒有必要再過分苛求自己、勞累自己，每天保持一種輕鬆的心態，去享受生活的每一個美好瞬間，豈不更好？正如禪詩所云：

不求名利不求榮，
只去隨緣度此生；
一個幻軀能幾日，
為他閒事長無明。

禪所謂的「隨緣」，是以活潑流轉的生命之流，融入萬物虛空但不拘泥於虛空，從空境聖境中轉身而出，將小我轉化為大我，將個體轉化成全體，將「滿目青山起白雲」作為家風，隨緣任運、灑脫無拘，使個體生命與宇宙生命合而為一，時間與空間融成一體，至真至美、無拘無束。自然物象成了禪悟者的宇宙生命，個體生命與天地息息相通。這至大至全的我，這至醇至美的道，既有寧靜淡遠、繁華落盡的靜謐之美，又有鳶飛魚躍、生機勃發的流動之美。

五、放下一切，岸就在當下

南懷瑾先生說：「現在就是岸，一切當下放下，岸就在這裡。」

平常心是餓了吃飯，困了睡覺的心。世間的一切都是虛假無常的，認識到這個緣起無常的空性，就能看破放下，放下就會活在當下，修在當下，悟在當下；其實，修行的原因也是讓我們直面承擔，保持這種平常心罷了，所以說：「平常心就是道」。

一個落難的苦人找到一個老和尚傾訴他的心事。

他說：「我放不下一些事，放不下一些人。」

老和尚說：「沒有什麼東西是放不下的。」

他說：「這些事和人，我就偏偏放不下。」

老和尚讓他拿著一個茶杯，然後就往裡面倒熱水，一直倒到水溢出來。苦者被燙到馬上鬆開了手。

和尚說：「其實，這個世界上能有什麼事是放不下的呢？感覺痛了，你自然就會放下。」

南懷瑾先生認為，一切事情，物來則應，過去不留。能夠放下世間一切假象，不為虛妄所動，不為功名利祿所誘惑，一個人才能體會到自己的真正本性，看清本來的自己。

我們每日背負的太多太沉重了，從小到大，裝得滿腦子的名譽、利益、道德、風尚、摒棄與追逐。可是，縱然功成名就亦負重累累，哪得一日輕鬆？全部放下固然不容易，求取片刻輕鬆還是可以的，只與內心對話，閒雜妄念拋腦後。

有一天，一個人來到佛祖面前，問道：「梵行聖者，你們居住在樹林簡陋的茅屋裡，每天僅吃一頓飯，為什麼還這樣快樂？」

佛祖回答：「不悲過去，非貪未來，心系當下，由此安詳。」

佛祖寥寥數語，便道出了人生幸福的真諦：活在當下。

人們不快樂的原因，不僅僅因為身上的生活壓力，還源於對過去的追悔和對未來的擔憂。這好比一肩挑了三副擔子，如何能不活得累？把過去、未來這兩副擔子拋開，就會倍感輕鬆。

佛陀說，放下。人能放下，身心輕鬆。很多時候，如果我們想獲得從容、輕鬆、自由和解脫，就必須學會放下那些沒有意義的東西。可惜，大千世界，充滿誘惑；芸芸眾生，六根不淨。

五、放下一切，岸就在當下

人們之所以總是會有各樣的麻煩，是因為人們總是生活在過去或者未來，而往往忽視或者並不理會我們「當下」的生活。一個真正懂得「活在當下」的人便能「快樂來臨的時候就享受快樂，痛苦來臨的時候就迎著痛苦」，在黑暗與光明中，既不迴避，也不逃離，以坦然的態度來面對人生。

有一個富翁背著許多金銀財寶，到遠處尋找快樂，可是走遍千山萬水，也沒有尋到快樂的蹤跡。於是他沮喪地坐在山路旁。

此時正有一農夫背著一大捆柴草從山上走下來。看到富翁坐在那邊，就問他：「你坐在這裡做什麼啊？」

富翁說：「雖然我是一個人人羨慕的富翁，但是我並不快樂，我在尋找快樂。」

農夫問：「你找到了嗎？」

富翁搖了搖頭。然後他問農夫：「你知道快樂在哪裡嗎？」

農夫放下沉甸甸的柴草，舒心地擦著汗水說：「我把柴草放下就很快樂啊！」

富翁頓時茅塞頓開：原來放下就是快樂！自己背負那麼重的珠寶，擔心別人偷搶，害怕遭人暗算，整日憂心忡忡，哪來的快樂？於是，富翁將財寶接濟窮人，專做善事，而他的後半生一直生活在快樂中。

快樂就是這樣簡單：只需放下。

今天的社會，太多的欲望，太多的誘惑，很多人整天都被名韁利鎖纏身，何來快樂？整天陷入你爭我奪的境地，快樂從何而來？整天心事重重，陰霾不開，快樂又在哪裡？整天小肚雞腸，心胸如豆，無法開豁，快樂又何處去尋？放下名韁利鎖，快樂就會如影隨形。世界上有許多誘惑，金錢、桂冠、權貴，都是身外之物，只有生命才是最真實的。唯有心真正閒下來，放下對世俗人情的執著迷戀，才能將個人的精神提升到一個新的境界，才能感受到「人閒桂花落，夜靜春山空」的禪境。只有在滾滾紅塵中保持一份清醒，才能以一閒對百忙，以瀟灑的姿態應對人生。

苦在一切人面前都是平等的，只不過苦的方式不同而已。人活著為什麼會感到很累呢？就是因為總被種種外在的事相所迷惑，總期求得到的越多越好，以致肩上的擔子越來越重，連步子都邁不開了。人生是苦的，充滿煩惱，但如果放下執著，苦當下就是空，煩惱就是菩提，人生就是解脫。禪宗充分地發揚了佛教的解脫說，它要我們當下放下、五分別，凡夫是佛，婆娑世界就是淨土，在繁忙的人生中就能實現最大的自在。

有一天，懷海禪師陪馬祖散步。

聽到野鴨的叫聲，馬祖問：「那是什麼聲音？」

「野鴨的叫聲。」

過了好久，馬祖又問：「哦，剛才的聲音哪裡去了？」

懷海答：「飛過去了。」

馬祖回過頭來，用力擰著懷海的耳朵，懷海痛得大叫起來。飛去的不僅有野鴨，而且懷海的心，他還停留在野鴨那裡。

現實社會就是一張無常的塵網，一個人要學習超然物外，不要執著於萬事萬物，因為塵世間萬事萬物均是無常。既然世間的一切都是變幻無常的，還有什麼好執著的呢？

南懷瑾先生說，我們一切眾生，有一個「我執」，認為這是我，有個我，把我的現象執著得很厲害，認為我還有個心呢，把自己所有的妄念、意識、分別、煩惱，一切不實在的這些觀念、往來思想當成是真實的。人總是趨向於保護自我、相信我、供養我的，信賴自己的感覺，憑自己舊有的經驗行事，將自己抓得緊緊的。執著很多時候是一種愚昧的固執，有執著而後有貪戀，執著使我們成為一個套中人，處在自己溫室一樣的繭中，心安理得，坐井觀天。殊不知，世人所執著的我並不是那個真我，而是自性的一個幻影。如果一個人能夠放棄我執，就會減少很多煩惱，在人生的道路上就能輕裝上陣，去懷抱雨露陽光，收穫像金黃的稻子一般的幸福和快樂，走向無限廣闊自由的天地。

佛家認為，見性成佛，人的一切雜亂皆由心性而起，只有做到心性暢然，才會去除萬般煩惱。人是渺小的，心最不可測。用積極的心態看大地，到處是陽光普照，鮮花盛開；用消極的心態看世界，只有視覺的疲勞而已。

只有真正能夠活在當下的人，快樂時常與他相伴，空虛與他無緣，煩惱離他而去。就如同天上的雲彩，感覺來來去去。坐在這裡，不想過去，也不想未來，並且知道到自己在坐著。這一刻多美妙、多精彩。我們只澆灌心中歡樂、安詳的種子，而不去澆灌煩惱的種子。那麼，此刻我們已經步入到解脫道中了。我們要做一個快樂的現實主義者，人生最美好的選擇就是活在快樂的當下。《寶積經》云：「不分別過去，不執著未來，不戲論現在。」我們知道生命就在當下一刻，並且我們有可能握住當下，因此我們決心在日常生活中的訓練我們自己深入到生活中去。

只有當你放下對自我感觀思慮的執著、放下對外在享受的執著，你才能夠解脫出來。從這段問法，我們可以得悉，空就是放下成見，放下執著，放下貪欲，放下別人對自己的苛責，放下憎恨與不滿，放下一切，讓自己空空如也，才能讓心靈真正發出白內之光，智慧之泉，那就是覺悟，就是成佛之道。所以說：放下攀緣，心中空空如也，本來就是佛。

在我們尋常人的眼裡，世間的萬法往往被認為是實有的，加之我們以固有的觀念去看待世間的萬物，因而在我們主觀的視角中便產生畸形的人生觀，當做衡量世間一切事物的尺度，使我們深深地被是非煩惱困擾住了。於是人生就平生起了許多的痛苦，而我們自身又無法擺脫這種痛苦的纏繞。顯然，我們要擺脫世間各種煩惱的纏縛，單純地依靠世間的智慧，無疑是不可能實現的，有時我們還需要一種勇氣、一種敢於「放下」的勇氣。比方說我們對某些事「求不得」時，就會想盡一切辦法努力去爭取實現其目的，而當這一目的被實現之後，新的欲求又將會接著產生，由是轉而產生新的煩惱，如此則永無了期。此時此刻，如果我們心中能夠產生一種「放下」的勇氣，這個煩惱也就有了期限。

在平時生活中，我們也應該學會放下一點虛榮心、嫉妒心、偏執心、狹隘心。即使不能全部放下，最起碼放下一點雜碎的東西，讓自己簡單並且快樂。

不要一味地執著於既定的方向目標，也要回頭看看，也許更好的機會正在身邊卻一直被忽略，不要過於執著，要勇於放下。活在當下，我們不必太執著，很多時候，放開自我也是一種美，一種大智慧。

現代的人，都說容易迷失自我，容易找不到真實的自己，因為現代社會的轉速太快，自性都被各種欲望淹沒了。

六、孤零零地坐在古廟裡，不意味著就成佛了

修行就像我們日常生活中的吃飯、睡覺一樣，是平常的，用不著去談玄說妙，把修行說得神乎其神。修行其實就是一種隨意自然的生活，開悟也是在日常的運水搬柴的勞動中實現的。

禪宗既主張不脫離生活實際體悟自性，又反對以「空」對「空」的修練方式，此即既出世又入世的超然人生態度——「氣和容眾，心靜如空」。

學佛並不是孤零零坐在廟裡學佛的樣子，應該把握佛法的本質，放棄對外象的模仿，在正確的地方努力，才能事半功倍。不束縛於外相，不拘泥於常規，整合因緣，隨緣就勢。心中有佛，形式並不重要！

南懷瑾先生說，有些人認為，悟道以後，大概什麼都不要，什麼也都不相干，一切的一切都不管，跑到古廟深山，孤零零地坐在那裡，就以為成佛了。如果成了這樣的佛的話，世上多成一千個佛對他們也沒有關係，因為山裡早有的是佛，許多石頭、泥巴擺在那裡，從開天闢地

到現在，都可以叫做佛。反正它們對一切事物、一切出世入世的一概不理。其實，那是絕對的自我，看起來很解脫，一切事物不著，實際上是自我，為了自我而已！認為我要這樣，因為他下意識的意識形態有了這個法相。

著名禪師天然移住洛陽慧林寺。

一年冬天，洛陽氣候特別寒冷，為了取暖，天然把大殿裡的木雕佛像，用利斧劈破成小塊，燒了起來。

寺僧十分震驚，對他雖無辦法處置，卻冷言熱語說個不停。天然不以為然，卻笑著對僧眾說：「我是火化舍利來取得供養啊！」

僧眾說：「木頭哪裡會燒出舍利？」

天然悠然自得地回答說：「大家既然知道是木頭，為什麼還要責怪我呢？」說得眾僧無話可說，快快而去。

在天然心目中，宇宙真理才是佛身的真正表現，佛像不過是一堆物質而已。寒則取暖，熱則乘涼，不拘形式，順應自然。難怪馬祖讚揚他：「我弟子天然！」

翠微是天然的學生。

一天，翠微供養羅漢，有僧人問禪師：「你師父燒木佛，你為什麼還要供養羅漢？」

翠微說：「佛是燒不著的，想供養也任你供養。」

學佛參禪的人，念佛，想佛，希望能達到「佛入我，我入佛」的境地，那是他一生的追求。

從前，有一位老婦人，建了一座茅庵，供養一個和尚修禪，並且常叫一位少女送飯給禪僧。一天，她想試一試這位禪僧的修行工夫，便跟送飯少女囑咐了幾句話。

少女聽從吩咐，抱住和尚說：「你喜歡我嗎？」

不料，那和尚面無表情地說：「枯木倚寒岩，三冬無暖氣！」

少女回報了這情形後，老婦人嘆道：「想不到我二十年供養，只得一個無情俗漢！」於是，她趕走了和尚，一把火把茅庵燒掉了。

學佛修禪，不是為了把自己變成一個鐵石心腸、沒有絲毫感情的人，而是要變成一個慈悲度世的人。禪宗講「無念為宗」，真正的「無念」不是裝聾作啞，勉強自己追求清靜，而是要能在日常生活的所見所聞中，不生一切雜念妄想。

打坐不是打出來的，正如坐禪也不是坐出來的，禪從哪裡來？吃飯、讀書還是如廁、發呆？也許都是，也許都不是，這樣講話本來就已經太過機鋒了，因為如果太刻意，禪就失去了它的本來含義。

佛法是需要修正的，一個人去修正、實踐佛法不一定能成佛，但一個不去修正、實踐的學佛者則絕不可能獲得解脫。實證佛法是一個艱苦的過程。佛法並不離於世間，佛教的本旨只是要洞悉宇宙人生的本來面目，教人求真求智，以斷除生命中的愚痴與煩惱，修學佛法也並不一定都要離塵出家，在家之人同樣可以用佛法來指導人生，利益世間。

七、以出世的精神做入世的事情，心靈就少了浮躁

身做人世事，心在塵緣外。南懷瑾先生說，一般學佛的人觀念錯誤，認為學佛可以偷懶，可以躲避，以為學佛可以萬事不管。這完全是錯誤的態度，不但不夠小乘，連基本做人的行為都算錯誤的。

三十年前，一個年輕人離開故鄉，開始創造自己的前途。

他動身的第一站，是去拜訪本族的族長，請求指點。

老族長正在練字，他聽說本族有位後輩開始踏上人生的旅途，就寫了三個字：不要怕。然後抬起頭來，望著年輕人說：「孩子，人生的祕訣只有六個字，今天先告訴你三個，供你半生受用。」

三十年後，這個從前的年輕人已是人到中年，有了一點成就，也添了很多傷心事。歸程漫漫，到了家鄉，他又去拜訪那位族長。

他到了族長家裡，才知道老人家幾年前已經去世，家人取出一個密封的信封對他說：「這是族長生前留給你的，他說有一天你會再來。」

還鄉的遊子這才想起來，三十年前他在這裡聽到人生的一半祕訣，拆開信封，裡面赫然又是三個大字：不要悔。

中年以前不要怕，中年以後不要悔。

紅塵即俗世。各行各業，凡是想成功的人，生活都十分忙碌。往往弄得吃也不得安寧，睡也不得安寧，一天到晚為了名利，在世俗塵勞中輾轉沉淪。世人執著太多，愛恨名利，身心俱困，無有平靜之心，佛性已被泯滅。佛陀告訴人們，世間本來是虛幻，功名、利祿、情愛都是過眼雲煙。可是世人卻以虛當實，執著不放，就成了修練上的障礙。常人對名利情和世間一切的執著都是不好的東西，是修練中必須去掉的。

有一個從事房地產的年輕人，經過自己幾年的打拼，在當地已小有名氣了。他每天的生活就像上足勁的發條一樣，被傳真、資料、甲方以及各種方案充塞得滿滿的。

一天，這位年輕人加班到很晚。從公司出來後，走了很遠的路也沒有叫到車。走得熱了，他停下來，解開領帶，仰頭出了口氣。這時，他吃驚地看見星星在絲絨般的夜幕中閃爍著，洋溢著一種清朗的寧靜。一如他大學畢業前的最後一晚，幾個要好的同學躺在學校圖書館前的草坪上看到的那樣。那一晚，他們深深被血脈中擴張的青春激動著，廣袤的星空與未來的前途一片光明。

從那以後，他幾乎再也沒有時間去注視過夜晚的星空了。因為從他走入社會，他一直保持著彎腰向前奔跑的姿勢。太忙碌了，欲望總在膨脹，目標總在前方，不停地向前奔跑著……每個夜晚的這個時刻，他多半在應酬或是在做房地產計畫和方案，他從沒有想過哪怕透過一扇小窗，去望望寧靜的夜空，傾聽心靈一些細小的聲音。

幸福，它是一路上持續發生的，就如深夜靜謐而美麗的星空所帶給人的震撼，而非那個令人疲憊的終極雪球。幸福到底是什麼？許多人都在問，其實得到幸福很簡單。聽一聽自己內心的聲音，扔掉那些對自己來說十分奢侈的夢想和追求，那麼，你就被幸福包圍了。

有位著名的心理學家說：「一個人體會幸福的感覺不僅與現實有關，還與自己的期望值緊密相連。如果期望值大於現實值，人們就會失望；反之，就會高興。」的確，在同樣的現實面前，由於期望值不一樣，你的心情、體會就會產生差異。

一隻老貓見到一隻小貓在追逐自己的尾巴，便問道：「你為什麼要追自己的尾巴呢？小貓回答說：「我聽說，對於一隻貓來說，最為美好的便是幸福，而這個幸福就是我的尾巴。所以，我正在追逐它，一旦我捉住了我的尾巴，便得到幸福。」

老貓說：「我的孩子，我也曾考慮過宇宙間的各種問題，我也曾認為幸福就是我的尾巴。但是，我現在已經發現，每當我追逐自己的尾巴時，它總是一躲再躲，而當我著手做自己的事情時，它卻形影不離地伴隨著我。」

同樣道理，在現實生活中，人們總是喜歡拚命地追求、索取，以為這樣便可以得到幸福。殊不知，當你費盡心機地實現了這個目標，依然會感到幸福很遙遠。

修行根本不需要分別什麼「出世」、「入世」，世俗中的一切因果是不能迴避的，想解脫從眼前就可以開始，穿衣吃飯，坐臥住行、貧富貴賤等都應該成為修行的好道場。

修行首先要「出世」，但卻要從「入世」下手。多數人一開始修行的目的只是為了自己解脫，而少有一開始就想著為他人謀福的。

修行的「入世」，最終還是為了要「出世」。但「出世」並不是指消極避世或者迴避現實，而是指真心想要證得無上佛法，獲得超越徹底解脫。這是修行佛法的大原則，假如一個人執迷於現有的世界和生活，對修行還沒有生起真正的信心，那他還是擺脫不了苦。世俗是個大染缸，你要沒有出離它的心，就只能被無盡的煩惱淹沒，哪怕佛親自來度也度不了你。所以，「入世」修行要保持「出世」之心，這樣既利人，也利己，是徹底解脫、修正成佛的通途大道。

總之，修行是離不開「入世」的，也無須分「出世」與「入世」，世俗也是個人練習場，如果你善於利用它，煩惱也會變成菩薩，幫你修成正果。所以，佛從眼前的穿衣、吃飯開始，教眾人從「入世」修行著手，安住「出世」超脫之心。

《壇經》中慧能禪師曰：「不是風動，不是幡動，仁者心動。」內心空明、不被外界所擾，這是坐禪者應該達到的基本境界，也是人們行事處世的快樂之本。佛法在世間，不離世間覺，離世覓菩提，恰如求兔角。在生活中修行，在修行中生活。在生活中怎麼樣處理我們的心念，就是我們人生最大的問題。

南懷瑾先生貫通佛、道、儒三學，思想偏於儒學，對三者都有所吸收：儒家精進利生；道家謙下養生；佛家聖淨無生。一水猶如三面古鏡，觀照人生的不同趨向，何時何地應當何去何從，某時某刻應當如何運用寶鑒以自照、自知、自處。

對一般來說，學問僅僅是一種工具而已，有用則貴，無用則棄。對南懷瑾大師來說，學問是一種素養，得之於心、用之於身、隨之於意，到了這種境界，就稱得上真學問了！以出世的姿態入世，以入世的姿態出世。

臺灣有一句俗話叫「知足常樂」。佛教的理想是「少欲知足」。孟子曾說：「養心莫善於寡欲。」是說希望心能夠正，欲望欲少欲好。他還說過：「其為人也寡欲，雖不存焉者，寡矣；其為人也多欲，雖有存焉，寡矣。」欲少則仁心存，欲多則仁心亡，說明了欲與仁之間的關係。

自古仕途多變動，所以古人認為身在官場的紛華中，要有時刻淡化利欲之心的心理。利欲之心人固有之，甚至生亦我所欲，所欲有甚於生者，這當然是正常的。問題要能進行自控，不把一切看得太重，到了接近極限的時候，要能把握得準，跳得出這個圈子，不為利欲之爭而捨棄了一切。

人生在世，除了生存的欲望以外，人還有各式各樣的欲望，自我實現就是其中之一。欲望在一定程度上是促進社會發展的動力，可是，欲望是無止境的，欲望太強烈，就會造成痛苦和不幸，這種例子不勝枚舉。因此，人應該盡力克制自己過高的欲望，培養清心寡欲，知足常樂的生活態度。

《菜根譚》中主張：「爵位不宜太盛，太盛則危；能事不宜盡華，盡華則衰；行誼不宜過高，過高則謗興而毀來。」意即官爵不必達到登峰造極的地步，否則就容易陷入危險的境地，自己得意之事也不可過度，否則就會轉為衰頹，言行不要過於高潔，否則就會招來誹謗或攻擊。

同理，在追求快樂的時候，也不要忘記「樂極生悲」這句話，適可而止，才能掌握真正的快樂。大凡美味佳餚吃多了就如同吃藥一樣，只要吃一半就夠了；令人愉快的事追求太過則會成為敗身喪德的媒介，能夠控制一半才是恰到好處。

所謂「花看半開，酒飲微醉，此中大有佳趣。若至爛漫酩酊，便成惡境矣。履盈滿者，宜思之。」意即賞花的最佳時刻是含苞待放之時，喝酒則是在半醉時的感覺最佳。凡事只達七八分處才有佳趣產生。正如酒止微醺，花看半開，則瞻前大有希望，顧後也沒斷絕生機，如此就能悠久長存於天地畛域之中。

又如：「賓朋雲集，劇飲淋漓樂矣，俄而漏盡燭殘，香銷茗冷，不覺反而嘔咽，令人索然無味。天下事率類此，奈何不早回頭也。」痛飲狂歡固然快樂，但是等到曲終人散，夜深燭殘的時候，面對杯盤狼藉，必然會興盡悲來，感到人生索然無味，天下事大多如此，為什麼不及早醒悟呢？

常常看到有些人為了謀到一官半職，請客送禮，煞費苦心地找關係、托門路，機關用盡，結果還往往與願相違；還有些人因未能得到重用，就牢騷滿腹、借酒澆愁，甚至做出對自己不負責任的事情。凡此種種，真是太不值得了！他們這樣做都是因為太看重名利，甚至把自己的身家性命都壓在了上面。其實，生命的樂趣很多，何必那麼關注功名利祿這些身外之物呢？少點欲望，多點情趣，人生會更有意義，何況該是你的跑不掉，不該是你的爭也白搭。

因此，注重中庸並保持淡泊人生、樂趣知足的心態，才能使自己體會出無盡的樂趣，達到人生的理想境界。

八、不向靈山塔下求，靈山就在你心裡

南懷瑾先生說：「浪求就是亂求。」不必到靈鷲山求佛，不要跑那麼遠了，因為靈山只在你的心頭。每一個人自己的本身，就有一個靈山塔，只向靈山塔下修就行了。也有另外一種說法：「不向靈山塔下求」。

總之，這只是說明佛、道都在每一個人自己的心中，個個心中有佛，照後世禪宗所講：「心即是佛，佛即是心，不是心外求法。以佛法來講，心外求法都屬於外道。」

佛陀在菩提樹下成道時說：「奇哉！奇哉！一切眾生皆有如來智慧德相，只因執著妄想而不能證得。」這才是真正的自己。

有大珠慧海禪師去參馬祖。

馬祖問：「來這裡做什麼？」

慧海禪師曰：「來求佛法。」

馬祖曰：「我這裡一物也無，求什麼佛法，自家寶藏拋棄不顧，跑來這裡做什麼？。」

慧海禪師問：「哪個是我的寶藏呢？」

馬祖曰：「現在問我的就是你的寶藏，一切具足，更無欠少，使用自在，為什麼還要到外面去求呢？」

這個小故事令很多人找回了自我。人們常常習慣於到處求找，而忘卻自家寶藏。

南懷瑾說：「佛並不是權威性，也不是主宰性。佛這個主宰和權威，都是在人人自我心中。所以說一個人學佛不是迷信，而是正信，正信是要自發自醒，自己覺悟，自己成佛，這才是學佛的真精神。」

如果你離開「覺」去四處尋覓道場，就叫「背覺合塵」，覺就在這一念心裡。我們之所以是凡夫，之所以有種種的問題，就是因為我們看不見或不去看它，而從這裡轉過身，要去外面找覺悟。外面是什麼呢？外面就是「塵」，我們總想從塵裡面找到覺悟；想從外在的環境裡找到覺悟；想從別人那裡找到覺悟，或者想從佛陀、從菩薩、從智者那裡找到覺悟。

佛曰：「一花一世界，一草一天堂，一葉一如來，一砂一極樂，一方一淨土，一笑一塵緣，一念一清靜。」

昔時佛祖拈花，唯迦葉微笑，既而步往極樂。從一朵花中便能悟出整個世界，得升天堂，佛祖就是佛祖，誰人能有這樣的境界？這一切都是一種心境。心若無物就可以一花一世界，一草一天堂。參透這些，一花一草便是整個世界，而整個世界也便空如花草！

在禪宗看來，性、佛、自性、佛性，都是一個意思，意思是人的本性就是佛性，或者說佛就在我們的本性中。佛在我們的本性中，但你不能拿出來看到，所以說它是「有」，也是「無」。

夜深人靜的時候，不妨自己與心內的自己對話，這就是在與自性對話，保持自性，做真正的自己。保持自性是多麼的重要，它是我們的立身之本。就像佛陀所說的，我們時常忘記它的存在，但它卻永遠陪伴著自己。所謂，「我有明珠一顆，久被塵勞封鎖。今日塵盡光生，照破山河萬朵。」

《壇經》認為「萬法盡在自心」、「心生則種種法生，心滅則種種法滅」，只要達到「明心見性」，一念覺悟到了自我心性的空寂和清靜就是佛了。

人生苦短，快樂的寶藏往往就在自己的腳下，甚至就在自己的身上、在自己的頭腦裡。人生中難免想多享受一點快樂，那就只有放下那些欲望，拒絕那些誘惑，把快樂放在心中最顯眼的地方，讓自己時刻都能感覺到它的存在。所說的不求佛、不求法、不求僧，是指明心見性的「不求」。自性自心即是佛，不須外求。

對於你的苦惱，別人無能為力。人人都具足有真如妙心，依此真心來修行，將來功行圓滿，決定成佛。修行就是要修心，修心才能成佛。古人說：「佛在靈山莫遠求，靈山只在我心頭，人人有個靈山塔，好向靈山塔下修。」就是說這個實相、無相、無上法門的道理。

靈山塔到底是在什麼地方？看起來遠在印度，其實近在心中，求人不如求己，只有堅決要求自己，發奮圖強、精進不懈、勇往直前，才會有光明幸福的前途，得到徹底的成功。這就是求人不如求己，自己修行，才能度脫自己的道理。道場不在別的地方，就在此時，就在此地，就在此心。在每一刻回到你內在的覺照。

我們一直在尋找，想從這個世界上，為這個身心找到一個安身之處。我們去賺取財富，製造許許多多的關係，學習各種知識，不斷地參與各種訓練，為什麼呢？就是想為自己找一個安身立命之處。那麼，這麼久以來你找到了嗎？你想從哪裡去找呢？

佛陀曾說，不要向外追尋，你就是你自己的主宰。要明白這一點，需要覺悟，覺悟的可能性每個人都有，所以，佛是已經覺悟的眾生，而眾人是尚未覺悟的佛。追求覺悟的人，就是一座會行走的靈山；他所在之處，即靈山深處。

石屋禪師外出，晚上投宿一家旅店。到了半夜，石屋禪師聽到房內有聲音，以為是旅店主人，就問：「天亮了嗎？」

一個聲音回答：「沒有，現在還是深夜呢。」

石屋禪師心想，此人能在深夜一片漆黑中起床摸索，一定是見道很高的人，或許還是個羅漢吧？於是又問：「你到底是誰？」

「是小偷！」不想對方如此回答。

石屋禪師說：「唔！原來是個小偷。你先後偷過幾次啊？」

小偷回答：「那可數不清。」

石屋禪師就問：「每偷一次，能快樂多久呢？」

小偷說：「那要看偷的東西價值如何。」

「最快樂時能維持多久？」石屋禪師問。

小偷鬱鬱地說：「幾天而已，過後仍不快樂。」

石屋禪師嘲笑說：「原來是個鼠賊，為什麼不大大地做一次呢？」

小偷一聽，感興趣地反問：「你也做這個嗎？你偷過幾次？」

石屋禪師說：「只有一次。」

小偷很好奇，走近禪師問：「只有一次？這樣夠嗎？」

石屋禪師不容置疑地說：「雖然只偷一次，但畢生受用不盡。」

小偷情不自禁地又往前走近了一點，問：「這東西是在哪裡偷的能教教我嗎？」

這時，石屋禪師突然抓住小偷，用手指著自己的胸口大聲說道：「這個你懂嗎？這是無窮無盡的寶藏，你將一生奉獻給這項事業，畢生受用不盡。你懂嗎？」

小偷若有所思地說：「好像懂，又好像不懂，不過這種感覺卻是我以前從來沒有過的，讓人很舒服。」

後來，這個小偷改邪歸正，做了石屋禪師的弟子。

世人大多都貪取身外之財，而忘卻了自身的財富。其實，每個人的自身都是無窮無盡的寶藏，只要善於發現和利用，一生都享用不盡。不要總是依賴別人，把一切希望都寄託在別人身上，而要依靠自己解決問題，因為每個人也有許多事要做，他只能有限度地幫助我們，別人只能幫一時卻幫不了一世。所以，靠人不如靠自己，最能依靠的人只能是你自己。

慧能禪師見弟子終日打坐，有一次便問道：「你為什麼終日打坐呢？」

弟子回答：「參禪啊！」

慧能禪師說：「參禪與打坐完全不是一回事。」

弟子回答：「可是你不是經常教導我們要安住容易迷失的心，清淨地觀察一切，終日坐禪不可躺臥嗎？」

慧能禪師說：「終日打坐，這不是禪，而是在折磨自己的身體。」

弟子糊塗了。

慧能禪師緊接著說道：「禪定，不是整個人像木頭、石頭一樣的死坐著，而是一種身心極度寧靜、清明的狀態。離開外界一切物相，是禪；內心安寧不散亂，是定。如果執著人間的物相，內心即散亂；如果離開一切物相的誘惑及困擾，心靈就不會散亂了。我們的心靈本來很清淨安寧，只因為被外界物相迷惑困擾，如同明鏡蒙塵，就活得愚昧迷失了。」

弟子躬身問道：「那麼怎麼樣才能祛除妄念，不被世間之事所迷惑呢？」

慧能禪師說道：「思量人間的善事，心就是天堂；思量人間的邪惡，就化為地獄。心生毒害，人就淪為畜生；心生慈悲，處處就是菩薩；心生智慧，無處不是樂土；心裡愚痴，處處都是苦海了。」

弟子終於有所醒悟。

一個人能達到心靜的境界，就不會迷茫，可很少有人能做到，因為這世上有太多的誘惑和煩瑣。雖然我們不可能完全拋開世間之事，但有一點是要盡力做到的，那就是不要被外界環境所干擾。

我們每個人的生命就像靈山，就像佛塔一樣，道場在哪裡？道場就在你當下這一念心裡，包含著你所有的煩惱障礙和所有的智慧能力。這所有的煩惱障礙、智慧能力都是你真正修行的道場，你不需要再從別的地方去尋找道場。你是從生命的道場裡來，還是一直用這本來的道場去尋覓另一個外在的道場？在覺悟的心看來，在在處處都是道場。

真正的道場，出自你這一顆完完全全的真心。當每一刻你的心完完全全都在道的狀態，與一切事物真相相合且不是掉在煩惱、恐懼、鬥爭、不安、是非種種狀況的時候，你的心就是道場。而離了這個行道之心，你還能從哪裡找到道場呢？

九、修行到一直沒有自我為止，你便進入了開悟的境地

如果心性清淨，那麼，就沒有抗拒外界誘惑之說，因為任何的誘惑，都不會蠱惑到自己空空如也的明淨心靈。空空如也，即是放下一切。佛家有言：「放下。」此話說說容易，可是真要做起來就很難了。

空就是放下成見，放下執著，放下貪欲，放下別人對自己的苛責，放下憎恨與不滿，放下一切，讓自己空空如也，才能讓心靈真正發出自由之光，智慧之泉。那就是覺悟，就是成佛之道。所以說：放下執著，心中空空如也，本來就是佛。

修行沒有什麼複雜的，就是微閉雙眼，忘記得失、取捨，放棄執著，定心、淨心、悟心、明心，一個蒲團、一碗粥、一杯茶、一張床，將是我們的整個世界。可是，要真正放下自己談

何容易？殊不知人的六根（眼、耳、鼻、舌、身、意）有太多的限制，常受限於習慣、情緒、偏見的誤導；再加上我們所面對的是無常流動的世界，並沒有永恆不變的東西，當你以片斷且固定的眼光看待事物時，往往以偏概全，與真相擦身而過。要如何才能如實地看、聽及思考呢？必須不執著於任何一點，全面觀照緣起，才能產生真正的智慧。

有一天，坦山和尚準備去拜訪一位他仰慕已久的高僧，高僧是幾百裡外一座寺廟的住持。早上，天空陰沉沉的，遠處還不時傳來陣陣雷聲。

跟隨坦山一同出門的小和尚猶豫了，輕聲說：「快下大雨了，還是等雨停後再走吧。」坦山連頭都不抬，拿著傘就跨出了門，邊走邊說：「出家人怕什麼風雨。」

小和尚沒有辦法，只好緊隨其後。兩個人才走了半裡山路，瓢潑大雨便傾盆而下。雨越下越大，風越刮越猛，坦山和小和尚合撐著傘，頂風冒雨，相互攙扶著，深一腳淺一腳艱難地行進著，半天也沒遇上一個人。

前面的道路越走越泥濘，幾次小和尚都差點滑倒，幸虧坦山及時拉住他。走著走著，小和尚突然站住了，兩眼愣愣地看著前方，好像被人施了定身法似的。坦山順著他的目光望去，只見不遠處的路邊站著一位年輕的姑娘。在這樣大雨滂沱的荒郊野外出現一位妙齡少女，難怪小和尚吃驚發呆。

這真是位難得一見的美女，圓圓的瓜子臉上兩道彎彎的黛眉，長著一對晶瑩閃亮的大眼睛，挺直的鼻梁下是一張鮮紅欲滴的櫻桃小口，一頭秀髮好似瀑布披在腰間。然而她此刻秀眉微蹙，面有難色。原來她穿著一身嶄新的布衣裙，腳下卻是一片泥潭，她生怕跨過去弄髒了衣服，正在那裡犯愁。

坦山大步走上前去：「姑娘，我來幫你。」說完，他伸出雙臂，將姑娘抱過了那片泥潭。以後一路行來，小和尚一直悶悶不樂地跟在坦山身後走著，一句話也不說，也不要他攙扶了。

傍晚時分，雨終於停了，天邊露出了一抹淡淡的晚霞，坦山和小和尚找到一個小客棧投宿。直到吃完飯，坦山洗腳準備上床休息時，小和尚終於忍不住開口說話了：「我們出家人應當不殺生、不偷盜、不淫邪、不妄語、不飲酒，尤其是不能接近年輕貌美的女子，您怎麼可以抱著她呢？」

「誰？哪個女子？」坦山愣了愣，然後微笑了，「噢，原來你是說我們路上遇到的女子。我可是早就把她放下了，難道你還一直抱著她嗎？看來你還沒有放下，所以你心中還有太多的雜念啊。」

小和尚頓悟。

有些事之所以放不下，是因為心中有太多的雜念，還沒有修練到一定境界。想要驅除雜念，就要在心中保持一片清澄，讓雜念沒有滋生之處。只有這樣，才能達到一種「放下」的境界。

烈日下，一老翁坐在岸邊，兩眼一動也不動地盯著河面的浮標，從日出到日落，依然兩手空空，老翁卻怡然自得，樂在其中。我很是納悶。

老翁笑著說：「我即魚，魚即我，我在釣魚，魚也在釣我，就像下棋，我和魚的耐力旗鼓相當，這才過癮。」

一頑童向水中扔一塊石頭，一陣波紋飄蕩過來，老翁曰：「起風了。」其實，修行的境界就是人魚合一，物我兩忘。

修行不是修外在、不是修別的，是修自己。「我執」是人們學習佛法、超越自我、回歸永恆道路上一道必須突破和征服的門檻。所謂「我執」，簡而言之就是人類生命的主體意識，更簡單說就是人的私心和私欲。

所有的念頭、感覺、情緒，都像飄過天空的一片雲，遮住陽光，須臾之間，又被風吹送到天邊；也像驟然灑落的一陣雨，忽忽傾瀉一地，轉眼卻雲收雨停。

如果心像天空，那麼，一個解脫的聖者又是如何觀照「心的天空」的呢？

只要活著，就總是「我」在想、「我」在欲念、「我」在行為。但這個「我」具有正反兩重屬性：封閉的我和包容的我、自私的我和無私的我、動物的我和精神的我。擺在學佛之人面前一個很尖銳的問題是：怎麼能夠超越自私的「小我」而最大限度地實現無私的「大我」呢？怎樣才能破除我們心中根深蒂固的私心和私欲呢？我們到底能不能破除私心呢？答案是肯定的。關鍵是轉換我們看問題的角度、立場和情感。

一人去深山中的寺廟找禪師問道。

禪師問：「你到這裡來是做什麼的？」

那人說：「我是來修佛的。」

禪師答：「佛沒壞，不用修，先修自己。」

在大多數人裡，「私心」和「私欲」成了人們觀察世界和思考問題的「唯一」工具和出發點，人們總是躲在私欲後面看世界，總認為，凡是「我」想的理所當然是對的，凡是「我」要的理所當然要得到。「我」理所當然高於一切、優於一切，很少想別人，很少回過頭來或者低下頭公正地問問自己：「是這樣嗎？」如此一來，不可避免地無明產生了，固執產生了，征服欲產生了，痛苦產生了，貪婪產生了，惱怒產生了，怨恨產生了；理性減少了，清明減少了，睿智減少了，熱情減少了，寬厚減少了，寧靜減少了，快樂減少了。於是，人心成了煉獄，人間成了地獄。，所說的各種痛苦和罪惡全都出現了。

破除「我執」、打破私欲、拓寬胸懷、提升境界，必須從內心反省做起，必須學會站在別人和對方的角度看問題，必須學會關愛他人、關愛有情眾生、甚至關愛無情眾生。這就是金剛經講的：「無我相、無人相、無眾生相、無壽者相。」只有這樣，才能破除「我執」。

「唯道集虛」，把內心虛靈的境界，練習久了，累積久了，那麼達到形而上的道也就快了。你能夠做到內心意識不動，心靈凝定，耳根不向外聽，完全返之內在，這才是內心真正的持齋。

怎樣才能達到無我的境界呢？莊子提出了「心齋」、「坐忘」的修養方法。何謂心齋？莊子所謂「心齋」，就是要人保持虛靜之心，即保持無知、無欲、無情；而要保持這種虛靜之心，又必須透過坐忘來達到，這就是要擺脫一切生理肉體的欲望，去掉一切心智的智慧。

莊子就是要在觀念、思想領域進行一場革命，把人們頭腦中的那「有知」、「有欲」、「有為」等東西，統統都挖出來，徹底拋棄。

人類生活在這個世界，完全不享受外在物質的快樂是不太現實的。值得強調的是，要想獲得健康的快樂，必須依靠內心這一主要因素，外在物質是次要的。所以，一定不要對主要的追求和次要的追求在認識上出錯，這是十分重要的。

這裡說地放下，不是讓每個人都去成為佛教徒，而是為了更好地進入社會。例如，自己喜歡某一事物，跟陌生人談論的話題就總是圍繞這件事打轉，不管別人是不是感興趣、能不能聽進去，一旦引不起共鳴，就認為是對方不給面子，難相處，這就是放不下。心理學上有一種說法，就是「投射效應」，即把自己的主觀想法投射到對方身上。人與人之間畢竟有差異，投射也會有出錯的時候。如果投射效應傾向過於嚴重，總是以己度人，那麼將既無法真正了解別人，也無法真正了解自己，更不用談與別人交往了。為了克服投射效應的消極作用，首先，應該從心理上正確對待別人的投射。其次，要認清自己與別人的差異。正確處理別人的投射是雙向的，當你在評價對方的同時，對方也在內心評價你。在與人交往中，應注意做到以下幾點：

第一，理解別人。有時當面對自己的缺點或者遇到不順心的事情時，你會感覺到不安，除非周圍的人和你有一樣的缺點，或者同樣不順心，你的心態才會得到好轉。所以，有時候人們喜歡把自己的缺點轉移到別人身上，在無意識中減輕自己的不安與內疚，並維護自己的尊嚴與安全感。因此，當你遇到別人錯誤的投射時，你首先要理解對方。

第二，放低姿態。當對方各方面的條件與自己相仿時，如年齡、性別、學歷等，就會產生一種「比較高低」的衝動或欲望。因此，當你遇到和你條件相似的陌生人時，一旦發現他有和你一較高下的意圖，你就要放低姿態，不時讚美他，讓對方的心態逐漸平和下來。但應注意的是，放低姿態不等於讓你丟掉自尊，要掌握好分寸。

第三，設身處地為對方著想。人的生活目標不同，如果能設身處地地思考問題，就會理解對方，並贏得對方的認可。

第四，揣情、摩意。在與陌生人交往時，應透過投射效應，經過認真揣摩去印證。這樣不致被其外在的行為表現所蒙蔽或誤導，而導致我們錯誤地以自己的想法投射他人。

這些方法能幫助我們理解對方，找到契合點，更重要的是，還有助於認清自我，為避免自己的投射效應對別人產生誤解。

如果我們把自己的屬性投射給他人，用主觀的眼光去看待他人，就很難用平常心與對方交往。

第五，客觀地認識自己。客觀看待人和事是一種很高的智慧，我們至少要學會分清自己和他人，做到嚴於律己，寬以待人，盡量避免以自己的標準去衡量他人。

假如我們以內心為主要目標去追求，由此獲得自在的話，那麼，即使受到外部世界的干擾與刺激，也不會產生痛苦，而且，自然而然，就會在人生之路上充滿快樂和幸福。追求內心快樂並不妨礙享受外在物質的快樂，反而是有助益的。假如我們的內心沒有安詳自在，那麼，不管外在的東西多麼美麗漂亮，也會索然無味。假如我們的內心已悠然自得，那麼，對於外在物質品味，自然會感到快樂。其實，物質財富並不是佛家弟子需要棄絕的東西，迷惑我們的不是現象本身，而是我們對現象的執著，我們生命的所有感受，大多數是不正確的。因為不正確使我們的心不安寧，使我們生活得矛盾、無奈、很亂、很苦。

南懷瑾先生說：「人，悟到了真正的無我，修行到了真正的無我，就是佛了。」這個無我、自然無眾生、無壽者，這就是佛的境界，做到了無我就等於到達此境界。。一切凡夫都有我相、人相、眾生相、壽者相等一切觀念的執著，這都是因為有我而來，那麼真正無我就是佛的境界。

禪宗六祖慧能說：「若能鑽木出火，淤泥定生紅蓮。」、「一個人無欲則剛。」這一警句可以作為我們立身處世的指南。是的，人若無欲品自高，就是說，人若沒有私欲，品格自然高峻清潔、不染塵泥。是的，一個人做到無欲的時候，就放棄了心中的雜念，就是清空了心靈裡面的世俗生活積存下來的枯枝敗葉。清空了心靈，才能最大限度地獲得生命的自由和獨立。

南先生說：「現在的人們注重養生，養生貴在養心，這就是修。」修是根本，即「以心養神，以性率情」。

剛開始修練是一件強迫的事，得到了甜頭你就會主動修練，這就叫「修練自己直到自己修練」。自己修練，意思是說自動修練、自覺修練，不把他當苦差事，反而其樂無窮，你把小孩教會了釣魚，不用叫他也會去，孫悟空為什麼一個人翻來覆去的練習筋斗雲，因為他喜歡呀。我希望你也能翻得過自己的筋斗！

認識自己，降伏自己，改變自己，才能改變別人。今日的盲目執著，會造成明日的悔恨，因此，不要浪費你的生命在你一定會後悔的地方上。你什麼時候放下，什麼時候就沒有煩惱。內心沒有分別心，就是真正的苦行。

十、回歸自然，找回失落的天然靈性

人與自然是統一的，人起源於自然、依靠於自然、發展於自然、歸結於自然。自然就是我身邊這些在不經意間就可能流逝的感覺，它是風、是雲、是草、是溪水、是樹木……今天，有很多人也許是為城市裡汙濁的天空、擁擠的人群以及褪色的生命所迫，開始打起行囊，向山林進發，宣導著所謂的「回歸自然」。

自然對人類恩寵有加，它不僅提供了一切生命賴以生存的條件，譬如空氣、水、土地；日月隨旋、風雨博施的適時變幻等，正因如此，天地萬有「合目的性」的生息繁衍得以從玄古、太古以至今天延綿不斷、永無盡期。

對待人間的一切，佛祖和莊子一樣，都有審視宇宙萬物的空闊心境。人生就應該這樣，從忙碌與奔忙中適當抽身，讓心似白雲，意如流水。擁有一種無拘無束的胸懷，在浮生閒日的禪意裡一盞燈、一壺茶淡看花落雲起，心無牽無掛，開闊空明，讓一溪雲水胸襟超然於環境之外，瀟灑自在。

南懷瑾先生說，太陽月亮的運行，隨時會使地球發生變化，因為太陽月亮是反轉，地球是正轉，所謂天道左旋，地道右旋，是兩個不同方向的轉動，才維繫了太陽系統的和諧，這是自然的法則。鼓之以雷霆，潤之以風雨，日月運行，一寒一暑，這是構成地球人類萬物生存的原理與生命的根源。

莊子記敘了一個濠梁觀魚的故事，認為人即使有一定的理性，仍不能判定遊動的魚是否快樂，原因很簡單，因為我們不是魚。

惠施和莊子二人在安徽鳳陽的濠水橋上玩。他們靠在橋柱畔，俯望水中游魚，空氣新鮮，視野遼闊、悠閒無事，人生如此愜意。

莊子微微笑地說：「這些魚出遊從容，多麼快樂呀！」

惠施心頭有事，沒有這份共鳴，故意唱反調：「你不是魚，如何知道魚很快樂？」

莊子也不甘示弱，頂了回去：「你又不是我，怎麼知道我不就不懂魚的快樂呢？」

惠施存心倔強到底，冷靜地推理：「我的確不是你，所以不知道你的感受。可是你也不是魚，照樣也不知道魚兒的感受。這二者是完全一樣的！」

莊子不服輸地說：「喂，請回到剛才的話題吧！你說『汝安知魚之樂』？這麼說，表示你已經知道我知道魚之樂了，才要問我。哼！我是在濠水之上知道的！」

惠施和莊子是兩種心態，前者是實用的心態，看什麼都是實的；後者是審美的心態，看什麼都是虛的。用虛的心態看大自然，才能擁有心靈的自由與虛闊。表面上看起來，惠施是邏輯推理的勝利者，但他並沒有涉及莊子對我們人類為什麼能夠認識事物的情感、意志這個問題的回答。當莊子用「你又不是我，你怎麼知道我就不知道魚是快樂的呢？」來回答惠施「你又不是魚，你怎麼知道魚是快樂的呢？」這就掉進惠施預設的人與魚、人與人之間不能相互認識的圈子裡了。其實莊子的真實觀點是人與魚、人與人之間是可以相互認識彼此的情感、意志的。所以，莊子最後總結性地指出：「我怎麼會知道魚是快樂的呢？我是在濠梁之上感悟到的。」

人類生存在這個世界上，必須學會各種知識。我們不能在追求知識的過程中，戕害自己的心靈和生命，違背自然的規律。因此，必須養生，必須幫生命和心靈加以補養，才能使我們遵循生命和心靈的自然規律，去真正地享受一個人的生命樂趣。否則，如果我們要用自己有限的精力和生命去追求無限的知識或者學問，那只能使我們自己陷入困境和疲憊之中，永遠也不能自拔。

東晉的大詩人陶淵明，在俗世裡混了三十年，終於歸於田園。「少無適俗韻，性本愛丘山。誤落塵網中，一去三十年。羈鳥戀舊林，池魚思故淵。開荒南野際，守拙歸園田。方宅十餘畝，草屋八九間。榆柳蔭後簷，桃李羅堂前。暖暖遠人村，依依墟裡煙。狗吠深巷中，雞鳴桑樹顛。戶庭無塵雜，虛室有餘閒。久在樊籠裡，復得返自然。」面對那一片靜逸詳和的景色，明白到俗世的一切不過是囚籠，只有那自然的狀態，才符合生命的節律。鄭板橋在官場中出汙泥而不染，官職被免後回到揚州，心仍平靜如水，且他在心底深深渴望還鄉後漫步於一方淨土之上，盡情享受充滿靈性的大自然，從中感受大自然賦予自己的愜意和安詳，體悟生命的真實，生活的樂趣。這種曠達超然、不為物欲所累的人生態度，正是因為他真正悟透了「不患得，斯無失」的人生真諦，所以，他生活得無拘無束，清心自在，愜意安樂。

人屬於自然，便有自然的本性，自然的人總希望聽到自然的回聲。山水是自然，自然的山水包含著更多自然的精華。人與山水，在自然的層面契合交融溝通，在超自然的層面領悟、沉澱、昇華。

我常常在林木參天的樹林裡，尋望一棵棵枝葉婆娑的樹……我在池畔佇立良久，一面看著池面上的枯葉、落花、雜草，一面注視著清澈的池水，尋覓自己的身影。泰國高僧阿姜查曾著有《寧靜的森林水池》一書，藉著森林中的水池，鼓勵行者要保持心的平靜，才能看見萬物的本然。沒想到，在這個偏遠的小山村裡，竟也能遇見這樣寧靜的森林水池！

《寧靜的森林水池》如此寫著：「保持正念並讓事物順其自然，那麼，你的心在任何環境中將平靜安詳，好像森林中清澈水池般的平靜，所有各類奇妙罕見的動物都會來取水飲用，你將清楚地見到世界上一切事物的本然，你將見到許許多多美好、奇妙事物的來去，但你卻仍是平靜的。這就是佛陀的喜悅。」

的確，一顆平靜的心就像一面明鏡，可以映現萬物的本然。相反地，當心失去平靜，陷入混亂時，我們就看不到事情的全貌與真相，也就無法作出智慧的判斷，展現合宜的行為了。

例如：當心感到痛苦、疲憊時，就必須提起精神來面對困難；當心過度興奮或沮喪時，不妨靜下來觀察自己的呼吸，以抑制高亢或振奮低下的心；當心有所偏執時，就須告訴自己：要捨離執著，平等地對待一切眾生與萬事萬物。

如此清楚地覺知心、引導心，才能將自心從陷入谷底，或擺盪高空的狀態，帶往平穩，詳和，回歸平靜。

相反，當一個人無法覺知並引導自心，就會出現失衡的狀態。在無法控制的情緒衝動下，做出許多傷害自己與他人的行為，產生無可挽回的悲劇。

成佛之路，何其漫長？沒有人知道，何時能在哪一棵樹下證悟。此刻，我只想找到自己的平衡之樹，練習維持心的平衡……

俄國著名作家伊凡．屠格涅夫曾在《待焚的詩篇》中寫道：

……於是漸漸地開始被他所吸引，
回去：到鄉下去，到濃蔭遮天的花園中去，
那裡菩提樹俊俏參天，樹蔭一片，
鈴蘭花瀰漫著貞潔的馥鬱，
那裡一行圓冠的楊柳樹，
從河岸上覆蓋著水面，
那裡茂密的橡樹聳立在茂草叢生的田野間，

那裡瀰漫著大麻和蕁麻的氣息，
復回那裡，回到廣的草原，
那裡的黑土像柔軟的絲絨，
無論你放眼何處，
那裡的黑麥都蕩漾著輕柔的碧波，
從那透明、純潔的雲團裡，
沉甸甸地射出金色耀眼的尤芒；
那裡是多麼的美好……

詩人十分熱愛著自然，他扛著獵槍、帶著獵狗出去打獵，感受著春天清新的氣息，這件事情本身，是很美妙的。在屠格涅夫的筆下，大自然洋溢著詩的意境。那些在一般人看來可能是平淡無奇的景物，一經他的妙筆，就展現出如抒情詩似的、浮雕般的美麗畫面。那用抒情筆調描繪出的夏日景象，詩意盎然，令人嚮往。他的羽毛筆下的風景，已不是單純的風光景物，更是他的熱情、他的愛心、他的智慧、他始終不渝的美好理想。

萬事萬物，順其自然最好。這是道家的態度，不像其他的學說，有很多自作聰明的規矩來摧殘天性，違背自然。老子《道德經》第二十五章云：「人法地，地法天，天法道，道法自然。」道家思想一貫貼近自然，順乎自然，悟自然之機，得自然之趣。

活在俗世的我們，總以自我為中心，往往以主觀的好惡來詮釋外在事物，任何外境稍不如意，就嗔恨惱怒，好像全世界都必須以「我」為中心而運轉似的。走入大自然，一切是如此自然！花開花謝、雲飛霧散、日升日落，大自然自有它的運行規則，而人類在山中卻顯得如此渺小，覺得自己猶如山徑旁的一株小草、一朵野花，只是隨著大自然的法則生滅罷了。行至無路處我喜歡躺在寂靜無人的山徑，仰望天光雲影，靜聽風聲竹濤，感受萬物來去生滅。霎時，仿佛那個執著的「我」，以及所執著的對象——「我所有」都消失無蹤了！天地間，只剩下無常的自然法則，而無一個長存、主宰的實體，一切都在生滅之中。

每每讓自己置身於杳無人煙的深山，看著山壁野花怒放燦爛，林中葉片迎風舞動，樹下野果靜靜地掉落一地，悠揚鳴唱的山鳥在眼前展翅而去。萬物是如此怡然自得，依循其自然的軌跡生活，何曾因「我」而改變？不論「我」歡喜與否，它們依舊這般生起、消失，「我」又豈能掌控外境一分一毫呢？回想自己的種種自大，我，就不覺啞然失笑。

所以，要獲得心靈的平靜，要嘗試走入大自然，不斷放鬆自己，寒山有詩：「水清澄澄瑩，徹底自然見；心中無一事，水清眾獸現。心若不妄起，永劫無改變；若能如是知，是知無背面。」須以自由開放的態度，面對自己的身心狀態，清楚覺知煩惱的生滅來去，心不受於擾，看著它們生起，持續一段時間，然後消逝……

當我們將眼光從自我的煩惱中走出，轉而觀察大自然無常變化的同時，心逐漸專注、開放且平靜。不再強烈地執取一己的愛憎，而有較寬廣的空間面對未來。

當然，現代的家居環境也漸漸認識到這一點，也想貼近自然、融於自然了。不過現代社會工業文明對於自然的破壞還是相當嚴重。自從有了工業文明以來，機器的轟鳴取代了小鳥的歌唱，濁臭的汙水弄髒了清清的河水，森林在迅速地消失，草原變成荒漠，生物也不斷地滅絕，還有光化學煙霧、核汙染、雜訊汙染、汽車尾氣汙染、農藥汙染、熱島效應、臭氧空洞、全球變暖、地面沉降、城市塌陷、酸雨……人們突然發現，想征服自然的人類是多麼的狂妄和無知，於是不得不轉而謀求自然與人的和諧。日本學者湯川秀樹曾說過：「早在兩千多年前，老子就已預見到了未來人類文明所達到的十分糟糕的狀況，向近代開始的科學文明提出那麼嚴厲的指控，使人感到驚訝。」這些言論，都說明了道法自然的思想在目前人們所面臨的生存和發展問題上依然有著指導意義。

道家有所謂「天地是大宇宙」，人就是「小宇宙」的說法。對於個人來說，也是順其自然更好一點。但是自宋朝以後，程朱理學逐漸興起，對人性的壓抑越來越嚴酷，程朱理學大講「存天理，滅人欲」，鉗制禁錮人們的思想和行為，除了批量製造了一大批「岳不群牌」的偽君子外，當然也造就了一大批像金庸小說中滅絕師太那樣的暴戾變態的人，正像莊子前面所說的強行馴馬的行為一樣，壓抑了人的天性。現在也是，筆者覺得聽普通民眾暢談，比某些大學教授和國學專家講得有趣多了，也實在多了。

回歸本初的自心，並在這過程中尋回遺失的本性。擁有美麗的歸宿，意味著放下，不執著於事情的結果或成功與否，而只注重自身純粹的存在，是存乎內我的冶金術。所謂「天下熙熙，皆為利來；天下攘攘，皆為利往。」許多人都隱藏著一顆勢利的「機心」，這就是社會中真真切切存在的現實，他們「機關算盡」、巧舌如簧，為達目的甚至不擇手段。

感知「明月松間照，清泉石上流」的意境，「蟬噪林愈靜，鳥鳴山更幽」的空靈，讓心靈的塵垢在自然的吟唱中滌蕩，身心清朗、通透，心似白雲，意如流水。擁有一種無拘無束的胸懷，在浮生閒日裡，一盞燈、一壺茶淡看花落雲起，心無牽無掛。

正如王維的〈辛夷塢〉所說：「木末芙蓉花，山中發紅萼，澗戶寂無人，紛紛開自落。」那山中的芙蓉花並不因生在深山而黯然失色，春來秋去，它依然綻放自己生命的美麗，燦爛地活在世上，體驗生命的大快樂。

一雙禪眼看自然，青青翠竹，盡是法身，鬱鬱黃花，無非般若。這時的人，消除了一切情識，不受知見分別的束縛，對山水自然，用一顆慧心，作即物即真的感悟，詩中物象飄逸空靈，心境淡泊悠閒。「夜聽水流庵後竹，晝看雲起面山。」、「秋風聲颯颯，澗水響潺潺」、「雪霽長空，迴野飛鴻。段雲片片，向西向東。」心靈一旦與宇宙神通，則一草一木，一呼一吸間，都能產生妙契感應，超越四維時空，通體透亮，無滯無礙，在蕩然澄淨的交流中，主體提升了悟性，最終達到一種拈花微笑的豁然貫通，心領神會。

十、回歸自然，找回失落的天然靈性

擺脫自我的枷鎖，尋找生命的菩提

在物欲橫流的社會中，保持住自己一塵不染的赤子之心

作　　者：傅世菱，于仲達
發 行 人：黃振庭
出 版 者：崧燁文化事業有限公司
發 行 者：崧燁文化事業有限公司
E-mail：sonbookservice@gmail.com
粉 絲 頁：https://www.facebook.com/sonbookss/
網　　址：https://sonbook.net/
地　　址：台北市中正區重慶南路一段六十一號八樓 815 室
Rm. 815, 8F., No.61, Sec. 1, Chongqing S. Rd., Zhongzheng Dist., Taipei City 100, Taiwan
電　　話：(02) 2370-3310
傳　　真：(02) 2388-1990
印　　刷：京峯彩色印刷有限公司（京峰數位）
律師顧問：廣華律師事務所 張珮琦律師

定　　價：375 元
發行日期：2022 年 03 月第一版
◎本書以 POD 印製

國家圖書館出版品預行編目資料

擺脫自我的枷鎖，尋找生命的菩提：在物欲橫流的社會中，保持住自己一塵不染的赤子之心 / 傅世菱，于仲達著．-- 第一版．-- 臺北市：崧燁文化事業有限公司，2022.03
面；　公分
POD 版
ISBN 978-626-332-053-6(平裝)
1.CST: 佛教修持
225.87　111000872

電子書購買

臉書